地球の歩き方

ディズニーの世界

名作アニメーション映画の舞台

MICKEY MOUSE GLOBE TROTTERS
MEMBER

地球の歩き

JN050369

Once Upon a time...

1923年に若きフィルムメーカーが歩みはじめた夢は、
100年にもわたって世界中の人々から愛され、
今もなお新しい冒険の連続で私たちを魅了する。
一瞬で惹きつけられる映像美、おもわず感情移入してしまうストーリー、
そして、物語をぐっと引き立てるロケーションや文化的背景。
ディズニー映画を観ていると、まるで自分が作品の中に
入り込んだような気持ちにさせてくれる。
では、本当にディズニーの世界を旅することができたら…。
妖精の粉や魔法のじゅうたんがなくたって大丈夫。
好奇心と少しの準備さえあれば、大好きなあの作品、
感動のあのシーンの景色が待っている。

名作アニメーション映画の舞台へ。
あなただけの旅の物語の、はじまりはじまり――

CONTENTS

ディズニーの世界

名作アニメーション映画の舞台

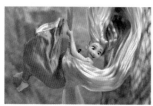

夢と魔法の名作50選と舞台

CONTENTS

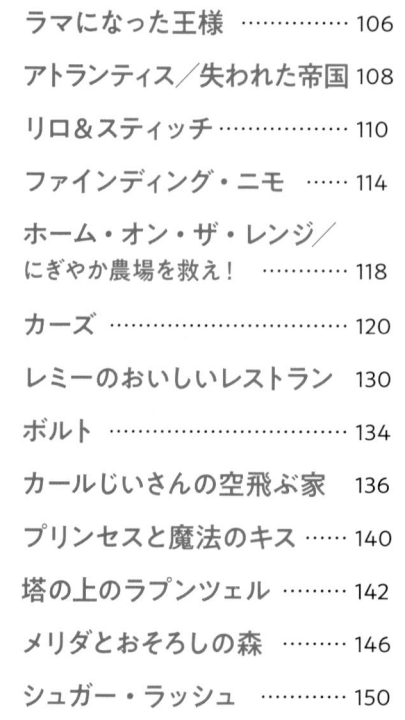

202 「未来」を感じる作品たち
異世界＆時空を超える旅へ！

205 # 旅の準備と技術

COLUMN

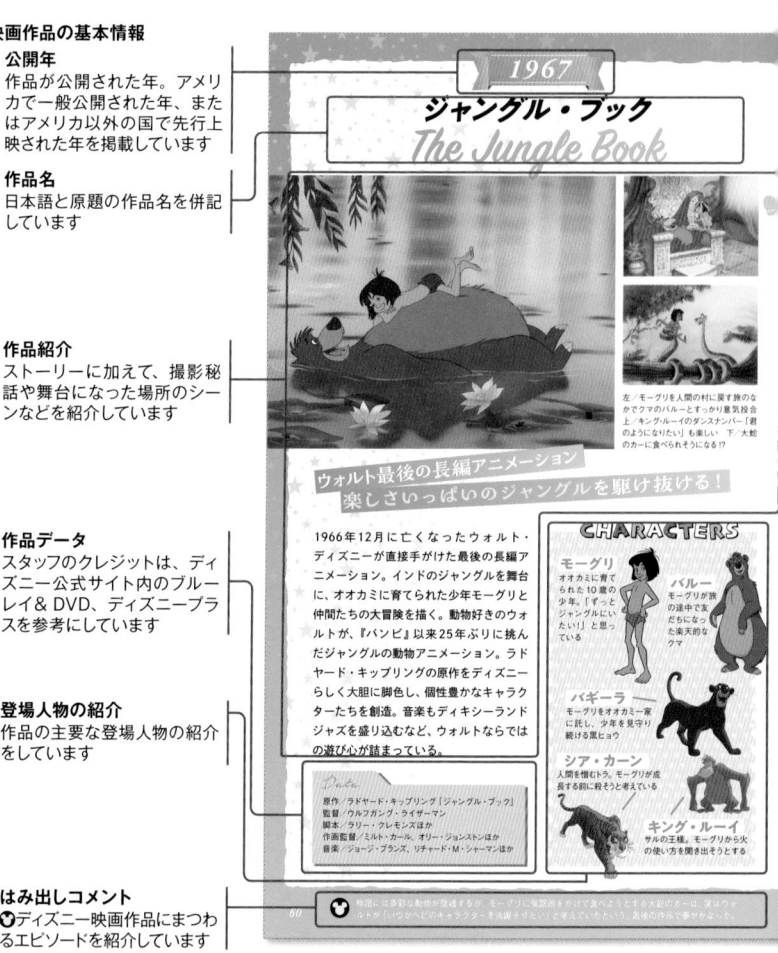

映画作品の基本情報

公開年
作品が公開された年。アメリカで一般公開された年、またはアメリカ以外の国で先行上映された年を掲載しています

作品名
日本語と原題の作品名を併記しています

作品紹介
ストーリーに加えて、撮影秘話や舞台になった場所のシーンなどを紹介しています

作品データ
スタッフのクレジットは、ディズニー公式サイト内のブルーレイ＆DVD、ディズニープラスを参考にしています

登場人物の紹介
作品の主要な登場人物の紹介をしています

はみ出しコメント
❤ディズニー映画作品にまつわるエピソードを紹介しています

1967

ジャングル・ブック
The Jungle Book

左／モーグリを人間の村に戻す旅のなかでクマのバルーとすっかり意気投合
上／キング・ルーイのダンスナンバー「君のようになりたい」も楽しい　下／大蛇のカーに食べられそうになる

ウォルト最後の長編アニメーション
楽しさいっぱいのジャングルを駆け抜ける！

1966年12月に亡くなったウォルト・ディズニーが直接手がけた最後の長編アニメーション。インドのジャングルを舞台に、オオカミに育てられた少年モーグリと仲間たちの大冒険を描く。動物好きのウォルトが、『バンビ』以来25年ぶりに挑んだジャングルの動物アニメーション。ラドヤード・キップリングの原作をディズニーらしく大胆に脚色し、個性豊かなキャラクターたちを創造。音楽もディキシーランドジャズを盛り込むなど、ウォルトならではの遊び心が詰まっている。

Data
原作／ラドヤード・キップリング『ジャングル・ブック』
監督／ウルフガング・ライザーマン
脚本／ラリー・クレモンズほか
作画監督／ミルト・カール、オリー・ジョンストンほか
音楽／ジョージ・ブランズ、リチャード・M・シャーマンほか

CHARACTERS

モーグリ
オオカミに育てられた10歳の少年。「ずっとジャングルにいたい！」と思っている

バルー
モーグリが旅の途中で友だちになった楽天的なクマ

バギーラ
モーグリをオオカミ一家に託し、少年を見守り続ける黒ヒョウ

シア・カーン
人間を憎むトラ。モーグリが成長する前に殺そうと考えている

キング・ルーイ
サルの王様。モーグリから火の使い方を聞き出そうとする

❤ 物語は多数の動物が登場するが、モーグリに擬態（目をかけて演じるようとするのがカーだ）。深いウォルトが「ヘビつかいのキャラクターを演技がたい」と考えていたという。生前の作品で夢がかなった。

60

■本書の特徴

　本書は、ディズニーアニメーション映画をはじめとした「ディズニーの世界」を旅するためのガイドブックです。さまざまな旅に役立つよう、一般的な情報だけでなく、作品エピソードを交えながら、各国・都市と各スポットの魅力を紹介しています。

　作品紹介については基本的にディズニーの公式情報に基づいた内容を掲載しています。スポット情報については、基本的な観光情報とアクセスのみ掲載しているので、実際に訪れる際は最新のガイドブックや情報を参考に旅行を計画してください。

■掲載情報のご利用にあたって

　編集部では、できるだけ最新で正確な情報を掲載するよう努めていますが、現地の規則や手続きなどがしばしば変更されたり、またその解釈に見解の相違が生じたりすることもあります。このような理由に基づく場合、または弊社に重大な過失がない場合は、本書を利用して生じた損失や不都合などについて弊社は一切の補償をいたしかねますのでご承知ください。

　また、本書をお使いいただく際は、掲載されている情報やアドバイスがご自身の状況や立場に適しているか、すべてご自身の責任でご判断のうえ、ご利用ください。

* Locations *

2023年には人口が世界1位、GDPも世界5位と急成長のインド。一方で、5000年の長い歴史と、南アジア随一の広大な土地に豊かな自然と多様な文化が広がる"神秘と聖性の国"でもある。『ジャングル・ブック』のイギリス人原作者キップリングは、当時イギリス統治下だったインドのボンベイ（現ムンバイー）で生まれ、インドを舞台にした作品を数多く残した。

ジャングルやサバンナには多種多彩な動物たちが

インド
India

インドは豊かな自然の宝庫でもある。ヒマラヤ山脈や砂漠、大河、高原地帯、南部のビーチリゾート…。野生動物が生息する広大な国立公園も数多く整っている。キップリングはインドへの思いを作品に込め、『ジャングル・ブック』に登場する動物も、ベンガルトラ、クマ、黒ヒョウ、ニシキヘビ、ゾウなどインドのジャングルに生息している動物たちで構成。映画の製作スタッフもインドの森を参考にしたという。

ラっそうとした深い森に多くの野生動物が暮らす

映画に登場した動物たちを現地で見られるかも

インドでタイガーサファリ
インドの国鳥ベンガルトラを見るなら、北インドのランタンボール国立公園のタイガーサファリが人気。また、原作者のキップリングが着想を得たといわれているのは中央インドのカーナ国立公園のサファリだ。

ニューデリー
ランタンボール国立公園
カーナ国立公園
ムンバイー

インド
★首都：ニューデリー
★面積：約328万7469km²
★人口：約14億2860万人
★通貨：ルピー
★時差：－3時間30分
日本からニューデリーまで直行便で9時間30分。ムンバイーまで直行便で約10時間

Travel Tips!

2016年には実写版『ジャングル・ブック』が公開。モーグリを演じたニール・セディ少年以外、動物たちもジャングルもすべてCGで表現された驚異の映像が話題に。インドのジャングルに行った気分を味わえる。

61

スポット紹介
ディズニー映画作品の舞台となった場所、製作者がインスピレーションを得たとされる場所、または作品の世界観が感じられる場所を紹介しています

マップ
紹介スポットがある国の地図を掲載しています

紹介国の基本情報
面積と人口は外務省のデータをもとにしています。時差について、サマータイムがない国はその旨を記載していません

データの凡例
住：住所
交：アクセス
日本からのフライトは平時の運行情報を記しています。スポットのアクセスは、近隣の主要都市や観光の拠点となる都市からのアクセスや移動時間の目安を記載しています

Travel Tips! ＆コラム
本文で紹介できなかったスポットや人物、その土地の歴史や名物グルメ、足を延ばして訪れたい近隣のおすすめスポットなどを紹介しています

はみ出しコメント
地球の歩き方編集室からの補足情報や、旅の雑学などを紹介しています

キャラクターの名前はヒンディー語に由来している

インドで生まれ育った原作者キップリングは、物語の舞台をインドのジャングルに設定するだけでなく、登場するキャラクターたちの名前もインドのヒンディー語から命名している。モーグリの友だちの"バルー"は"クマ"、"バギーラ"は"ヒョウ"、ゾウのパトロール隊のリーダー、ハティ大佐の"ハティ"は"ゾウ"、人間の赤ちゃんのモーグリを引きとり育てた母親オオカミの"ラクシャ"は"保護する"という意味がある。

■取材および調査期間

　この本は2023年1月〜10月の取材・調査をもとに編集しています。記載の住所などは基本的にこの時点のものです。

　しかしながら、時間の経過とともにデータの変更が生じることが予想されます。また、世界情勢にともなう入出国の規制や移動ルートの大幅な変更のため、データに変更が生じる可能性があります。したがって、本書のデータはひとつの目安としてお考えいただき、公式ウェブサイトや公式SNSなどで、事前にできるだけ新しい情報を入手してご旅行ください。

■発行後の情報の更新と訂正について

　本書発行後に変更された掲載情報や訂正箇所は『地球の歩き方』ホームページの本書紹介ページ内に「更新・訂正情報」として可能なかぎり案内しています。下記URLよりご確認いただきご旅行の前にお役立てください。
URL book.arukikata.co.jp/support/

偉大なる父

ウォルト・ディズニー
Walt Disney

ミッキーマウスの生みの親であり、夢と魔法の王国ディズニーランドを作り、
20世紀に次々と新たな扉を開けたウォルト・ディズニー。その人生とは…。

> " 不可能なことに取り組むのは、
> 楽しいものだ。"
>
> *It's kind of fun to do the impossible.*

どんな逆境にも
情熱と信念を貫いた

1901年、20世紀の幕開けとともに生まれたエンターテインメント界の巨人ウォルト・ディズニー。数々の名作アニメーションもミッキーマウスもディズニーランドも、彼がいなければ誕生しなかっただろう。しかし、その人生はずっと順風満帆だったわけではない。何度も苦境に陥りながら、夢を諦めず、情熱と信念を注ぎ続けたからこそ実現したのだ。斬新な発想と行動力で20世紀に確かな足跡を残したウォルト・ディズニーの軌跡をたどる。

> " 逆境のなかで咲く花は、
> どの花よりも貴重で美しい。"
>
> *The flower that blooms in adversity is the rarest and most beautiful of all.*

· 1920s ·

最大のピンチを乗り越え
ミッキーマウスが誕生！

ウォルトがアニメーションと出合ったのはカンザスシティで働きはじめた頃。20歳で自分の会社を設立するがほどなく倒産。翌年ハリウッドで再起を図り、オズワルド・シリーズをヒットさせるが、今度は版権を配給会社に奪われ、スタッフも引き抜かれてしまう。そんな一大事のなか、ウォルトは新たなキャラクターとしてミッキーマウスを作り出し、そして1928年公開の『蒸気船ウィリー』が大ヒット！　ここからウォルトの快進撃が始まった。

『蒸気船ウィリー』のミッキーを描くウォルト。ミッキーの声はウォルトが担当した

Photo Courtesy Walt Disney Family Foundation ©Disney.

上／ミッキーマウスの貴重な初期の原画　右／ミッキーマウスの創造は、盟友アブ・アイワークス（右）とともに秘密裏に進められた

上／映像に立体感を出す「マルチプレーン・カメラ」
下／物語の展開を一望する「ストーリーボード」

· 1930~1940s ·

"世界初"の映像にハリウッドも騒然

映画がサイレントからトーキー、モノクロからカラーへ変わる時代、ウォルトはいくつもの"世界初"に挑んだ。世界初のトーキーアニメーション『蒸気船ウィリー』に続き、世界初のカラーアニメーション『花と木』、世界初の長編カラーアニメーション『白雪姫』に観客は大喝采。さらに「ストーリーボード」や「マルチプレーン・カメラ」の開発など、ウォルトの時代を見据えた映像革命により、ディズニーは目覚ましい発展を遂げていく。

音楽をメインにした実験的シリーズ
「シリー・シンフォニー」シリーズ

映画における"音"の重要性を感じたウォルトが、音楽にアニメーションの動きを合わせるシリーズを開始。『三匹の子ぶた』の「狼なんかこわくない」のヒットが、後のミュージカル形式の作品につながる。

1950s

次なる夢はディズニーランド！

第2次世界大戦の影響でアニメーションの製作は大打撃を受けたが、戦後の長編第1作目『シンデレラ』の成功でスタジオは再建。ウォルトはいよいよディズニーランド建設に動きだす。城を中心にしたハブ構想などパークのコンセプトはもちろん、莫大な資金を確保するためにも奔走した。そして1955年、ついに世界初のディズニーランドがオープン。ウォルトの夢が詰まった真のファミリーエンターテインメントが誕生した。

> **"ディズニーランドが完成することはない。世の中に想像力があるかぎり成長し続けるだろう。"**
>
> *Disneyland will never be completed. It will continue to grow as long as there is imagination left in the world.*

1960s

ウォルトの夢と情熱は永遠に…

60年代に入ってもウォルトは精力的に仕事に邁進。後進の育成のためカリフォルニア芸術大学を創設、『メリー・ポピンズ』でアカデミー賞5部門受賞などを果たす。そして、フロリダに第2のディズニーランドを造るためのプロジェクトに着手。しかし、1966年12月、ウォルトは夢半ばにして65歳の若さでこの世を去る。彼の死から半世紀以上たった今も、ウォルトの常に前進し続ける魂は脈々と受け継がれている。

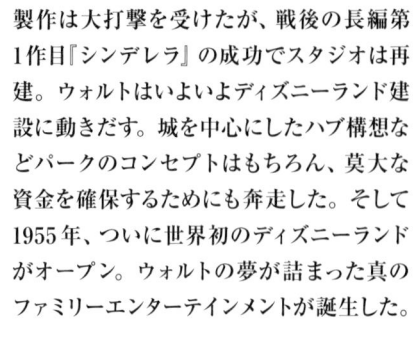

スタジオを支えた9人の伝説のアニメーター
「ナイン・オールド・メン」

1950年代にウォルトは9人の凄腕アニメーターを最高裁の9人の判事になぞらえて「ナイン・オールド・メン」と呼んだ。彼らはウォルト亡きあともスタジオを支えた。

ウォルト・ディズニー年表 *History*

1901 年	12月5日、イリノイ州シカゴでディズニー家の4男として生まれる
1906 年	一家は父の仕事の都合でミズーリ州マーセリンに転居
1910 年	またもや父の仕事の都合でミズーリ州カンザスシティに転居。1917 年には再びシカゴへ転居。シカゴの高校に通いながら専門学校で絵を学ぶ
1918 年	第1次世界大戦で陸軍に志願。赤十字救急部隊に配属されフランスへ
1919 年	帰国後、カンザスシティで働き始める。カンザスシティ・スライド社にアニメーターとして雇用され、アニメーションに目覚める
1922 年	20 歳の時、広告関係の仕事で出会ったアブ・アイワークスとカンザスシティで独立してラフォグラム・フィルム社を設立。アニメーション製作を始めるが倒産
1923 年	失敗をバネにハリウッドに移転。兄のロイ・O・ディズニーと会社を設立。現在のウォルト・ディズニー・カンパニーの誕生である
1925 年	スタジオのスタッフだったリリアン・バウンズと結婚
1926 年	会社名を「ウォルト・ディズニー・スタジオ」とし、スタジオをハリウッドの北、シルバーレイク地区にあるハイペリオン通りに移す
1927 年	『しあわせウサギのオズワルド』をヒットさせるが、主人公オズワルドの版権を失い大ピンチ
1928 年	オズワルドに代わる新キャラクターとしてミッキーマウスを生み出し、11月18日公開の『蒸気船ウィリー』でスクリーンデビュー、大ヒットを記録する
1930 年	初めてのミッキーグッズが登場
1932 年	世界初のカラーアニメーション『花と木』公開。アカデミー賞（短編アニメ賞）受賞。ミッキーマウスの創造に対してウォルトがアカデミー賞特別賞受賞
1937 年	世界初の長編カラーアニメーション『白雪姫』公開。ウォルトがアカデミー賞特別賞受賞。以降、『ピノキオ』『ファンタジア』『ダンボ』『バンビ』と名作を次々と製作
1939 年	第2次世界大戦開戦（〜 1945 年）
1940 年	新スタジオをバーバンクのブエナ・ビスタ通りに建設。しかし 1941 年には軍にスタジオを接収され、長編アニメーション製作が困難に
1950 年	戦後のスタジオ再建に総力を結集した『シンデレラ』が大ヒット。以降、『ふしぎの国のアリス』『ピーター・パン』『眠れる森の美女』『101 匹わんちゃん』とヒットが続く
1951 年	初のカラーテレビ放送が開始。ウォルトも 1954 年から自ら司会を務めるテレビ番組「ディズニーランド」をスタート
1952 年	ディズニーランド建設のための会社、WED エンタープライズを設立
1955 年	7月17日、カリフォルニア州アナハイムに「ディズニーランド」オープン
1962 年	ウォルトが後援者となり、カリフォルニア芸術大学（通称カルアーツ）開校
1964 年	『メリー・ポピンズ』がアカデミー賞5部門でオスカー獲得
1965 年	フロリダのパーク建設計画の発表記者会見
1966 年	12月15日、肺がんのため死去。フロリダ計画は兄のロイに引き継がれる
1967 年	ウォルトが手がけた最後の作品『ジャングル・ブック』公開
1971 年	10月1日、フロリダ州オーランドに「ウォルト・ディズニー・ワールド」オープン。ロイは開園を見届けたかのように 12月20日死去

ウォルトの故郷を訪ねて

シカゴで生まれ、自然豊かなマーセリンで幼少期を過ごし、
カンザスシティでアニメーションと出合ったウォルト。
３つの故郷での経験が彼の映画やパークに反映されている。

ニューヨーク
シカゴ
カンザスシティ　マーセリン
ロスアンゼルス

幼少期を過ごし、ウォルトが最も愛した"聖地"

Marceline

マーセリン／ミズーリ州

メインストリートUSAのモデルはここ！
Photo : Miranda Cunningham

マーセリンはのどかな田舎町。ウォルトが住んだのは4歳から4年ほどだが、農家の動物や豊かな自然に囲まれた幼い頃の記憶は、彼の作品に大きな影響を与えた。また当時は鉄道で栄えた町で、ウォルトの鉄道好きの原点ともいえる。彼自身も"心の故郷"と語り、何度か公式に訪れている。町の大通りはディズニーランドのメインストリートUSAのモデルといわれ、蒸気機関車やウォルトが寄贈したアトラクション「ミゼット・オートピア」の跡地もある。当時住んでいた家やウォルトの記念切手を発行した郵便局、博物館などウォルトの足跡がいっぱいだ。

旧サンタフェ鉄道の駅舎が「ウォルト・ディズニー・ホームタウン博物館」に
Photo : Walt Disney Hometown Museum

アクセス

日本からの直行便はなし。シカゴやデンバーなどを経由してカンザスシティまで約12 〜15時間。そこから車で約3時間

サンフランシスコにもファン必見のミュージアム
ウォルト・ディズニー・ファミリー博物館

ゴールデンゲートブリッジのすぐ近く、ウォルトの娘ダイアンにより設立された。ディズニーの歴史やミッキーの貴重な資料などを展示。ミュージアムショップも人気だ。

アクセス

日本からサンフランシスコ国際空港まで直行便で約9時間30分。空港から車で約30分
📍104 Montgomery St. in the Presidio,
San Francisco

Photo Courtesy of The Walt Disney Family Museum

ウォルトがアニメーションと
出合った出発点
Kansas City

カンザスシティ／ミズーリ州

ウォルトが少年時代を過ごしたカンザスシティ。ミシシッピ川につながるミズーリ川沿いにあり、以前は蒸気船の運航が盛んだったという。1919年、仕事を求めて再びこの町に住んだウォルトは、盟友アブ・アイワークスと出会い、アニメーション製作にのめり込み、1922年に自分の会社を設立する。そこで走り回っていた小さなネズミがミッキーマウスにつながったというエピソードは有名。このときの建物が今も残っている。

ウォルトのラフォグラム・フィルム社が入っていた建物。彼のカンザスシティでの仕事を中心にした記念館を目指して修復工事中

当時ウォルトと兄ロイが住んでいた家

アクセス
日本からの直行便はなし。シカゴやデンバーなどを経由して約12〜15時間

摩天楼を解説付きで回るツアーや、美術館に博物館、スポーツ観戦、ライブハウス、名物シカゴピザなど魅力満載の都市だ

シカゴは公共交通機関が発達しており、高架鉄道ももちろん現役

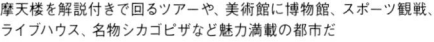

アクセス
日本からシカゴまで直行便で約12時間

生誕の地であり、
成功へのヒントをくれた町
Chicago

シカゴ／イリノイ州

シカゴはアメリカ第3の都市。1871年のシカゴ大火を機に景観と環境を守る優れた都市計画がなされ、高層ビルが林立する大都会にあっても緑の多い美しい町だ。アメリカ各地への交通のハブでもあり、ウォルトがディズニーランド構想の参考にしたと思われる。ウォルトの生家は、当時の状態に修復され、ウォルトの誕生日などにイベントも開催されている。博物館にする計画もあるという。

🏠 2156 N. Tripp Ave., Chicago

History of MICKEY MOUSE AND DISNEY

ミッキーマウスと

ディズニーの歩み

世界中の人々から愛されるスーパースター、ミッキーマウス。
ウォルト・ディズニーとの二人三脚でディズニー王国の礎を築いた
ミッキーは永遠にディズニーのシンボルであり続ける。

「いつだって
忘れないでほしい。
すべては一匹の
ネズミから始まった
ということを。」

—— **Walt Disney**

ミッキーの恋人ミニーも『蒸気船ウィリー』で仲よくデビュー

『プレーン・クレイジー』。後にトーキーに作り直して公開された

スクリーンデビュー作『蒸気船ウィリー』。公開日11月18日はミッキーの誕生日

ミッキーがウォルトのピンチを何倍ものチャンスに変えた

若き日のウォルト・ディズニーが、当時手がけていた人気シリーズの版権を奪われ、急きょ作ったのがミッキーマウスだった。まずはサイレントで『プレーン・クレイジー』『ギャロッピン・ガウチョ』を製作するが配給先が見つからず。そこでウォルトは、ミッキーを世界初のトーキーアニメーションでデビューさせると決断。先例がなく、やっと完成した『蒸気船ウィリー』は、公開するや大ヒット!! ミッキーは一躍人気スターとなり、以降、映画にテレビにパークにと、ウォルトはミッキーとともに大成功を収めていく。ディズニーの今日の繁栄は、まさに「すべては一匹のネズミ」から始まったのだ。

ミッキーは"自分の分身"と、ウォルト自らが描いた

ミッキーマウスの進化

1928年のデビューから、時代とともにミッキーのフォルムも少しずつ変化してきた。デビュー当時は黒目で手袋もなかったが、目にパイカットと呼ばれる切れ込みが入ったり、現在は白目と黒目でより表情豊かに。

目にパイカットが入ってキラキラ☆

初期のミッキーはブーツもまだない

顔に色が付き、体形も変化した

映画、そしてパークの顔へ

映画界のスターとなったミッキーマウスに、ウォルトは新たな活躍の場を準備。今ではパークの顔として世界中の人々を楽しませている。

STEAMBOAT WILLIE

1928

『蒸気船ウィリー』で
スクリーンデビュー

ミッキーが口笛を吹くシーンは、ディズニー映画のオープニングタイトルでもおなじみ

映像のなかのスターから
パークで会えるアイドルに

衝撃のデビューから1930年代まで100本を超える短編映画で大スターとなったミッキー。そんななか、ウォルトはミッキーが主役として活躍できる次なるステージを用意していった。1950年代に当時普及し始めたテレビでミッキーの帯番組を作ってテレビの人気者に。さらに1955年開園のディズニーランドでは、ミッキーがディズニーを代表してゲストを迎えるホストに。ウォルト亡きあとも、ミッキーは世界中で愛される永遠のスターとして輝き続ける。

1940

『ファンタジア』
公開

クラシック音楽をアニメーションで表現した8編からなる名作。ミッキーはデュカス作曲「魔法使いの弟子」に主演。60年後に最新デジタル技術による『ファンタジア／2000』が公開された

1930

ミッキーグッズが人気爆発！

ノート、ぬいぐるみ、時計など多彩なグッズが登場。元祖ミッキードールに囲まれたウォルトも満面の笑み

テレビ番組に進出

ウォルトがホストを務めてディズニーランドを宣伝。ミッキーの帯番組もスタートして大人気に

1954

1932

ウォルト・ディズニーがミッキーを生み出した功績からアカデミー賞特別賞を受賞

ウォルト・ディズニー個人としては初のアカデミー賞受賞。それだけミッキー人気は全米で社会現象となっていた。ミッキーとの受賞は最高にうれしかったに違いない

フロリダ「ウォルト・ディズニー・ワールド」開園

第2のディズニーランドが10月1日オープン。1966年に亡くなった弟ウォルトに代わり、兄のロイが開園を宣言した

1971

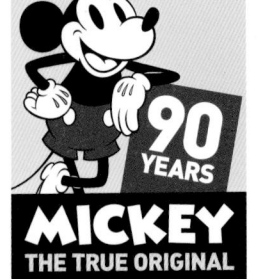

1955
カリフォルニア「ディズニーランド」開園

世界初のディズニーランドが7月17日にオープン。大好きなミッキーに会えたゲストは大興奮！

1983

1978
ハリウッドにミッキーのプレート

ミッキーが映画スターである証し。アニメーションのキャラクターとしては初の快挙。手形もある

1983

『ミッキーのクリスマス・キャロル』公開

ミッキーが30年ぶりにスクリーンに復帰。スクルージの事務所の事務員役で、奥さま役はもちろんミニー

東京ディズニーランド開園

アメリカ以外では初のディズニーランドが4月15日にオープン。ミッキーもテープカットに参加

ミッキーマウスのスクリーンデビュー90周年

2018

世界中のディズニーリゾートで90周年をお祝い。2028年の100周年も楽しみに待ちたい

ミッキーマウス・シリーズ
〜ミッキー出演の短編シリーズ〜

1928年の『蒸気船ウィリー』から1953年の『ミッキーの魚釣り』まで約120本が公開され、ミッキーの人気を決定づけた大ヒットシリーズ。「シリー・シンフォニー」シリーズ（P.11）と同時期に製作され、ミッキーの仲間たちもこのシリーズで続々とデビューした。

シリーズ初のカラー作品『ミッキーの大演奏会』

2023

ディズニー創立100周年

10月16日の100周年をお祝いして、ミッキーもプラチナカラーのコスチュームで登場

19

ミッキーマウスの愉快な仲間たちをご紹介!

MICKEY MOUSE
ミッキー&フレンズ

世界中の人々に愛されているミッキーマウス
ちょっと短気なドナルドダック、おとぼけ役

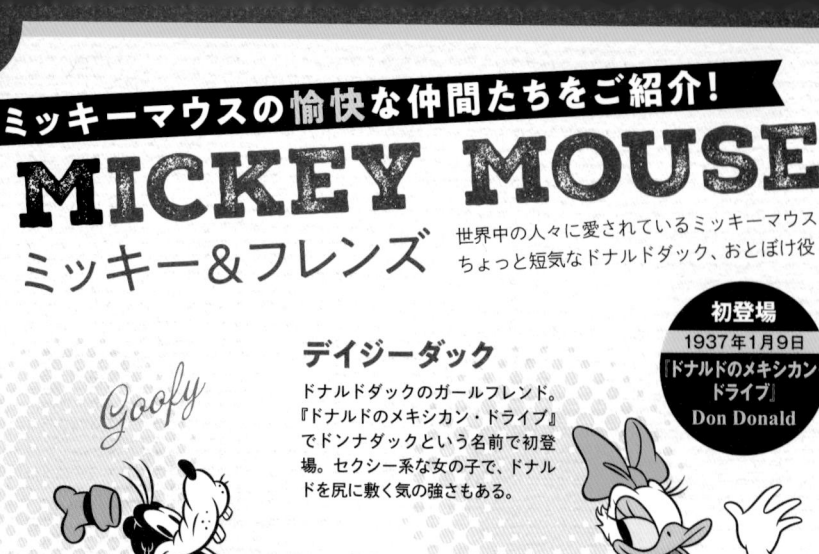

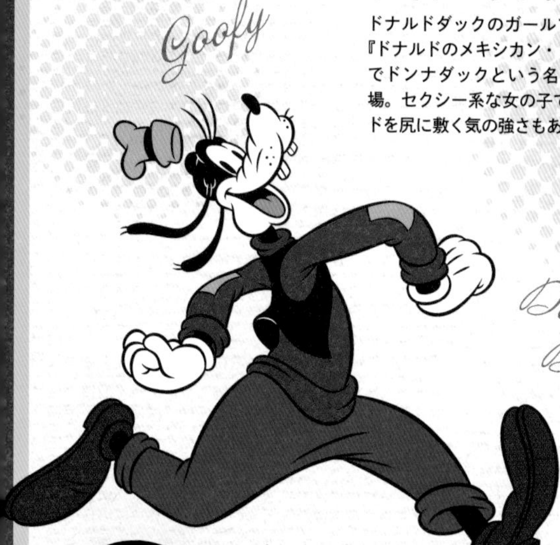
Goofy

デイジーダック

初登場
1937年1月9日
『ドナルドのメキシカン・ドライブ』
Don Donald

ドナルドダックのガールフレンド。『ドナルドのメキシカン・ドライブ』でドンナダックという名前で初登場。セクシー系な女の子で、ドナルドを尻に敷く気の強さもある。

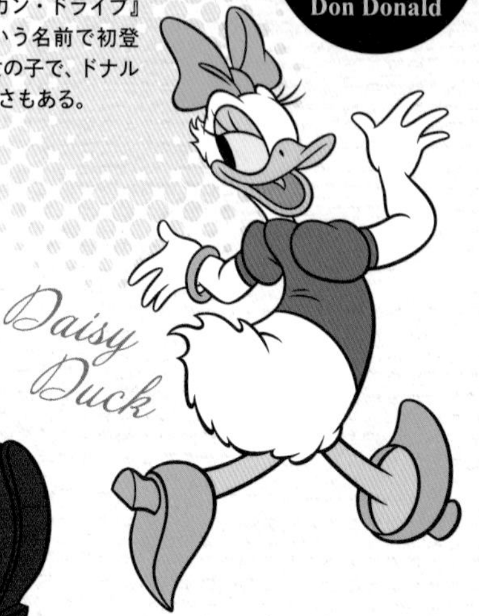
Daisy Duck

グーフィー

初登場
1932年5月25日
『ミッキー一座』
Mickey's Revue

気立てがよくてのんびり屋。『ミッキー一座』で迷惑な見物客のディピー・ダウグとしてデビュー。そのおとぼけぶりが注目され、後にグーフィーという名前がついた。

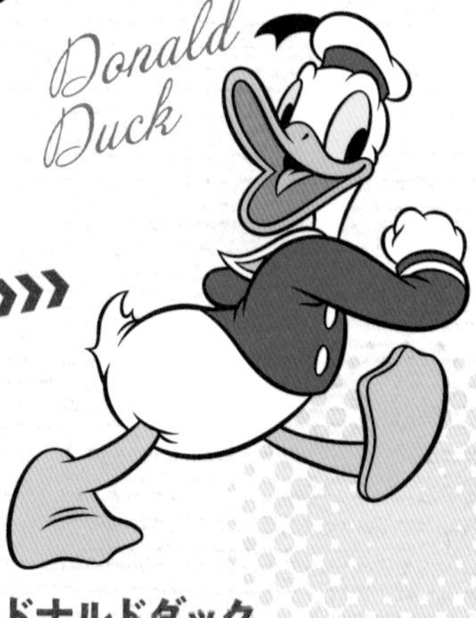
Donald Duck

初登場
1934年6月9日

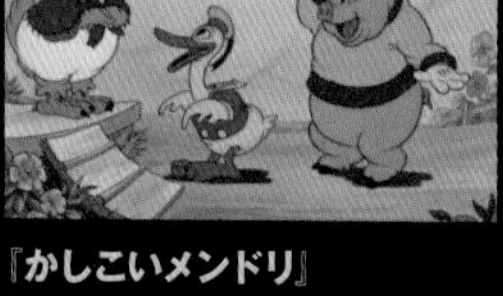

『かしこいメンドリ』
The Wise Little Hen
めんどりがトウモロコシの種まきをドナルドに頼むが腹痛を理由に断られる。しかし豊作がわかると態度が急変…。

ドナルドダック

自己中心的で負けず嫌いだけど、どこか憎めない性格。デビュー後、人気が爆発し、1937年公開の『ドナルドの駅長さん』から主役を張るようになった。

AND FRIENDS

には、大切な仲間がいる。永遠のガールフレンドのミニーマウス、
のグーフィー、忠犬のプルートたちは頼りになる存在だ！

プルート

人懐っこくていたずら好きのミッキー
の愛犬。デビュー後、プルート主演の
1941年『プルートのなやみ』でアカデ
ミー賞短編アニメ賞を受賞している。

初登場
1930年9月5日
『ミッキーの
陽気な囚人』
The Chain
Gang

Pluto

ミニーマウス

『蒸気船ウィリー』でミッキー
とデビューした当時からパー
トナーとしていつもそばにい
る。おしゃれが大好きで、明る
く、思いやりのある性格。歌や
ダンスの才能もある。

Minnie House

Mickey House

初登場

1928年11月18日

『蒸気船ウィリー』
Steamboat Willie
ミニーは音楽家の役柄なのか、楽器と
楽譜を持っている。花が一輪付いた帽
子もキュート！

世界の ディズニーリゾート

ウォルト・ディズニーが力を注いだ 1955 年のカリフォルニアの
ディズニーランド誕生から、今や世界に広がるディズニーリゾート。その魅力は地域に
よって多種多様。どこも 1 日では楽しみきれない夢と魔法が詰まっている。

カリフォルニア ディズニーランド・リゾート

Disneyland Resort in California

カリフォルニア州のアナハイムに位置し、ふたつのパークが併設されている。
世界初のディズニーパークを有し、ウォルト・ディズニーの息吹が感じられる唯一無二のパークだ。

DATA

🏠 1313 Disneyland Dr., Anaheim
✈ 日本からロスアンゼルス国際空港まで直行便で約 10
時間。空港から車で約 1 時間
公式ウェブサイト disneyland.jp（日本語）
※ 1 日 1 パークチケットは 1 デイ〜 5 デイ。追加料金で 1
日に 2 パーク入園できるパークホッパー・チケットに。取
り扱いのある日本の旅行代理店でオンライン購入可能
※パークへの入園には、当日有効なパークチケットと同口
のパーク入園予約が必要。下記の「アメリカ ディズニーリ
ゾートのテーマパーク入園予約プロセス」を参照
URL www.disney.co.jp/park/news/resort/220415.html

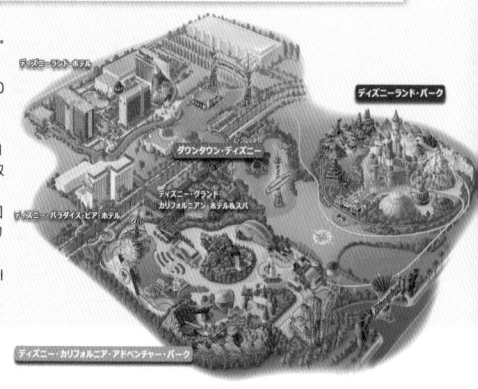

ディズニーランド・ホテル
ディズニーランド・パーク
ダウンタウン・ディズニー
ディズニーランド カリフォルニアン・ホテル&スパ
ディズニー・パラダイス・ピア・ホテル
ディズニー・カリフォルニア・アドベンチャー・パーク

ディズニーランド・パーク
Disneyland Park

ウォルトの夢が詰まった聖地

1955年7月17日にオープンした世界初のディズニーテーマパーク。2019年に『スター・ウォーズ』をテーマにした新エリアのオープン、2023年にはトゥーンタウンの全面リニューアルなど、今もなお進化を続けている。

おとぎの国のカナルボート
ミニチュアで再現されたディズニー映画の世界をボートで巡る

リニューアル

ミッキーのトゥーンタウン

リニューアルにともない、ハプニング満載の冒険が楽しめるアトラクション「ミッキーとミニーのランナウェイ・レイルウェイ」がオープン。インタラクティブに遊べるプレイエリアも加わった

スター・ウォーズ：ギャラクシーズ・エッジ

スター・ウォーズの世界が広がる新エリア

新テーマランド

© 2023 Disney © & TM 2023 Lucasfilm Ltd.

© 2023 Disney/Pixar

ディズニー・カリフォルニア・アドベンチャー・パーク
Disney California Adventure Park

ここだけの体験がいっぱい！

2001年にオープンした、カリフォルニアの雄大な自然や文化をテーマにしたパーク。2018年にディズニー＆ピクサー、2021年にはアベンジャーズをテーマにした新エリアが誕生。

© 2023 Disney © 2023 MARVEL

ピクサー・ピア
ディズニー＆ピクサー映画の世界がテーマ。時速90kmの超加速が魅力の『Mr.インクレディブル』のコースターや、ディズニーパークには珍しい観覧車などマジカルな体験を！

新テーマランド

ラジエーター・スプリングス・レーサー

カーズランドの人気アトラクション。レーシングカーに乗って爽快なレースバトルを体感しよう

© 2023 Disney/Pixar

アベンジャーズ・キャンパス

アイアンマンなどアベンジャーズのスーパーヒーローたちが集結！ 2021年オープンの新テーマランド

Stay & Shop

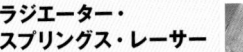

ディズニー直営ホテル
リゾート内にはパークへ徒歩圏内の3つの直営ホテルが。それぞれ異なる世界観でゲストを楽しませてくれる（写真／ディズニーランド・ホテル）

ダウンタウン・ディズニー
朝から夜遅くまで楽しめるエンターテインメントエリア。人気のダイニングやショップが揃う。現在大規模リニューアル進行中！

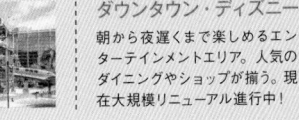

改装中のパラダイス・ピア・ホテルが、ピクサーをテーマにしたピクサー・プレース・ホテルとして開業予定。『ファインディング・ニモ』シリーズをイメージしたウォーターエリアも。

フロリダ ウォルト・ディズニー・ワールド・リゾート
Walt Disney World Resort in Florida

アメリカ フロリダ

東京の山手線内の約1.6倍の面積に、4つのテーマパークとふたつのウオーターパーク、ホテル、エンターテインメント施設が点在する広大なリゾート。その世界観を楽しむには最低でも1週間は欲しい。

アンダー・ザ・シー：ジャーニー・オブ・リトル・マーメイド

貝殻のライドに乗って、映画「リトル・マーメイド」の世界と音楽が楽しめる

マジックキングダム・パーク
Magic Kingdom Park

フロリダリゾートの中心地

1971年にフロリダ初のディズニーパークとしてオープン。アトラクション数はリゾート随一。世界で最も年間来園者数が多いエンターテインメント施設としても知られている。

7人のこびとのマイントレイン

『白雪姫』の物語を楽しみながら、猛スピードで駆け抜ける絶叫コースター

トロン・ライトサイクル・ラン

NEW!

2023年にオープンした、バイク型のライドが疾走するパーク最速コースター

ディズニー・アニマルキングダム
Disney's Animal Kingdom Theme Park

刺激的な冒険が楽しめる！

約300種、2000頭以上の動物が暮らし、動物をテーマにしたアトラクションやショーに注目。サファリルックを着たディズニーキャラクターに会えるかも!!

フェスティバル・オブ・ザ・ライオン・キング

プライドランドに凱旋したシンバを祝う宴を描いた、壮大なミュージカルショー

パンドラ：ザ・ワールド・オブ・アバター

映画『アバター』をテーマにした人気テーマランド。神秘的な風景と自然のパワーが迫る

キリマンジャロ・サファリ

サファリトラックで野生動物が生息している広大な動物保護地区を巡るサバンナツアー

 「パンドラ：ザ・ワールド・オブ・アバター」のアトラクション「アバター・フライト・オブ・パッセージ」は、マウンテン・バンシーに乗って映画の世界を飛び回る爽快感と4Dのリアルさが最高。ぜひ体験を！

ディズニー・ハリウッド・スタジオ
Disney's Hollywood Studios

映画が作り出す魔法を体験

映画の世界をテーマにしたパーク。映画の都ハリウッドの黄金時代のきらびやかさと魅力が、アトラクションだけでなく、レストランやショップにも広がっている。

スター・ウォーズ：ギャラクシーズ・エッジ

新テーマランド

2019年にオープン。カリフォルニアのディズニーランド・パークと同様に、誰もが『スター・ウォーズ』の世界の住人になることができるエリアだ

スリンキー・ドッグ・ダッシュ

『トイ・ストーリー』のテーマランドで人気のコースター。スリンキー・ドッグに乗り、アップダウンや旋回を繰り返す

ロックンローラー・コースター

エアロスミスの楽曲をバックに、ロスアンゼルスの高速道路を駆け抜けるローラーコースター

エプコット
EPCOT

ウォルトが描いた未来型実験都市

人々と世界をつなぐ新しい体験や、テクノロジーや銀河系の冒険をテーマにしたアトラクション、自然の美しさと大切さを学べるエリアがある。世界11ヵ国のパビリオンも人気。

ガーディアンズ・オブ・ギャラクシー：コズミック・リワインド

NEW!

2022年にオープン。ディズニー初の後ろ向きで発進する屋内ローラーコースターで、銀河系を舞台に360度回転など驚きの体験を！

フローズン・エバー・アフター

古代ノルウェー船型のボートで『アナと雪の女王』の世界へ。ラストは急降下も！

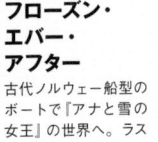

レミーのおいしいレストラン・アドベンチャー

ネズミのシェフ、レミーのサイズになってキッチンを冒険する4Dライドアトラクション

エプコットは "Experimental Prototype Community of Tomorrow" の頭文字から。シンボルである巨大な球体は「スペースシップ・アース」といい、中はコミュニケーションの歴史をたどるアトラクション。

マジックキングダム・パーク
ディズニー・アニマルキングダム
ディズニー・ボード・ウォーク
エプコット
ディズニー・ブリザード・ビーチ
ディズニー・ハリウッド・スタジオ
ディズニー・タイフーン・ラグーン
ディズニー・スプリングス
ESPNワイド・ワールド・オブ・スポーツ

リゾート内の交通機関も充実

広大な敷地に、4つのパークとふたつのウオーターパーク、エンターテインメントエリア、直営ホテルが点在。リゾート内の移動はバスやモノレール、フェリー、スカイライナーなどがあり無料で利用できる。夏場は雨季に入るので急な雨に注意が必要。

DATA

⌂ Walt Disney World Resort, Orlando
✈ 日本からオーランド国際空港までは、アメリカ国内都市（シカゴ、ダラス、ワシントンDC など）を経由して約 17 時間。空港から車で約 40 分
公式ウェブサイト disneyworld.jp（日本語）
※1 日 1 パークチケットは 1 デイ～ 10 デイ（料金はパーク、日程により異なる）。追加料金で 1 日に複数パーク入園できるパークホッパーチケットに。取り扱いのある日本の旅行代理店でオンライン購入可能
※パークへの入園には、当日有効なパークチケットと同日のパーク入園予約が必要。下記の「アメリカ ディズニーリゾートのテーマパーク入園予約プロセス」を参照（入園予約は 2024 年 1 月 9 日入園分から不要に）
URL www.disney.co.jp/park/news/resort/220415.html

Stay & Shop

ディズニー直営ホテル

個性豊かな約30もの直営ホテルがあり、デラックス、モデレート、バリューの3つのクラスに分かれている。すべてのホテルから無料のバスなどが運行しているため移動もラクラク

リーズナブルで楽しいディズニー・アート・オブ・アニメーション・リゾート

ディズニー・ポートオーリンズ・リゾートの『プリンセスと魔法のキス』ルーム

ディズニー・スプリングス／ディズニー・ボードウォーク

200近 いレストランやショップに加え、多くのエンターテインメント施設も集まるエリア。夜遅くまでオープンしている店も多い

こちらもCheck! まだある世界のディズニーリゾート

世界に広がるディズニーリゾート。本国アメリカや日本のほかにも、フランスにはヨーロッパテイストにあふれる美しい世界が魅力の「ディズニーランド・パリ」、そして西洋と東洋の文化が融合した「香港ディズニーランド・リゾート」と、2016 年に誕生した「上海ディズニーリゾート」がある。香港では 2023 年 11 月に『アナと雪の女王』を、上海では『ズートピア』をテーマにした新エリアが誕生予定だ。

ウォルト・ディズニー・ワールド・リゾートとディズニーランド・リゾートには、それぞれ公式アプリが。リゾート全体のデジタルマップはもちろん、アトラクションの待ち時間などもチェックできて便利！

アメリカ
ハワイ

アウラニ・ディズニー・リゾート＆スパ コオリナ・ハワイ

AULANI, A Disney Resort & Spa, in Ko Olina, Hawai'i

ディズニーの魔法とハワイの美しい自然と伝統文化が融合した、総面積約8万5000㎡の規模を誇る
オアフ島の滞在型ファミリー・リゾート。日本語コンシェルジュがいるサービスも心強い。

夢のような バケーションを！

目の前にサンセットが美しい
ビーチが広がり、さまざまなプー
ルやスパ、そしてバケーション
を楽しむミッキーたちに会える。
ほかのディズニーリゾートとは
ひと味違う体験が待っている。

DATA

🏠 92-1185 Ali'inui Dr., Kapolei

✈ 日本からダニエル・K・イノウエ国際空港まで約8時間。空港から車で約30〜40分

公式ウェブサイト aulani.jp（日本語）

※宿泊予約は取り扱いのある旅行代理店まで。各種宿泊プラン、スペシャル特典などあり

プールエリア

左／珊瑚礁の海を再現した、オアフ島唯一のプライベート・シュノーケルラグーン「レインボー・リーフ」 下／流れるプール、ウオータースライダーなど多彩なプールが揃う。キャラクターが登場するアクティビティもある

スパ

「ラニヴァイ・ディズニー・スパ」ではボディマッサージ、フェイシャルエステなど150種類以上のメニューが

キャラクター

レストラン「マカヒキ」で朝食時にディズニーの仲間たちに会えるキャラクター・ブレックファストを開催。モアナやスティッチなど、ここならではのキャラクターとのグリーティングも

プールやビーチサイドにあるスタンドで買える、シェイブアイスやカップケーキも大人気

ミッキーたちの登場場所や時間などといったキャラクターグリーティングの詳細は、客室から電話で当日の朝8時から確認できる。日本語のサービスも9時から対応してくれる。

日本
舞浜

〜 東京ディズニーリゾート 〜
Tokyo Disney Resort

1983年にオープンし、2023年で40周年を迎えたディズニーリゾート。ふたつのパークを中心に
ホテルや商業施設がゲストを迎えてくれ、これまでに8億人以上のゲストが訪れている。

DATA

住 千葉県浦安市舞浜1-1　URL www.tokyodisneyresort.jp
交 JR京葉線・武蔵野線の舞浜駅から、東京ディズニーランドは徒歩すぐ、東京ディズニーシーはディズニーリゾートライン
で約9分の東京ディズニーシー・ステーション。※チケット料金は2023年10月1日入園分より日程による変動価格帯を
実施。各日の料金は東京ディズニーリゾート・オフィシャルウェブサイトで確認を。

┃東京ディズニーランド
Tokyo Disneyland

日本が誇る夢と魔法の王国

アメリカ以外の国で最初に誕生したディズニーテーマパーク。2024年3月31日まで、40周年をお祝いするアニバーサリーイベント「東京ディズニーリゾート40周年"ドリームゴーラウンド"」が開催中だ。

ミッキーのマジカルミュージックワールド

ディズニーの仲間たちによるライブパフォーマンスが楽しめるオリジナルショー

美女と野獣
"魔法のものがたり"

踊るように動く魔法のカップに乗って、ディズニー映画「美女と野獣」の世界を巡るアトラクション

┃東京ディズニーシー
Tokyo DisneySea

冒険とイマジネーションの世界

海をテーマにした世界唯一のディズニーテーマパーク。20世紀初頭のアメリカや海底王国など、世界観の異なる7つのテーマポートがある。2024年の新テーマポート誕生にも期待が高まる。

ニモ＆フレンズ・
シーライダー

潜水艇「シーライダー」に乗って、ニモやドリーたちと同じ目線で海の世界を大冒険

2024年春オープン

ファンタジー
スプリングス

『塔の上のラプンツェル』『アナと雪の女王』『ピーター・パン』の世界が広がる8つ目のテーマポート

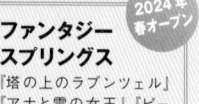

Stay

ディズニーホテル

5つのディズニーホテル（2024年には6つ目がオープン）で、夢と魔法に包まれたリゾートステイを（写真／東京ディズニーランド・ホテル）

ビリーヴ！〜シー・
オブ・ドリームス〜

レーザーやプロジェクションマッピングなどダイナミックな演出でおくる夜のハーバーショー

 2024年3月31日まで開催中の「東京ディズニーリゾート40周年"ドリームゴーラウンド"」。期間中は
リゾート全体が40周年の「ドリームガーランド」で彩られ、スペシャルグッズやスペシャルメニューも登場！

夢と魔法の名作50選と舞台

1930s to 1950s

白雪姫
Snow White and the Seven Dwarfs

世界初の長編カラーアニメーション
森の中で楽しい出会いが待っている！

短編映画で成功を収めたウォルトが、野心と信念をもって挑んだのが世界初の長編カラーアニメーションだった。当初は「ディズニーの道楽」と揶揄されたが、ハリウッドでのプレミアショーでは観客総立ちの大喝采。子供向けと思われていたアニメーションを、大人が楽しめる娯楽作品として認めさせたのだ。グリム童話「白雪姫」を原作に、観客の心をつかむストーリー作りに注力し、登場人物たちにユニークな個性をもたせ、そして「ハイ・ホー」「いつか王子様が」など音楽を物語のなかに織り込んだ。それはまさにドラマとキャラクターとミュージカルナンバーが一体となったディズニー映画の原点といえる。

Data
原作／グリム童話
製作／ウォルト・ディズニー
監督／デビッド・ハンド
シークエンス監督／パース・ピアース、ラリー・モリー（兼作詞）ほか
アニメーター／フランク・トーマスほか
美術／チャールズ・フィリッピ、グスタフ・テングレン、アルバート・ハーターほか
音楽／フランク・チャーチル、リー・ハーリーンほか

ウォルトが『白雪姫』で開発したセルアニメ時代の驚異のマシンが「マルチプレーン・カメラ」。カメラの下の複数のガラス板に、前景、キャラクター、背景を置き、遠近法を利用した奥行きのある映像を実現した。

CHARACTERS

白雪姫
明るくきれいな心をもつ王女。継母の女王にその美しさをねたまれる

女王／魔女
白雪姫の美しさに嫉妬する継母。魔女に変身して白雪姫を殺そうとする

7人のこびと
森の奥に住み、白雪姫を助ける。仕事は鉱山で宝石を掘ること

ドック（先生）

バッシュフル（てれすけ）

ハッピー（ごきげん）

グランピー（おこりんぼ）

ドーピー（おとぼけ）

スリーピー（ねぼすけ）

スニージー（くしゃみ）

SCENE

❶白雪姫が継母の女王と暮らしていたお城。グリム童話が原作なので物語の舞台はドイツと思われるが、お城のモデルはスペインの名城アルカサル（セゴビア）とか　❷女王が「鏡よ、鏡、この世でいちばん美しいのは誰？」と問いかける魔法の鏡。ドイツにはこの鏡を展示した博物館など、「白雪姫の里」が複数ある　❸死んだはずの白雪姫が生きていることを知った女王は激怒。毒リンゴを作り、恐ろしい魔女に変身して白雪姫のもとにやってくる…

①

②

③

Locations
★アルカサル→P.32　★フリードリヒシュタイン城、ローア・アム・マイン城→P.33

『白雪姫』の成功要因のひとつが7人のこびとたち。原作では無名の彼らに、ウォルトは異なる個性と名前を与えて一躍人気者に。ちなみに米国ディズニー本社の屋根を文字どおり支えているのも7人のこびとたち。

白雪姫の舞台
スペイン／ドイツ

『白雪姫』はドイツのグリム童話が原作だが、白雪姫が暮らしたお城はスペインの古都セゴビアのアルカサルがモデルともいわれている。アルカサルを含むセゴビアの旧市街は世界遺産にも登録されているのでゆっくり散策しよう。またドイツは、グリム童話を編纂したグリム兄弟の故郷であり、ドイツ各地に白雪姫のモデルと思われるお姫さまの逸話がある。「白雪姫の里」をうたう町も複数あるので訪ねてみたい。

スペイン
★首都：マドリード
★面積：約50万6000km²
★人口：約4740万人
★通貨：ユーロ
★時差：−8時間、サマータイム期間中は−7時間
✈日本からマドリードまで各都市経由で約15～20時間

アルカサル（セゴビア）
✈マドリードのチャマルティン（Chamartin）駅から鉄道で約30分、そこからバスで約20分

マドリードから日帰りOK
世界遺産のセゴビア旧市街
マドリードから近くて人気のセゴビア。世界遺産の旧市街は、徒歩ですべて見て回れる

「カテドラルの貴婦人」と称されるセゴビア大聖堂

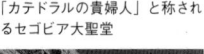

旧市街の入口にどっしり構えるローマ水道橋。なんと2000年前の古代ローマ時代に建設された

『白雪姫』の城にそっくりな中世の名城
アルカサル
Alcázar

アルカサルはローマ水道橋やセゴビア大聖堂とともに世界遺産に登録

首都マドリードから高速列車で約30分、スペイン中央部の古きよき都市セゴビア。歴史的建造物が数多く残るそのセゴビアに、『白雪姫』の城のモデルなのではと有名なアルカサルがある。約100mもの断崖の上に立ち、青い円錐形屋根の

お城のテラスには井戸もある！

塔はまさに女王と白雪姫が暮らした城そのもの。また、ここには秘密の地下通路があり、川やほかの城とつながっているのだとか。地下室で毒リンゴを作った魔女が、小舟で白雪姫のいる森に向かったシーンが思い起こされる。

🌍 アルカサルとはスペイン語で「王宮・城」の意味。もともとは要塞として建設され、13世紀初めに城が築かれた。城内の王座の間、王の寝室、礼拝堂などは見学でき、塔に上ればセゴビアの町を一望できる。

丘に立つフリードリヒシュタイン城

ドイツ→P.42

フリードリヒシュタイン城
✉ フランクフルトから鉄道でカッセルのヴィルヘルムスヘーエ（Wilhelmshöhe）駅まで約2時間、そこから車で約40分

ローア・アム・マイン城
✉ フランクフルトから鉄道でローア（Lohr）駅まで約1時間。駅から徒歩約20分

Travel Tips!

グリム童話の世界メルヘン街道へ

グリム兄弟の生誕地ハーナウから、ブレーメンの音楽隊が目指した港町のブレーメンまで、約600km続くメルヘン街道。各地に博物館やゆかりの古城などがあり、童話の世界に浸れる。

グリム童話の故郷だけに " 白雪姫の里 " がいっぱい

フリードリヒシュタイン城 ／ ローア・アム・マイン城
Schloss Friedrichstein /Schloss zu Lohr am Main

グリム童話はグリム兄弟がドイツの民間伝承を収集してまとめ上げたもの。それゆえ各地に白雪姫伝説が数多く存在している。ヘッセン州バート・ヴィルドゥンゲンのフリードリヒシュタイン城には、美しい姫が厳格な継母と住んでいて、姫は21歳の若さで毒殺されたという逸話がある。同市のベルクフライハイト地区には資料館「白雪姫の家」や観光坑道がある。バイエルン州ローア・アム・マインのローア・アム・マイン城も、中世に美しい姫が継母と住んでいたという。現在お城は郷土博物館になっていて、鏡作りが盛んだった町だけに、『白雪姫』の魔女の " 魔法の鏡 " といわれている鏡も展示されている。

左／ローア・アム・マイン城
上／木組みの建物が美しいローア・アム・マインの旧市街

『白雪姫』の原作であるグリム童話とは？

兄ヤーコプ・グリム（1785 ～ 1863年）と弟ヴィルヘルム・グリム（1786 ～ 1859年）のグリム兄弟は、ドイツのハーナウに生まれた。言語学者でありドイツの民間伝承の研究をしていたふたりがメルヘンを採集し、1812年に「子供と家庭の童話集」として出版。多くは語り部たちからの聞き書きだったため、初版では子供向けでない残酷さなどが批判された。そこで読者を意識した加筆、修正を行い、1857年の第7版になると初版とはかなり異なったメルヘン集になった。また、初版では86話だったが、1857年版では200話にいたった。メルヘン街道のカッセルの博物館グリムワールド（GRIMMWELT）には初版本や世界各国の翻訳本などさまざまな展示がある。

 フロリダのウォルト・ディズニー・ワールドのディズニー・ウィルダネス・ロッジのレストラン、アーティスト・ポイントでは、ディナーに白雪姫たちがやってくるキャラクター・ダイニングを実施中。

ピノキオ
Pinocchio

左／自分が作った操り人形が本物の子供になり驚くゼペット　上／静かな夜の町の全景。冒頭の印象的なシーン　下／クジラの体内から脱出を試みるゼペットとピノキオ。果たして…

ヨーロッパの町並みが印象的
ピノキオと一緒に冒険の旅に出たくなる

イタリアの作家カルロ・コッローディが1880年頃に新聞に連載した作品が原作。ゼペットが作った木の操り人形ピノキオがさまざまな誘惑に駆られながらも真の勇気と良心を得て、人間の子供になるという教訓的なストーリー。挿入歌「星に願いを」は1940年、アカデミー賞最優秀歌曲賞を受賞した。映画冒頭の夜の町全景の映像やピノキオが元気に歩く町並みなど、中世ヨーロッパにタイムスリップしたかのよう。また、クジラとの激しい格闘シーンなど、最新機器と技術を駆使した美しい映像にも注目だ。

Data

原作／カルロ・コッロ ディ「ピノキオ」
製作／ウォルト・ディズニー
監督／ベン・シャープスティーン、ハミルトン・ラスク
脚本／テッド・シアーズ、オットー・イングランダー
音楽／リー・ハーリーンほか

CHARACTERS

ピノキオ
ゼペットが作った木の操り人形。妖精に命を吹き込まれる

ゼペット
ピノキオを作ったおじいさん。心からピノキオを愛している

ブルー・フェアリー
ピノキオに命を授けた妖精。厳しさと優しさを併せもつ

ジミニー・クリケット
ブルー・フェアリーにピノキオの良心役を任されたコオロギ

『ピノキオ』製作にはマルチプレーン・カメラをふんだんに用いることで、遠近感があって美しい映像が撮影された。その技術は半世紀後の『リトル・マーメイド』のスタッフも参考にしたほどだという。

南ドイツの観光街道、ロマンティック街道は古都ヴュルツブルクからドイツ・ルネッサンス文化が花開いたアウクスブルク、そしてノイシュヴァンシュタイン城のあるフュッセンへと約350kmに及ぶルート。タウバー川を見下ろす高台にあるローテンブルクは中世の面影を残す美しい町並みで知られている。

ピノキオが路地から飛び出してきそう！

ローテンブルク
Rothenburg ob der Tauber

市庁舎の塔からの絶景

タウバー川の高台に位置することから「タウバー川の上方にあるローテンブルク」が町の正式名称。城壁内の旧市街は中世の面影をほぼそのままに残し、まるでおとぎの国に紛れ込み、『ピノキオ』の世界のよう。映画冒頭のシーンは市庁舎の塔からの眺望そのもので、町全体を見渡す景観が圧巻だ。クリスマス用品店、テディベア専門店など、町歩きだけでワクワクしっぱなしだ。

上／プレーンラインの景観 下／名物シュネーバル。粉砂糖などをまぶした揚げ菓子

ドイツ→P.42

ローテンブルク

交 フランクフルトまたはミュンヘンから鉄道でローテンブルク（Rothenburg ob der Tauber）駅まで約2時間30分。バスやツアーなどでも行ける

Travel Tips!

市庁舎の塔
塔へ上るにはマルクト広場側から階段と垂直のハシゴをよじ登っていく。絶景が望めるが服装と足元に注意が必要（有料）。

上／1年中クリスマス用品を扱う専門店 下／店内にはおもちゃがひしめいている

原作者の故郷、イタリアのピノッキオ公園

原作者コッローディの出身地・フィレンツェ郊外のコッローディ村にはピノッキオ公園（Parco di Pinocchio）がある。園内には巨大なピノキオ像や物語の登場人物のオブジェが点在していて、ストーリーをなぞらうことも。物語にちなんだ遊具、乗り物、アスレチックやさまざまな仕掛けが潜んでいて、大人も子供も冒険心をかきたてられる。園内のみやげ物店で操り人形のピノキオに再会すれば、冒険に富んだピノキオの物語を再読してみたくなるはず。

物語のクライマックスで、ゼペットとピノキオを飲み込んだ巨大なクジラのおなかに入ることができる！

市庁舎のあるマルクト広場から南下するとプレーンライン Plönlein という小さな広場があり、木組みの家と塔が立ち並ぶ中世の町並みが残されている。絵本のような美しい景観は絶好の撮影スポット。

ダンボ
Dumbo

左／友だちに励まされサーカスの人気者になるダンボ　上／いろいろな動物に赤ちゃんを授けるためフロリダへ向かうコウノトリ　下／サーカス列車を使って各地を巡る移動式サーカス団

愛情と友情に支えられ
フロリダの空に高く羽ばたこう！

サーカス団のゾウ、ジャンボのもとに届けられたのはかわいいゾウの赤ちゃん、ダンボ。ダンボは耳がとても大きく、サーカス団の仲間にも「デカ耳」と呼ばれ、いじめられる日々。だが、ジャンボは愛情をもって大切に育てていた。ある日、サーカスを見にきた子供たちにいじめられそうになったダンボを守ろうと、ジャンボが大暴れしてしまう…。『ピノキオ』と『ファンタジア』で多くの製作費を使ったことで、本作は低予算での製作だった。しかし、主人公の愛らしい姿は21世紀になった今も世界中の人々に愛され続けている。

Data

原作／ヘレン・アバーソン、ハロルド・パール
製作／ウォルト・ディズニー
監督／ベン・シャープスティーン
脚本／ジョー・グラント、ディック・ヒューマー
音楽／オリヴァー・ウォーレス、フランク・チャーチルほか

CHARACTERS

ダンボ
耳が大きな赤ちゃんのゾウ

ジャンボ
ダンボのお母さん

ティモシー
ダンボの友だち

サーカスの団長
ちょっと威張り屋

2019年には、鬼才ティム・バートン監督による『ダンボ』の実写映画が公開。アニメから飛び出した最新鋭のCG技術によるダンボは、本物のゾウの子供のよう。彼が作り上げるファンタジーな世界観も見どころだ。

アメリカのフロリダが舞台。19世紀に主流だった、機材と一緒にゾウやライオンなど動物たちが列車で移動しながら公演する、レイルロード・サーカスの物語でもある。そして、コウノトリがダンボを運んだのはエバーグレーズ国立公園付近だと考えられる。

ビーチやテーマパークが多い太陽の輝く町

フロリダ
State of Florida

ホテルやゴルフコースなどもあるリゾート地

アメリカの南東部にある州。1年中太陽が降り注ぎ、マイアミ、フロリダキーズ、キーウエストなど、全米有数の美しいビーチが点在する。また、オーランドを中心にフロリダ ウォルト・ディズニー・ワールド・リゾート（→P.24）やユニバーサル・スタジオなど10以上のテーマパークがあることでも有名だ。オレンジやグレープフルーツなど柑橘類の産地としても知られ、州の南端には世界遺産にもなっている湿地帯、エバーグレーズ国立公園もある。

上／「サンシャイン・ステート」とも呼ばれる　下／エバーグレーズ国立公園には多くの動物が生息する

アメリカ→P.69

フロリダ
✕日本からの直行便はなし。シカゴやニューヨーク経由で約15〜19時間

エバーグレーズ国立公園
🏠40001 FL-9336, Homestead, Florida
✕マイアミから公園入口があるシャーク バレーまで車で約60分

Travel Tips!

フロリダ観光のハイライト

フロリダキーズの南、珊瑚礁の小島（キー）を結ぶのが、全長約10.9kmの橋、セブンマイル・ブリッジ。島から島へ一直線に海を突っ走れるオーバーシーズ・ハイウエイだ。

✕マイアミから国道1号線でキーウエストに行くのが一般的

アメリカの大衆娯楽であったサーカス

アメリカのサーカスを語るうえで欠かせない人物が、興行師のP・T・バーナム。19世紀後半、今までにない動物やフリークスなどを結びつけたサーカス「地上最高のショー」を発案。業界初の試み、サーカス列車で、全米だけでなく世界中を巡業したという。2017年に公開されたヒュー・ジャックマン主演のミュージカル映画『グレイテスト・ショーマン』は、彼がモデル。彼の死後、サーカスはリングリング・ブラザーズに売却。その後約150年たった2017年まで公演を続けたが、動物愛護団体からの批判もあり廃業。2023年秋、動物を登場させないショーで再開した。

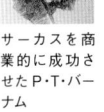

サーカスを商業的に成功させたP・T・バーナム

バンビ
Bambi

左／幼いバンビはウサギのとんすけに初めての言葉を教えてもらう
上／バンビが初めて迎えた冬。お母さんが木の皮をはいでバンビに食べさせる　下／成長し、立派な角が生えたバンビはファリーンと恋に落ちる

森の四季と動物たちのリアルな動き
大自然の美しさと厳しさを体感しよう

原作はハンガリー生まれの作家フェリックス・ザルテンの児童文学。物語の舞台をヨーロッパの森から北米に移し、動物たちの森の生活を生きいきと描いていく。季節は春、森の奥で子ジカのバンビが生まれる。ゆかいな森の仲間たちやファリーンとの出会い、初めての雨や雪、そしてハンターの銃弾に倒れた母の死など深い悲しみも経験しながら、バンビはたくましく成長していく…。自然界の美しさや厳しさ、ウォルトの自然への賛歌を込めたディズニーの動物アニメーションの名作だ。

CHARACTERS

バンビ
森のプリンスとして生まれた子ジカ。やがて若き森の王に成長する

ファリーン
バンビの幼なじみ。後にバンビの伴侶になる

とんすけ
バンビの友だちのやんちゃなウサギ

フラワー
バンビの友だちの恥ずかしがり屋のスカンク

森の王様
森に君臨する王であり、バンビを見守る父親

お母さん
優しく勇敢なバンビの母親

Data
原作／フェリックス・ザルテン「バンビ」
監督／デビッド・ハンド
脚本／ラリー・モリー、ジョージ・スターリング
作画監督／フランク・トーマス、ミルト・カールほか
音楽／フランク・チャーチル、エドワード・プラム

映画の終盤、大人になったバンビとファリーンには双子の赤ちゃんが誕生。とんすけやフラワーたちもそれぞれ結婚し、子供が生まれる。主人公の成長と生命の環の物語が、1942年でも描かれていた。

国土面積世界8位の広大な土地に、灼熱のジャングルから氷の大地まで多彩な自然が魅力のアルゼンチン。『バンビ』の舞台は北米の森だが、かつてこの国のアラジャネスの森を訪れたウォルト・ディズニーが、この森から「バンビの森」を着想したといわれる。

ブエノス・アイレス
📍アラジャネスの森

バンビがひょっこり現れそう
アラジャネスの森
Bosque de Arrayanes

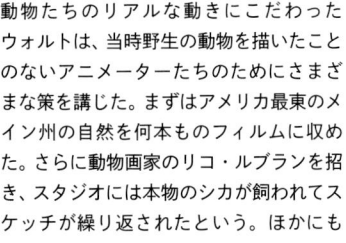

世界でも珍しい赤茶色の森

アルゼンチンの中部、「南米のスイス」と称されるバリローチェの近郊で、ナウエル・ウアピ湖畔の半島南端に位置するアラジャネスの森。日本ではギンバイカと呼ばれる赤茶色の木肌が特徴の木々が生い茂る、世界で唯一の森ともいわれている。かつてプドゥ（Pudú）と呼ばれる小さな鹿が生息したこの森で、ウォルト・ディズニーは「バンビの森」を着想したとか。赤茶の木々の森をのんびり散策しよう。

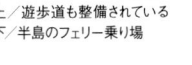
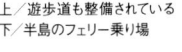

上／遊歩道も整備されている
下／半島のフェリー乗り場

アルゼンチン
★首都：ブエノス・アイレス
★面積：約278万km
★人口：約4623万人
★通貨：アルゼンチン・ペソ
★時差：－12時間

アラジャネスの森
✈日本からの直行便はなし。ブエノス・アイレスからバリローチェ（Bariloche）まで飛行機で約2時間20分。そこからバスで約1時間のプエルト・パニュエロ港（Puerto Pañuelo）からフェリーを利用

Travel Tips!

フェリーで巡る
1日ツアーが人気

アラジャネスの森と、ナウエル・ウアピ湖に浮かぶビクトリア島を小型フェリーで巡る1日ツアーがおすすめ。旅行会社に問い合わせを。

スタジオで本物の動物を飼ってスケッチ

動物たちのリアルな動きにこだわったウォルトは、当時野生の動物を描いたことのないアニメーターたちのためにさまざまな策を講じた。まずはアメリカ最東のメイン州の自然を何本ものフィルムに収めた。さらに動物画家のリコ・ルブランを招き、スタジオには本物のシカが飼われてスケッチが繰り返されたという。ほかにも鳥、リス、ウサギなどを飼育。スタジオはまるで動物園のようだったとか。

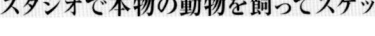

本物の動物をスケッチするやり方は、約50年後の『ライオンキング』にも継承されている

🌏 1951年春の日本公開で本作を何度も見たというのが手塚治虫。翌年秋には手塚版『バンビ』も出版。後の『ジャングル大帝』にも影響を与えたという。復刻版が手塚治虫文庫全集に収録（講談社刊）。

シンデレラ
Cinderella

モデルになったお城を訪れて プリンセス気分に浸りたい！

幸せを夢見る娘が魔法の力を借りて、夢を現実にしていくというディズニー作品の真骨頂。意地悪な継母と義理の姉たちに召使い扱いされていたシンデレラ。どんな仕打ちを受けても「私が夢を見ることは、誰にも止められない」と明るく生きている。ある日、王子の結婚相手を探すための舞踏会が開かれ、妃候補になりたい義理の姉たちや継母が邪魔をするが、妖精・フェアリーゴッドマザーの魔法の力で舞踏会に出かけることに成功。夜12時の鐘とともに魔法は解けるが、唯一残したガラスの靴を頼りに王子はシンデレラを探し出す。劇中歌の「ビビディ・バビディ・ブー」はアカデミー賞歌曲賞にノミネートされた。

Data
原作／シャルル・ペロー「ペロー童話集」より
製作総指揮／ウォルト・ディズニー
製作監修／ベン・シャープスティーン
監督／ウィルフレッド・ジャクソンほか
脚本／ビル・ピート、テッド・シアーズほか
作画監督／フランク・トーマス、ウルフガング・ライザーマン、ウォード・キンボールほか
美術／クロード・コーツ、メアリー・ブレア
音楽監督／オリヴァー・ウォーレスほか

印象的なのがシンデレラとプリンス・チャーミングが舞踏会で踊るシーン。実際には実現しなかったが、星空のなかで踊るファンタジーなシーンの予定もあったという。

CHARACTERS

トレメイン夫人(右)
アナスタシア(左・義理の姉)
ドリゼラ(中央・義理の姉)

心が冷たく意地悪で
シンデレラをいじめている

── シンデレラ

明るくて気品のあ
る娘。家にすむ動
物たちと仲よし

**プリンス・
チャーミング**

舞踏会でシンデレ
ラにひとめ惚れし
てしまう王子様

**フェアリー
ゴッドマザー**

シンデレラを助けて
くれる心優しい魔法
使いの妖精

ジャック(右)
ガス(左)

シンデレラの友だちのネズミ。
やせているのがジャックで太っ
ているのがガス

SCENE

❶舞踏会のシーンはまるで夢の世
界のよう。華やかなお城の大広
間でシンデレラとプリンス・チャー
ミングが踊るシーンは誰もがうっ
とりしてしまう ❷自分の部屋の
窓からきらびやかな城を見て、舞
踏会に行くことを決心するシンデ
レラ。どんな境遇でも卑屈になる
ことなく、強い信念と希望をもっ
て生きる ❸フランスやドイツの
お城を参考にして描かれた本作。
荘厳な長い階段や大きなアーチ、
バルコニーや噴水など、豪華絢
爛な雰囲気が楽しめる

①

②

③

Locations

★**ノイシュヴァンシュタイン城** →P.42 　★**ショーモン・シュル・ロワール城** →P.43
★**シュノンソー城** →P.43

プリンス・チャーミングの歌を歌ったのは俳優のマイク・ダグラス。当初は台詞も担当する予定だったが、
シカゴ訛りがあったため、ウォルト・ディズニーからNGが出て、歌だけになったとか。

シンデレラの舞台
ドイツ／フランス

ベルリン

ノイシュヴァン
シュタイン城

ドイツ
★首都：ベルリン
★面積：35万7000㎢
★人口：約8,319万人
★通貨：ユーロ
★時差：－8時間、サマータイム期間中は－7時間
✈日本からドイツのフランクフルト、ミュンヘンまで直行便で約12時間

フュッセン
石畳の通り沿いにカラフルな建物が建ち並ぶフュッセンの町並み。
✈ミュンヘンから鉄道で約2時間

ノイシュヴァンシュタイン城
🏠 Neuschwansteinstraße20, 87645 Schwangau
🚌城の麓まで行くホーエンシュヴァンガウへはフュッセン（Füssen）駅からバスで約10分。バスは1時間に1本程度の運行

バイエルンの国王に即位した頃のルートヴィヒ2世

シンデレラの原作は、フランスの詩人シャルル・ペローによる「ペロー童話集」に収録されている「サンドリオン（灰かぶり姫）」。シンデレラ城のモデルとなったのは、ドイツのノイシュヴァンシュタイン城やフランスのショーモン・シュル・ロワール城、シュノンソー城などといわれている。いずれも定番の観光スポットで、まるでおとぎ話の世界に迷い込んだような気分を味わえる。映画の雰囲気そのままを楽しめるヨーロッパ各地の名城を旅して名作に思いをはせよう。

シンデレラがお城を眺めていた姿を思い出す

ノイシュヴァンシュタイン城
Schloss Neuschwanstein

あふれんばかりの緑に囲まれ、中世貴族の憧れを体現したような城

ドイツ南部バイエルン州のフュッセン郊外の定番観光スポット。いくつかの塔が重なるようにそびえ立つ美しい姿は、シンデレラ城のモデルとされている。この城を建てたのは、第4代バイエルン国王のルートヴィヒ2世。巨額の費用をつぎ込み、17年の歳

城の中庭がガイドツアーの集合場所

月をかけて19世紀後半に築城した。妃をめとらず、シュタルンベルク湖で謎の死を遂げた一生は今も多くの人たちの関心を集めている。城内ではガイドツアーや日本語のオーディオツアーを聞きながら見学できる。

 シンデレラ城のモデルといわれる、もうひとつの城がフランスのユッセ城（→P.55）だが、『眠れる森の美女』のモデルとしても有名。城内には登場人物たちのロウ人形が展示されている。

童話に出てきそうなたたずまい

壮観な公園に囲まれた歴史ある城
ショーモン・シュル・ロワール城
Domaine de Chaumont-sur-Loire

こちらもシンデレラ城のモデルのひとつとされる城。もとは軍事目的に建てられた城塞だが、ロワール渓谷を望む姿は、古城のなかでも傑出した美しさを誇っており、文化的景観がユネスコ世界遺産にも登録されている。なかでも広さ21ヘクタールの大庭園は、フランスの建築家アンリ・デュシェーヌ氏が設計を手がけたイギリス風の風景式庭園で、1992年より5～11月にかけて、「国際庭園フェスティバル」が開催されている。

左／文化遺産、庭園、アートの3つの顔をもつ
右／美しい緑が広がる

パリ
ショーモン・シュル・ロワール城
ユッセ城
シュノンソー城

フランス→P.63

ショーモン・シュル・ロワール城
🏠 41150 Chaumont-sur-Loire
🚃 パリから鉄道でブロワ (Blois) 駅まで約2時間。そこから鉄道で約10分、オンザン・ショーモン・シュル・ロワール (Onzain-Chaumont-sur-Loire) 駅から城まで徒歩約35分

Travel Tips!

実写版もチェック！
2015年に公開された実写版の『シンデレラ』。宮殿で行われる舞踏会のホールのシーンなどは、パリにあるオペラ座パレ・ガルニエやルーヴル美術館を参考にしている。

緑あふれる広大な敷地の中にある白く美しい城

6代にわたり女性の城主が支えた美しい城
シュノンソー城
Château de Chenonceau

エントランスから映画の世界観を彷彿させる名城。16世紀の創建から19世紀まで、城主がすべて女性だったことから「6人の女の城」とも呼ばれている。城内にはロワール川の支流であるシェール川が流れ、川をまたぐように館がたたずんでいる。城内では床に白と黒のタイルが敷かれたギャラリーが美しく、企画展の会場になることもある。

左／シェール川の水面に映る姿は鏡のよう
右／城の美しさは秀逸

シュノンソー城
🏠 37150 Chenonceaux
🚃 パリから鉄道でトゥール (Tours) 駅まで約1時間～2時間。そこから鉄道で約30分、シュノンソー (Chenonceau) 駅から徒歩約5分

🌍 フロリダのウォルト・ディズニー・ワールドにあるエプコットのフランス館には、香水のボトルにシンデレラ城やガラスの靴などの刻印をしてくれるショップ、Plume et Palette がある。

ふしぎの国のアリス
Alice in Wonderland

上／ハートの女王とクロケーの試合をすることになったアリス　左／マッドハッターの「なんでもない日」を祝うお茶会に招かれる　下／森の中で出会った猫。突然、消えたり現れたりする

白うさぎを追ってふしぎの国へ！
イギリスのライフスタイルもエッセンス

イギリスの数学者ルイス・キャロルの「不思議の国のアリス」、「鏡の国のアリス」が原作。白うさぎを追ってふしぎの国へ迷い込んだアリスが奇妙な体験をする物語。謎多き登場人物が現れては、奇想天外なできごとでアリスを悩ませる。物語ではお茶会に招かれたり、ハートの女王のローズガーデンでクロケーをしたり、といういかにもイギリスらしいライフスタイルも描かれる。ユニークなキャラクターたちが彩る今作は、構想から30年近くをかけて完成させた、ディズニーの代表作となった。

Data

原作／ルイス・キャロル「不思議の国のアリス」
「鏡の国のアリス」
製作／ウォルト・ディズニー
製作総指揮／ベン・シャープスティーン
監督／クライド・ジェロニミ他

CHARACTERS

アリス
好奇心に富んだ女の子。白うさぎを追ってふしぎの国へ

白うさぎ
大きな懐中時計を持ち、常に時間に追われて急いでいる

ハートの女王
トランプのハートの女王。怒りっぽくて威張っている

マッドハッター
風変わりなお茶会を開く帽子屋。アリスをお茶に誘う

実写版『アリス・イン・ワンダーランド』（2010年）は、『マレフィセント』（2014年）など、一連の実写化の先駆けとなった。続編『アリス・イン・ワンダーランド／時間の旅』（2016年）も製作された。

作品の舞台は不明だが、オックスフォードにはアリスのモデルとなった少女らと遊んだ川が流れ、アリスのグッズ専門店があるなど、ルイス・キャロルゆかりの地として知られる。また、北ウェールズのスランドゥドゥノも、アリス観光の町となっている。ルイス・キャロルの出身地デアズベリーも訪れたい。

イギリス→P.48

原作者ルイス・キャロルゆかりの地

オックスフォード
Oxford

ルイス・キャロル自らが学び、後に教鞭を執ったオックスフォード大学。クライスト・チャーチ校は、大聖堂とカレッジを併せもち、同校の食堂グレート・ホールにはキャロルの肖像画やアリスのステンドグラスが飾られている。

左／アリスグッズの専門店
右／グレート・ホール内観

オックスフォード
🚃 ロンドンのパディントン（Paddington）駅から鉄道でオックスフォード（Oxford）駅まで約1時間

北ウェールズの町 スランドゥドゥノ
ルイス・キャロルがよく休暇で訪れたという。キャラクター像を巡りながら、アリスの足跡をたどれる。

アリス好きなら行ってみたい

紅茶がなくては始まらない、イギリス人の紅茶事情

大の紅茶好きで知られるイギリス人。今ではコーヒー党も多くなったが、イギリス人の暮らしに紅茶が欠かせないのは今も昔も変わらない。マッドハッターのお茶会に誘われたアリスも喜んでテーブルにつくのだが、風変わりなもてなしにいっこうにお茶を飲むことができない、という愉快なシーンが描かれている。

イギリス人は1日に平均4～5杯（人により8～9杯）の紅茶を飲むともいわれるが、起き抜けのアーリーモーニングティーから就寝前のナイトティーまで、日常のさまざまなタイミングで紅茶を飲んでいる。普段はマグカップにティーバッグを入れ、直接、お湯を注ぐという気取らないスタイルで飲むのがほとんど。日本でも人気の3段のケーキスタンドで供されるアフタヌーンティーをすることはめったにないようだ。もちろん、フォートナム＆メイソンなど、格式の高いティールームではフルセットで伝統的なアフタヌーンティーや食事も取れるハイティーを味わえるのだが、ディナーに匹敵する価格を覚悟することになる。気軽に楽しむなら「クリームティー」と呼ばれる、紅茶とスコーンのセットがおすすめ。軽い食事や休憩にぴったりで、もちろん紅茶のおいしさを十分、堪能することができる。

クロテッドクリームとジャムをたっぷりのせて

🌏 ルイス・キャロルはイギリス北部デアズベリー出身。町にあるオール・セインツ教会にはアリス・ウインドウというステンドグラスもある。🏠All Saints Church Daresbury, Daresbury Lane, Daresbury

ピーター・パン
Peter Pan

誰もが夢に見るフライング！
ロンドンの空を自由に飛び回る姿は爽快

1904年に初演されたジェームズ・バリー原作の戯曲「ピーター・パン」を1910年代に少年だったウォルト・ディズニーが観劇。40年後にアニメ化の版権を得て映画を製作した。ロンドン在住のウェンディらダーリング家の子供たちは、空飛ぶ少年ピーター・パンの物語に夢中。両親がパーティに出かけた際、本物のピーター・パンがうちにやってきて大騒ぎになる。一緒にピーターが住むネバーランドに飛んでいって、島のなかを探検したり、フック船長率いる海賊たちに出会ったり、ワクワクするようなできごとがいっぱい。劇中では、実在の名所ビッグ・ベンやタワー・ブリッジが登場するのでお見逃しなく！

Data

原作／ジェームズ・バリー
製作／ウォルト・ディズニー
監督／ハミルトン・ラスク、クライド・ジェロニミほか
脚本／テッド・シアーズ、アードマン・ペナーほか
作画監督／ミルト・カール、フランク・トーマス、
ウルフガング・ライザーマンほか
美術／メアリー・ブレアほか
音楽／オリヴァー・ウォーレス、サミー・カーン、
サミー・フェイン、フランク・チャーチルほか

アニメーター、マーク・デイビスが生み出した妖精のティンカー・ベルは、公開当時、マリリン・モンローに匹敵するほど妖艶で魅力的といわれた。

CHARACTERS

ピーター・パン
純粋さと気まぐれな性格が魅力。女の子にも大人気

ティンカー・ベル
キラキラと金粉をまきながら舞う妖精。ピーターのことが大好きで、やきもち焼き

フック船長
海賊の船長。左手をワニに食べさせたピーターを憎んでいる

ダーリング家の3姉妹
左からジョン、ウェンディ、マイケル。ウェンディはピーター・パンに憧れている

スミー
フック船長の手下。いつもフック船長の言いつけに忠実！

SCENE

❶ロンドンを象徴する時計台ビッグ・ベンの時計の周りを、ピーター・パンたちが軽やかに飛ぶ。針にとまるシーンが印象的

❷海賊たちに捕らえられてしまったウェンディとネバーランドの迷子たち。3姉弟は無事にロンドンに帰れるのか!?

❸フック船長は左手を食べられたワニが苦手。ワニは時計を飲み込んでいるのでおなかから「チクタク」と音がすることからチクタクワニとも呼ばれている

①

② ③

Locations

★タワー・ブリッジ→P.48　★時計台ビッグ・ベン→P.49　★ケンジントン・ガーデンズ→P.49

2002年公開の続編『ピーター・パン2 -ネバーランドの秘密-』では、ウェンディがふたりの子供の母親になって登場。毎晩、ネバーランドの思い出話を聞かせるが、信じてもらえないところから物語が始まる。

Locations

ピーター・パンの舞台
イギリス

ロンドン

イギリス
★首都：ロンドン
★面積：約24万3000㎢
★人口：約6708万人
★通貨：ポンド
★時差：−9時間、サマータイム期間中は−8時間
✈日本から直行便でロンドンまで約15時間

タワー・ブリッジ
🏠 Tower Bridge Rd., London
🚇 地下鉄タワー・ヒル（Tower Hill）駅、またはタワー・ゲートウェイ（Tower Gateway）駅から徒歩約3分

ガラス張りの歩道橋。下を走る遊覧船などの様子もよく見える

美しい町の夜景を望むことも

ダーリング家が住んでいるロンドン中心部のブルームズベリーから物語が始まり、美しい夜景がいくつも登場する。ロンドンの顔ともいえるウェストミンスター宮殿（国会議事堂）の北側にそびえる時計台ビッグ・ベン、テムズ川に架かるタワー・ブリッジなど、ピーター・パンたちは存分に町の夜景を堪能しながら冒険に旅立つ。もうひとつの舞台であるネバーランドは、ピーター・パンが住む架空の島だが、海賊船が停泊する港町やクロコダイルクリークなどがある。

ピーター・パンたちが見た絶景を見てみたい
タワー・ブリッジ
Tower Bridge

橋が上がる時間を知りたい人は、ウェブサイトの Bridge Lift Times をチェック

ピーター・パンたちがフライングしたテムズ川に架かる跳開橋。橋の長さは244mあり、左右に立つゴシック様式の主塔の高さは65m。内部には展望通路や橋の歴史がわかる展示などがあるが、なんといってもいちばんの

遊覧船から見る橋の美しさも秀逸

見どころは歩道橋The Glassed in Walkway。北塔と南塔を結ぶ全長61mの橋で、一部床がガラス張りになっている。少し足がすくむようなスリリングな体験を楽しむことができる。

映画に登場するビッグ・ベンや国会議事堂などの名所を見下ろすなら、1999年末に建てられた大観覧車ロンドン・アイが最適！ 1周約30分でカプセルの中を歩き回りながら楽しめる。

神々しい雰囲気がただよう

時計台ビッグ・ベン（エリザベス・タワー）国会議事堂

住 Westninster, London
交 地下鉄ウェストミンスター（Westminster）駅から徒歩すぐ
※内部ツアーでは、ウェストミンスター・ホールをはじめ、エリザベス・タワー、時計の機構室など普段はなかなか入れないところを見学できる。タワー最下部から鐘楼まで続く334段のらせん階段は圧倒的

ロンドンのシンボルといえばココ

時計台ビッグ・ベン（エリザベス・タワー）
Big Ben（Elizabeth Tower）

ロンドンの中心にある国会議事堂と時計台ビッグ・ベン。国会議事堂は正式名称をウェストミンスター宮殿といい、テムズ川沿いに300mの長さを誇る。内部のウェストミンスター・ホールの広さは73m×21mと広く王家の式典などで使われている。15分ごとに鳴り響くウェストミンスター・チャイムと呼ばれるビッグ・ベンの鐘の音は、日本の小学校のチャイムと同じ。ピーター・パンらが時計の針の上に立つシーンにも注目！

左／ビッグ・ベンは荘厳な雰囲気
右／改装された時計台

Travel Tips!

美しい町並みを劇中で再現

ダーリング家が住んでいるのは、ロンドンの中心部にあるブルームズベリー。大英博物館などがある文化的なエリアだ。

故ダイアナ妃ゆかりの美しい公園

ケンジントン・ガーデンズ
Kensington Gardens

ハイドパークに隣接する都会のオアシス的存在の公園。園内にはアルバート王の像や、故ダイアナ妃をしのんで作られた「ダイアナ・メモリアル・プレイグラウンド」（12歳までの子供と保護者のみ入場可）などがある。ここには作者は同じだが内容がまったく違う物語「ケンジントン公園のピーター・パン」に登場するピーター・パンの像が建てられている。

園内では散歩を楽しむ人も多い

左／ケンジントン公園
右／公園内にはピーター・パンの像と刻印がある

ケンジントン・ガーデンズ

住 Kensington Gardens, London
交 地下鉄クイーンズウェイ（Queens Way）駅徒歩すぐ

🌍 修復のため2017年より工事中だったビッグ・ベンは2022年11月に修復が完了。大小の鐘の音も鳴り響くようになった。2023年内には塔内ツアーが再開される予定。出かける前にチェックを！

わんわん物語
Lady and the Tramp

左／トランプとレディが偶然キスをする
シーンが有名　上／大きなツリーや暖炉
の下にあるプレゼントなど、アメリカのク
リスマスの雰囲気も楽しめる　下／ディ
ア家のお屋敷に住むお嬢さま犬、レディ

アメリカのお屋敷町を舞台に 愛らしい犬たちとロマンティックな世界へ

クリスマスの贈り物としてお屋敷にやってきたレディは、ご主人夫婦の愛を受け幸せいっぱいに暮らしていた。そんなとき、ひょんなことがきっかけで自由を愛する野良犬のトランプに出会う。生まれも育ちも違うのに惹かれ合っていく2匹だが、ある日、ご主人夫婦が旅に出たところでトラブルに巻き込まれてしまう。2匹の恋はどうなってしまうのか…。20世紀初頭、アメリカ中央部の静かなお屋敷町を舞台に、個性豊かでかわいい犬たちが冒険を繰り広げるハートウオーミングな作品。「ベラ・ノッテ」をはじめ珠玉の音楽も印象的だ。

Data
原作／ウォード・グリーンほか
製作総指揮／ウォルト・ディズニー
共同製作・脚本／アードマン・ペナー
監督／ハミルトン・ラスク、クライド・ジェロニミ、ウィルフレッド・ジャクソン

CHARACTERS

トランプ
仲間思いで勇敢な野良犬

レディ
やさしくて思いやりがあるお嬢さま

トニー
イタリアン・レストランのオーナー

トラスティとジョック
レディのご近所に住む友だち

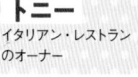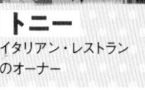 『わんわん物語』は、ウォルトが考えていたコッカースパニエル犬の話と、ウォルトの友人ウォード・グリーンが雑誌に執筆していた短編小説を組み合わせてできた。ディズニー映画のなかでも数少ないオリジナルだ。

『わんわん物語』はアメリカの静かなお屋敷町が舞台。レディとトランプ、その仲間たちの背景には、歴史を感じる建物や町並みが美しく描かれている。20世紀初頭のアメリカのクラシックでロマンティックな雰囲気もたっぷり楽しみたい。

アメリカの工業・商業の中心でもある

アメリカ中央部
Central United States

歴史を感じる美しい建物も残る

アメリカを縦に3分割したとき中央にあるエリア。製造業や農業が盛んで、広大な土地に広がる美しい自然が魅力。一方で、シカゴやヒューストン、ダラスなど金融や商業で有名な大都市もある。作品の舞台は、建物の雰囲気がアメリカ東部ニューイングランド地方に似ている。それにより、お屋敷町としても有名なペンシルバニア州ピッツバーグに近い東側寄りのアメリカ中央部の町だと考えられる。

上／ミネソタ州セントポールの邸宅　下／ミネアポリスにあるクレメンス庭園

アメリカ→P.69

アメリカ中央部
✈日本からシカゴやデトロイト、ダラスなどに直行便あり。都市によるが所要約12時間

Travel Tips!

劇中に出てくる犬の種類は？

レディはコッカースパニエル。お隣のトラスティはブラッドハウンド、ジョックはスコッチテリア、トランプは雑種の野良犬という設定だ。アメリカ人にとって犬は家族同然で、公園などで散歩する姿によく出くわす。

クレメンス庭園
🏠1301 Kilian Blvd., SE, St. Cloud
✈ミネソタ州ミネアポリスから車で約1時間

アメリカの国民食、ミートボール・スパゲティ

『わんわん物語』といえば、レディとトランプがスパゲティを食べるシーンが有名。この大きなミートボールが入ったトマトソースのスパゲティは、20世紀初頭にイタリア系移民から伝わったとされるアメリカ料理。現在でもポピュラーな食べ物だ。人気なだけに缶詰も多数販売されており、ソースや具のほかパスタも入っていて、温めるだけで食べられて便利。英語では、Spaghetti with MeatballsやSpaghetti and Meatballsなどと呼ばれる。

アメリカ生まれのイタリア料理

眠れる森の美女
Sleeping Beauty

オーロラ姫の眠る城は永遠の憧れ
中世ヨーロッパの世界観にどっぷりと浸る

チャイコフスキーのバレエ組曲「眠れる森の美女」の旋律が流れるなか、重厚でスタイリッシュな映像美が眼前に広がる。後に画家として活躍するアイヴァインド・アールによるカラー設計と背景に合わせて、キャラクターデザインもディズニー従来の丸みを帯びたものから直線的なものへと変更された。舞台は14世紀の西ヨーロッパ。誕生の宴に現れた魔女マレフィセントによって「16歳の誕生日の日没までに糸車の針に刺されて死ぬ」と呪いをかけられたオーロラ姫。"悪い魔女""森で暮らす姫""王子のキス"など、『白雪姫』と同じ要素がちりばめられたプリンセスの物語にはロマンティックな瞬間が待っている。

Data

原作／シャルル・ペロー「ペロー童話集」より「眠れる森の美女」
製作総指揮／ケン・ピーターソン
監督／クライド・ジェロニミ
脚本／アードマン・ペナー、ビル・ピート、テッド・シアーズ ほか
シークエンス監督／エリック・ラーソン、ウルフガング・ライザーマン、レス・クラーク
美術／アイヴァインド・アール ほか

カリフォルニアのディズニーランド誕生は1955年。ウォルト・ディズニーは本作の製作中パークの城に「眠れる森の美女の城」と名づけた。もうひとつの「眠れる森の美女の城」はディズニーランド・パリに。

CHARACTERS

フィリップ王子
隣国の王子でオーロラ姫
の婚約者

ディアブロ
マレフィセントの
手下のカラス

オーロラ姫
森でブライア・ローズ
として育てられた王女

フローラ(赤)
フォーナ(緑)
メリーウェザー(青)
オーロラ姫を助ける
3人の妖精

マレフィセント
オーロラ姫に呪いを
かけた魔女

SCENE

❶ 3人の妖精(フローラ、フォー
ナ、メリーウェザー)によって
森の奥深くで育てられることに
なったオーロラ姫。豪華な調
度品や壁の装飾など美しくしつ
らえられた城に再び戻るのはい
つの日か ❷ 幼い姫を見送る
ステファン王と王妃の眼下には
重厚な石造りの城の中庭が広
がる ❸ 妖精たちの力を借り
ながら、とらわれていたマレフィ
セントの塔から抜け出したフィ
リップ王子。愛馬サムソンに跨
り、向かうのはオーロラ姫の眠
る天空の城

Locations

当時のアニメーション史上最大の製作費600万ドル、製作期間6年。アニメーションとして世界初の70mm
フィルム、通常より大型のセル画と背景を必要とするワイドスクリーン・テクニラマ70方式を採用した。

眠れる森の美女の舞台

ドイツ／フランス

Locations

CHIKYU NO ARUKIKATA 2023

ドイツ→P.42

ホーエンツォレルン城

住 Burg Hohenzollern Hechingen
交 ミュンヘンから鉄道でテュービンゲン（Tübingen）駅まで約3時間。そこから鉄道で約20〜30分のヘッヒンゲン（Hechingen）駅下車、駅からバスで約15分

Travel Tips!

ファンタスティック街道
ヴァインハイムを起点にスイス国境の町コンスタンツまで全長約400kmに及ぶ観光街道。「黒い森」と呼ばれる広大な針葉樹の森を抱え、温泉保養地バーデン・バーデンやテディベアの故郷ギーンゲン、パステルトーンの家々が美しいテュービンゲンなど魅力的な町が続く。

ネッカー川沿いにカラフルな家が立ち並ぶテュービンゲン

西ヨーロッパのある国とだけ舞台設定されており、映画のなかで不変の魅力を放つ"城"のモデルには諸説ある。ロマンティック街道、ファンタスティック街道など100以上の観光街道のあるドイツには中世のたたずまいを残す名城を擁する街道が多い。また、民間伝承をもとに「眠れる森の美女」を執筆したシャルル・ペローがフランスの詩人であることから、フランス各地の古城にもイメージに近いといわれているものがある。両国の古城を巡ればオーロラ姫の奇跡を疑似体験できそうだ。

深い森に包まれて眠るようにたたずむドイツ屈指の名城

ホーエンツォレルン城
Burg Hohenzollern

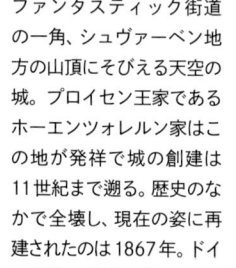

天候条件に恵まれれば雲海に浮かび上がるような幻想的な姿を見ることができる

ファンタスティック街道の一角、シュヴァーベン地方の山頂にそびえる天空の城。プロイセン王家であるホーエンツォレルン家はこの地が発祥で城の創建は11世紀まで遡る。歴史のなかで全壊し、現在の姿に再建されたのは1867年。ドイ

中庭ではクリスマスマーケットも開催される

ツ最後の皇帝の直系子孫が現在も使用している城内はガイドツアーで見学ができる。標高約900mに立つ孤高の姿はフィリップ王子が愛馬の鞍上から見た山頂の城を彷彿とさせる。

ロマンティック街道の名城ノイシュヴァンシュタイン城（→P.44）は白鳥城との異名をもつ白亜の城。付近にあるマリエン橋からの眺めは特に美しく、オーロラの眠る城のモデルだとされている。

中世のイメージそのものの外観

おとぎ話から抜け出てきたような姿に心震える

ピエルフォン城
Château de Pierrefonds

フランス→P.63

ピエルフォン城
住 Rue Viollet le Duc
交 パリから鉄道でコンピエーニュ（Compiègne）駅まで約1時間。そこからバスでピエルフォン・メリー（Pierrefonds-Mairie）下車。徒歩約20分

Travel Tips!

14世紀に建てられた城はほぼ壁しか残されていない廃墟のような状態であったが、ナポレオン・ボナパルトが買い取り、その後受け継いだナポレオン3世が修築した。工事を担当したのはコンピエーニュの市庁舎を手がけ、パリのノートルダム大聖堂を修復したことでも知られるウジェーヌ・エマニュエル・ヴィオレ・ル・デュック。小高い丘の上で木々に囲まれ堂々とたたずむ姿は一幅の絵画のように美しい。外観は中世の原型をほぼ忠実にとどめており、巨大な軍艦を間近に見るような威容は迫力満点だ。中世ヨーロッパ城郭建築の特徴が随所に見られる城に入れば、姫と王子のストーリーの続きが見えてきそうだ。

**原作のモデル
白亜のユッセ城へ**

シャルル・ペローは、ロワール川支流に立つユッセ城に魅せられて「眠れる森の美女」を書いたといわれる。城内には「眠れる森の美女」の登場人物たちのロウ人形が物語のシーンを再現した展示がある。

城内には、はね橋や石落としなどがあり、多くの映画のロケ地としても使われている

ブナとオークが茂る古代の森でマレフィセントの思いを受け止める

『眠れる森の美女』を新たな解釈で描いた実写映画『マレフィセント』（2014）。ディズニー屈指のヴィランをアンジェリーナ・ジョリーが演じて禍々しくも優美なヒロインが誕生した。マレフィセントが守るムーアの国のロケ地となったのがイギリスのアッシュリッジ・エステート（Ashridge Estate）だ。「妖精の花」と呼ばれるブルーベルの群生地としても有名で、見頃となる4月と5月には一面の青の絨毯を目指して多くの観光客が訪れる。

アッシュリッジ・エステート
住 Moneybury Hill, Ringshall, Berkhamsted
交 ロンドンから車で約1時間

ピエルフォン城のあるピカルディ地方の名物菓子のひとつにアミアンのマカロン（Macaron d'Amiens）がある。マカロンと聞いて想像する食感とは異なり、外側も中身もしっとりとしたリッチ感がある。

プリンセス映画でたどる**ディズニーと世界の音楽**

Profile

たにぐちあきひろ
谷口昭弘さん
フェリス女学院大学
音楽学部教授

富山市出身。新潟大学、東京学芸大学大学院を経て米国フロリダ州立大学博士課程にて音楽学を学ぶ（Ph.D.）。現在、フェリス女学院大学音楽学部教授。専門はアメリカのクラシック音楽。著書に「ディズニー・ミュージック」（スタイルノート）など。

音楽は映画にとって欠かせない存在だが、ディズニーにとっては、それはなおさらのこと。「ディズニー・ソング」と呼ばれる主題歌・挿入歌が多くの人の心を捉え、名作アニメを彩ってきた。そんなディズニーのプリンセス映画に使われている音楽を時代順に追跡すると、ディズニーの音楽スタイルの広がりも見えてくる。

最初の長編映画『白雪姫』（1937年）で白馬に乗った王子が姫にささげるセレナーデは、ウィーンの喜歌劇オペレッタのスタイル。「いつか王子様が」を歌う白雪姫の神秘的な歌声も、古風で豊かな弦楽器によって優雅に伴奏されている。『眠れる森の美女』（1959年）になると、ロシアの作曲家チャイコフスキーの同名のバレエ音楽をもとに背景音楽が作られている。いずれもクラシック音楽の影響が強いのがディズニー映画1970年代以前の特徴だ。

しかし、時代を経て『リトル・マーメイド』（1989年）になると、カニのセバスチャンが歌う「アンダー・ザ・シー」など、レゲエやカリプソといったカリビアンミュージックが登場し、中国が舞台の『ムーラン』（1998年）では、ヒロインの歌う「リフレクション」や背景音楽にアジア的な雰囲気を醸す五音音階が使われており、映画の舞台がはっきりと伝わってくる。

その後、アメリカのニューオリンズを舞台とした『プリンセスと魔法のキス』（2009年）ではワニのルイスがデキシーランドジャズ風に歌い、ホタルのレイはケイジャン（フランス系移民のダンス音楽）を披露。『アナと雪の女王』（2013年）では、冒頭から「ナーナーナー・ヘンヤーヤー」と歌う女性のアカペラコーラスによる「Vuelieヴェリィ」という音楽が聞かれる。これは北欧ラップランド等に住む少数民族サーミ人の民族音楽から発想を得て、ノルウェーの作曲家フェルハイムが作曲した合唱曲を映画用に作り直したものだった。

このようにディズニー映画の音楽は、時代を経るにつれ、多種多様な世界の音楽を使うようになっていったのである。

夢と魔法の名作50選と舞台

1960s to 1980s

101匹わんちゃん
101 Dalmatians

左／大脱出も成功し、自宅でホッとするポンゴや子供たち　上／セント・ポール大聖堂でロジャーたちがめでたく結婚　下／ロジャーとアニータが出会ったのがリージェンツ・パーク

ダルメシアンの子供たちが駆け回るロンドンの町並みの美しさに釘付け

ロンドン在住の作曲家ロジャー・ラドクリフの愛犬・ポンゴ。ロジャーにお嫁さんを見つけたいと思い、町を散歩する飼い主と愛犬を探し続けた結果、めでたく飼い主のアニータと愛犬のカップルが誕生。その後ポンゴとパディータの間に15匹の子犬が生まれる。しかしそれを聞きつけた悪女・クルエラが毛皮のコートを作るために子犬たちを誘拐。大脱走劇が始まる…。ロンドンの町並みが登場したり、ポンゴらが子犬たちを探すシーンでもテムズ川が出てきたりと町の雰囲気も楽しめる。

Data
原作／ドディー・スミス
製作総指揮／ケン・ピーターソン
監督／ウルフガング・ライザーマン、ハミルトン・ラスクほか
脚本／ビル・ピート
作画監督／ミルト・カール、フランク・トーマスほか

CHARACTERS

ポンゴ
オスのダルメシアン。のんびり屋に見えるが行動力がある

パディータ
メスのダルメシアン。15匹の子犬たちの優しいママ

クルエラ
欲しいものを手に入れるためには手段を選ばない悪女

ロジャーとアニータ
ダルメシアンの飼い主。誘拐された子犬たちの無事を祈る

アメリカでは1996年に公開された『101匹わんちゃん』を原作とする実写映画『101』（ワンオーワン）は、クルエラ・ド・ビル役の俳優グレン・クローズの怪演っぷりが話題に！　監督はスティーヴン・ヘレク。

イギリス、ロンドンの町にはセント・ポール大聖堂はもちろん、時計台ビッグ・ベンやウェストミンスター宮殿など、歴史を感じさせる建築物や記念碑も点在し、古きよきものと新しいものが混在している。また、リージェンツ・パークやプリムローズ・ヒル、セント・ジェームズ・パークなど美しい公園もたくさんありゆっくり過ごせる。

ロンドン

イギリス→P.48

壮大かつ華麗なロンドンを代表する建築物

セント・ポール大聖堂
St. Paul's Cathedral

聖堂内は見どころがいっぱい

高さ約111m、幅約74m、奥行約157mの広さを誇るセント・ポール大聖堂。劇中でロジャーとアニータが結婚した教会シーンのモデルといわれている。入口から祭壇までの身廊は息をのむほどの美しさ。なかでも直径34mのドームのジェームズ・ソーンヒルによる天井画は圧巻。ギャラリーも設置されているので誰でも観ることができる。地上82mのゴールデンギャラリー、52mのストーンギャラリーからはロンドンの町を眺められる。

上／豪華な装飾が見どころ
下／ドームの天井画が美しい

セント・ポール大聖堂
🏠 St.Paul's Churchyard, London
🚉 セント・ポール (St. Paul's) 駅から徒歩約2分

Travel Tips!

カップルが誕生したリージェンツ・パーク
ロジャーとアニータ、ポンゴとパディータが出会ったリージェンツ・パーク。約1万2000本のバラが咲き誇るクイーン・メアリーズ・ガーデンや、世界最古のロンドン動物園など見どころ満載。
🏠 Regent's Park, London
🚉 地下鉄ベーカーストリート (Baker Street) 駅から徒歩約2分

テムズ川周辺にはロンドンアイなど名所が多い。数種類ある観光用の遊覧船で巡るのがおすすめ

クルーズを利用してロンドン中を巡りたい

テムズ川
River Thames

ロンドン中心部を流れる全長346kmのテムズ川。川沿いにはビッグ・ベンをはじめ、タワー・ブリッジなど、さまざまな観光名所が点在。公共の足として使われるリバーバスのほか、観光用のリバーツアーも多数ある。映画では、ポンゴたちが子犬たちを探すシーンで川周辺が何度も登場する。

ロンドンは、バッキンガム宮殿の衛兵交替式やスカイ・ガーデンなど見学無料のスポットが豊富。大英博物館やナショナル・ギャラリー、自然史博物館、テート・モダンなども常設展は無料で入館できる。

ジャングル・ブック
The Jungle Book

左／モーグリを人間の村に戻す旅のなかでクマのバルーとすっかり意気投合　上／キング・ルーイのダンスナンバー「君のようになりたい」も楽しい　下／大蛇のカーに食べられそうになる!?

ウォルト最後の長編アニメーション
楽しさいっぱいのジャングルを駆け抜ける！

1966年12月に亡くなったウォルト・ディズニーが直接手がけた最後の長編アニメーション。インドのジャングルを舞台に、オオカミに育てられた少年モーグリと仲間たちの大冒険を描く。動物好きのウォルトが、『バンビ』以来25年ぶりに挑んだジャングルの動物アニメーション。ラドヤード・キップリングの原作をディズニーらしく大胆に脚色し、個性豊かなキャラクターたちを創造。音楽もディキシーランドジャズを盛り込むなど、ウォルトならではの遊び心が詰まっている。

Data

原作／ラドヤード・キップリング「ジャングル・ブック」
監督／ウルフガング・ライザーマン
脚本／ラリー・クレモンズほか
作画監督／ミルト・カール、オリー・ジョンストンほか
音楽／ジョージ・ブランズ、リチャード・M・シャーマンほか

CHARACTERS

モーグリ
オオカミに育てられた10歳の少年。「ずっとジャングルにいたい！」と思っている

バルー
モーグリが旅の途中で友だちになった楽天的なクマ

バギーラ
モーグリをオオカミ一家に託し、少年を見守り続ける黒ヒョウ

シア・カーン
人間を憎むトラ。モーグリが成長する前に殺そうと考えている

キング・ルーイ
サルの王様。モーグリから火の使い方を聞き出そうとする

物語には多彩な動物が登場するが、モーグリに催眠術をかけて食べようとする大蛇のカーは、実はウォルトが「いつかヘビのキャラクターを活躍させたい」と考えていたという。最後の作品で夢がかなった。

2023年には人口が世界1位、GDPも世界5位と急成長のインド。一方で、5000年の長い歴史と、南アジア随一の広大な土地に豊かな自然と多様な文化が広がる"神秘と聖性の国"でもある。『ジャングル・ブック』のイギリス人原作者キップリングは、当時イギリス統治下だったインドのボンベイ（現ムンバイー）で生まれ、インドを舞台にした作品を数多く残した。

ジャングルやサバンナには多種多彩な動物たちが

インド
India

うっそうとした森に多くの野生動物が暮らす

インドは豊かな自然の宝庫でもある。ヒマラヤ山脈や砂漠、大河、高原地帯、南部のビーチリゾート…。野生動物が生息する広大な国立公園も数多く整っている。キップリングはインドへの思いを作品に込め、『ジャングル・ブック』に登場する動物も、ベンガルトラ、クマ、黒ヒョウ、ニシキヘビ、ゾウなどインドのジャングルに生息している動物たちで構成。映画の製作スタッフもインドの森を参考にしたという。

映画に登場した動物たちを現地で見られるかも

インド

★首都：ニューデリー
★面積：約328万7469㎢
★人口：約14億2860万人
★通貨：ルピー
★時差：-3時間30分
✈日本からニューデリーまで直行便で約9時間30分。ムンバイーまで直行便で約10時間

Travel Tips!

インドで
タイガーサファリ

インドの国獣ベンガルトラを見るなら、北インドのランタンボール国立公園のタイガーサファリが人気。また、原作者のキップリングが着想を得たといわれているのは、中央インドのカーナ国立公園のサファリだ。

キャラクターの名前はヒンディー語に由来している

インドで生まれ育った原作者キップリングは、物語の舞台をインドのジャングルに設定するだけでなく、登場するキャラクターたちの名前もインドのヒンディー語から命名している。モーグリの友だちの"バルー"は「クマ」、"バギーラ"は「ヒョウ」、ゾウのパトロール隊のリーダー、ハティ大佐の"ハティ"は「ゾウ」、人間の赤ちゃんのモーグリを引きとり育てた母親オオカミの"ラクシャ"は「保護する」という意味がある。

🌍 2016年には実写版『ジャングル・ブック』が公開。モーグリを演じたニール・セディ少年以外、動物たちもジャングルもすべてCGで表現された驚異の映像が話題に。インドのジャングルに行った気分を味わえる。

おしゃれキャット
The Aristocats

上／やっとわが家へ戻れたダッチェス親子とオマリー　左／エッフェル塔の近くの屋敷に住むボンファミーユ婦人とネコたち。幸せな日々だったが…下／ジャズネコの演奏でスイング！

小粋な音楽のリズムにのって パリの空の下をネコたちが躍動する

ウォルト・ディズニーの没後に公開された、初の長編アニメーション作品。原題の『The Aristocats』は貴族の意味のAristocratとネコcatの造語で、パリに暮らす気品漂う白ネコ、ダッチェスとその子供たちの物語。飼い主で富豪のボンファミーユ婦人の遺産を相続するネコをめぐって巻き起こる事件を20世紀初頭の軽妙な歌や音楽にのせて描かれる。主題歌を歌ったのはシャンソン界の大御所モーリス・シュバリエ。歌手を引退後だったが、親交のあったウォルトのために歌ったことでも知られている。

Data
原案／トム・マックゴーワン＆トム・ロウ
製作／ウィンストン・ヒブラー
製作・監督／ウルフガング・ライザーマン
脚本／ラリー・クレモンズほか
音楽／ジョージ・ブランズほか

CHARACTERS

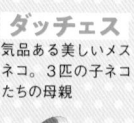

ダッチェス
気品ある美しいメスネコ。3匹の子ネコたちの母親

トーマス・オマリー
野良ネコのオス。ダッチェス親子を助けて一緒にパリへ

ボンファミーユ婦人
ダッチェス親子の飼い主。元歌手の富豪

ダッチェスの子供たち
（左から）トゥルーズ、マリー、ベルリオーズ

主題歌「おしゃれキャット」を作曲したリチャード＆ロバート・シャーマン兄弟は、ディズニーランドの「イッツ・ア・スモールワールド」を手がけるなど、ディズニー作品に多くの楽曲を提供している。

フランスは、その歴史とともに芸術、美食、ファッション、建造物など、世界の人々を魅了する美しい国。パリ、リヨン、マルセイユなど多くの人気都市があるが、やはりフランスの中心はパリだ。2024年のオリンピックイヤーを前に、さまざまな施設が新設・リニューアルされ、あらためて世界の注目を集めている。

オリンピック開幕目前！ 輝きを増す花の都

パリ
Paris

2024年を目前にして、パリは目まぐるしく変貌を遂げている。急ピッチで修復工事が進められているノートルダム大聖堂、装いも新しくなったエッフェル塔、美術館や博物館も次々とリニューアルを進めている。パリ郊外で捨てられたネコたちも、ボンファミーユ婦人の待つわが家へ、エッフェル塔を目印にパリの町を目指す。小粋な音楽にのせて、ネコたちの旅が描かれる。

フランス
★首都：パリ
★面積：約54万4000k㎡
★人口：約6790万人
★通貨：ユーロ
★時差：－8時間、サマータイム期間中は－7時間

パリ
✈日本から直行便で約15時間

左／凱旋門は屋上に上ることができる
右／ルーヴル美術館の中庭に立つガラスのピラミッド

開会式のメイン会場となるセーヌ川。写真はカルーゼル橋。エッフェル塔が左岸、凱旋門が右岸に位置する

パリで流行した自由な音楽スタイルでネコたちもダンス

『おしゃれキャット』では20世紀初頭のパリを彷彿させる音楽が流れ、物語に花を添えている。ジャズネコの演奏に合わせてスイングするダッチェスとオマリーの姿も印象的だ。当時のパリにはヨーロッパ各地からの移民が持ち込んださまざまな楽器や音楽のスタイルが流行していた。厳格なクラシック音楽とは対照的に、自由なスタイルのジャズやラテン音楽などと融合し、パリ・ミュゼットと呼ばれる独自の大衆音楽のスタイルが生まれたといわれる。

パリの町角は現在もストリートミュージシャンがジャズを奏でる

映画のオープニングではシャンソンの主題歌にのせて、パリの町を馬車で移動する様子に注目。カルーゼル橋に似た橋の後ろにはエッフェル塔が見えているが、実際の場所は特定されていない。

おしゃれキャット｜The Aristocats

くまのプーさん
Winnie the Pooh

森に暮らすプーさんと愉快な仲間たち
英国カントリーサイドが生きいきと描かれる

イギリスの森を舞台に、くまのプーさんとその愉快な仲間の暮らしを描いた長編アニメ作品。英国の作家A・A・ミルンが幼い息子クリストファー・ロビンのために書いた原作から、『プーさんとはちみつ』（1966年）、『プーさんと大あらし』（1968年アカデミー賞最優秀短編アニメ映画賞受賞）、そして『プーさんとティガー』（1974年同アカデミー賞ノミネート）の中編3作が製作され、1977年に3編を併せた長編映画を完成させた。原作の世界観を忠実に再現した、美しいイギリスの自然が描かれる。食いしん坊でちょっとおばかさんのくまのプーさんをはじめ、愛すべきキャラクターたちの物語を描いている。

Data

原作／A・A・ミルン「クマのプーさん」
挿絵／アーネスト・シェパード
製作・監督／ウルフガング・ライザーマン
監督／ジョン・ラウンズベリー（『プーさんとティガー』のみ）
脚本／ラリー・クレモンズ、ラルフ・ライト、ケン・アンダーソン
監修／ウィンストン・ヒブラー（『プーさんと大あらし』のみ）

 映画の冒頭は100エーカーの森の地図で幕を開ける。このイラストは原作本「クマのプーさん」の見返しにアーネスト・シェパードが描いた作品で、物語に引き込まれていく、ワクワクする瞬間になっている。

CHARACTERS

プー

100エーカーの森に住む、食いしん坊でのんびりやのクマのぬいぐるみ

ラビット

ニンジン畑の手入れに余念がない働き者のウサギ。少し怒りっぽい

クリストファー・ロビン

森の仲間の面倒をみている心優しい少年。賢くて思いやりがある

ピグレット

小さいブタのぬいぐるみでプーさんの親友。穏やかで誠実な性格

ティガー

お調子もので暴れん坊のトラのぬいぐるみ。明るいが寂しがり屋

SCENE

❶クリストファー・ロビンとプーは大の仲よし。100エーカーの森をふたりでおしゃべりしながら散歩する。2011年版のラストの印象的なシーン　❷いつもおなかのすいている食いしん坊のプー。ある日、風船でミツバチの巣のある木の上まで上がって、大好きなはちみつを食べようとするのだが…　❸原作やショートアニメでは棒投げの橋でおなじみ。クリストファー・ロビンはここで、「僕のことを忘れないで」とプーに伝える

Locations
★アッシュダウン・フォレスト→P.66　★プーの棒投げ橋→P.67

2018年にはプーさんを実写化した『プーと大人になった僕』が公開された。本物のぬいぐるみを動かしながら撮影したものにCG処理とアニメーションでリアルに。世界観が見事に再現されている。

くまのプーさんの舞台

イギリス

ロンドン
アッシュダウン・フォレスト

イギリス→P.48

アッシュダウン・フォレスト

住 The Bungalow, Colemans Hatch Rd., Wych Cross, Forest Row（アッシュダウン・フォレスト・センター）

交 ロンドンのヴィクトリア（Victoria）駅から鉄道でイースト・グリンステッド（East Grinstead）駅へ約1時間。バス #270 に乗り換え約20分でローバック（The Roebuck）、そこからアッシュダウン・フォレスト・センターまで徒歩約19分

歩き方の注意

とても広大なので車がないと不便。ロンドンから日帰りで訪れるならプー・コーナー周辺に絞るとよいだろう。そこから棒投げ橋（徒歩約40分、または車で4分）へ。ロンドン発のツアーに参加するのもあり。

クリストファー・ロビンとプーが手をつないで歩いたような風景

プーさんの名前の由来

第1次世界大戦時、カナダ人軍医ハリーがかわいがっていた子グマがいた。地元のカナダの町ウィニペグにちなんで「Winnie」と名づけられた子グマは、戦争の余波でロンドン動物園に預けられることに。そこでクリストファーがウィニーを気に入り、自身のぬいぐるみにつけた名前が「Winnie the Pooh」だった。

物語の舞台の100エーカーの森は、ロンドンから南に約48km、A・A・ミルンが移り住んだイーストサセックス州ハートフィールドのアッシュダウン・フォレストがモデル。ミルンの息子、クリストファー・ロビンと実際に散策した風景が作品に反映されている。原作の挿絵を担当した画家もスケッチのために訪れた。

「100エーカーの森」実は何エーカー？

アッシュダウン・フォレスト
Ashdown Forest

100エーカーの森のモデルは、実際には約6500エーカーにもなる広大なエリア

プーさんたちの暮らす「100エーカーの森」であるアッシュダウン・フォレストは、実際には約26km²（東京の品川区よりやや大きい）ほどある。その広大なエリアには森林とヒースランドという低地、ヘザーなどの群生地

森にはミルンのプレートもある

（日本ではエリカのこと）やイーヨーの住んでいるような湿地がある。森の中には遊歩道があって、散策路に従って歩けば、プーの家をはじめ、クリストファー・ロビンとプーが棒を投げて遊んだ橋やピグレットの家、木を組んだイーヨーの家のほか、原作の挿絵に登場するような木々も見つけられる。まるで絵本のなかに紛れ込んだようで、プーさんの世界を追体験できる。

 車が借りられるならロンドンからアッシュダウン・フォレストまでドライブするのもおすすめ。Piglet's Car Park の近くには作者のミルンと挿絵のシェパードのプレートもある。所要約1時間40分。

モデルになった橋は観光客が次々と訪れる人気スポット

切なさ漂うラストシーンに登場する橋

プーの棒投げ橋
Pooh Sticks Bridge

クリストファー・ロビンとプーが橋の上から棒を投げる遊びをする小さな橋。観光客も実際に棒投げをすることができる。そのほかにも、クリストファー・ロビンとプーが歩く後ろ姿が印象的なシーンに立つ木やイーヨーの家のような木組みの家、ピグレットの家の小さい扉など、見どころスポットが点在する。

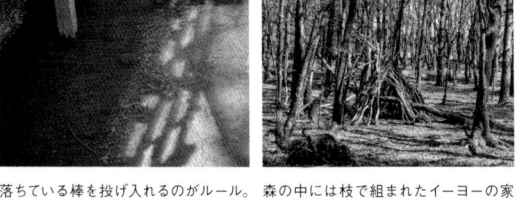

落ちている棒を投げ入れるのがルール。木の枝を折らないで

森の中には枝で組まれたイーヨーの家らしきものもある

プーの棒投げ橋

交 下記のプー・コーナーよりフットパスなどを歩いて約40分

棒投げ橋へ向かうフットパスの案内表示に従って歩こう

Travel Tips!

プーの専門店
プー・コーナー

ぬいぐるみや関連グッズが並ぶ、くまのプーさんの専門店。併設のカフェでは要予約でアフタヌーンティーも楽しめる。

住 High St., Hartfield
交 ロンドンのヴィクトリア（Victoria）駅から鉄道でイースト・グリンステッド（East Grinstead）駅へ約1時間。バス#291（1時間に1本）に乗り換え約25分でChurch St.、そこから徒歩約3分

リアルのプーはいるの？　今どこにいる？

プーのモデルは、A・A・ミルンが息子であるクリストファー・ロビンの1歳の誕生日に贈ったクマのぬいぐるみ。ロンドンの高級デパート、ハロッズで購入されたものだった。やがて、絵本と映画の人気によりクリストファーのぬいぐるみたちは展示会で世界各地を巡回し、1987年、ニューヨーク公共図書館（The New York Public Library）に寄贈された。

ニューヨーク公共図書館
住 5th Ave. & 42nd St., New York

イーヨー、ピグレット、カンガ、ティガーとともに収蔵。2023年9月現在、The Polonsky Exhibition で常設展示中

Photo：The New York Public Library

 「プー・コーナー」でアッシュダウン・フォレストや棒投げ橋などへの案内マップ（有料）を手に入れられる。また、森のどこかに原作者ミルンが眠っているが場所は明かされていない。

67

ビアンカの大冒険
The Rescuers

左／1990年には続編『ビアンカの大冒険〜ゴールデン・イーグルを救え！』も公開　上／ニューヨークにある国連の建物地下にあるネズミたちの国際組織　下／世界各国から集まった大使たち

2匹のネズミが繰り広げる大冒険
ニューヨークを滑空するシーンは必見！

マージェリー・シャープの児童小説「小さい勇士のものがたり」などの「ミス・ビアンカ」シリーズが原作。ネズミの国際救助救援協会ニューヨーク本部に、ペニーという少女から瓶に入った助けを求める手紙が届く。早速救助に向かったのは、協会のメンバーであるキュートなビアンカとはずかしがり屋のバーナード。2匹はアホウドリ航空のオービルに乗ってペニーを探す旅に出る…。ウォルトの生前からディズニー映画を支えてきたナイン・オールドメン(P.12)により製作された最後の作品。

CHARACTERS

ビアンカ
国際救助救援協会のメンバー。ハンガリー出身のおしゃれな白ネズミ

バーナード
国際救助救援協会で働いている。誠実でいざというときは勇敢

オービル
アホウドリ航空の陽気なパイロット

マダム・メデューサ
質屋の女主人

ペニー
「悪魔の沼」で働かされている7歳の少女

Data
製作総指揮／ロン・ミラー
製作・監督／ウルフガング・ライザーマン、ジョン・ラウンズベリー、アート・スティーブンズ
脚本／ラリー・クレモンズ、ケン・アンダーソン
作画監督／ミルト・カール、オリー・ジョンストンほか

主題歌の"Someone's Waiting For You"誰かが待っている」は、1978年のアカデミー賞主題歌賞にノミネートされた。また、バーナード役の声優は、TVドラマ『ER』などでおなじみのコメディアン俳優ボブ・ニューハート。

舞台はアメリカのニューヨーク。主人公のビアンカとバーナードが働いている国際救助救援協会（RAS = Rescue Aid Society）は、国際連合ビルの地下にあるという設定。映画では当時のニューヨークの町の様子も楽しめるので、現在と比べてみるのもいい。

ニューヨーク
ワシントン DC
ロスアンゼルス

アメリカ
★首都：ワシントン DC
★面積：約 983 万 3517㎢
★人口：約 3 億 3200 万人
★通貨：アメリカ・ドル
★時差：－14 時間、サマータイム期間中は－13 時間（アメリカ東部）

ニューヨーク
✈日本から直行便で約 13 時間

エンパイア・ステート・ビル
✈地下鉄 34 丁目ヘラルドスクエア（34 St-Herald Sq）駅から徒歩約 3 分

国連本部ビル
✈地下鉄グランド・セントラル 42 丁目（Grand Central-42 St）駅から徒歩約 10 分

Travel Tips!

続編の舞台はオーストラリア

『ビアンカの大冒険〜ゴールデン・イーグルを救え！』では、ニューヨークからオーストラリアへ少年を救済にいく。赤い岩肌が特徴的に描かれている。

さまざまな国の人が行き交う多様性の町
ニューヨーク
New York

中央にそびえるエンパイア・ステート・ビル

アメリカのニューヨーク州にある最大の都市。政治・経済だけでなく、カルチャーやエンターテインメントにおいて世界の中心だといえる。市内はマンハッタン、ブルックリン、クイーンズ、ブロンクス、スタテンアイランドの5つの区がある。中心はマンハッタンで、タイムズスクエアなどランドマークが多数点在し、エンパイア・ステート・ビルやロックフェラー・センターをはじめとする超高層ビルが立ち並ぶ。

空から見下ろす摩天楼の景色

国際間の平和と親睦を支える
国連本部ビル
United Nations Headquarters

マンハッタンの東側、イースト・リバー沿いに位置する。国連総会ビル、ダグ・ハマーショルド図書館、会議場ビル、39階建ての事務局の4つの建物で構成。毎年9月には、基本的にすべての加盟国が参加する国際連合総会が開催され、190を超える国の首脳たちが訪問する。国連本部ビル内はガイドツアーが開催されており、建物内の一部を歩いて見学できる。

入口西側には 190 以上の加盟国の国旗が並ぶ

国連本部ビルのガイドツアー（所要 45 〜 60 分）に参加するなら、事前にウェブで予約・購入を。当日はビジターセンターでのチェックインが必要。水を含む大きな荷物は持ち込めない。

オリバー／ニューヨーク子猫ものがたり
Oliver & Company

左／マンハッタンを舞台にニューヨーカーの犬と猫たちが大奮闘 上／ジェニー救出劇のカーチェイスシーンは圧巻 下／高級住宅地に住むジェニーが猫を「オリバー」と名づけた

1980年代のニューヨークを舞台に
個性豊かな動物たちが大奮闘！

ニューヨークの街角に捨てられた子猫のオリバー。偶然出会った野良犬のドジャーに「この町で暮らすコツ」を教えてもらい、彼らの仲間になる。ある日、ドジャーたちと町に出たオリバーは、お金持ちの孤独な少女ジェニーに出会う…。チャールズ・ディケンズの小説「オリバー・ツイスト」が原作。主人公たちを子猫や犬に、舞台をロンドンからニューヨークに置き換えられた。今や当たり前のコンピューターによる作画を多用。声優にビリー・ジョエルやベット・ミドラーを起用したことも話題に。

Data
原作／チャールズ・ディケンズ「オリバー・ツイスト」
監督／ジョージ・スクリブナー
美術監督／ダン・ハンセン
脚本／ジム・コックス、ティモシー・J・ディズニー、ジェームス・マンゴールド

CHARACTERS

ドジャー
野良犬たちのリーダー。口が達者

オリバー
路上に捨てられたオレンジ色の子猫

ジェニー
大きなお屋敷に住む優しい少女

フェイギン
ドジャーたちと暮らす貧しい男

ドジャー〔声：ビリー・ジョエル〕が「Why Should I Worry？」を歌うシーンでは、『わんわん物語』や『101匹わんちゃん』の犬たちがカメオ出演している。

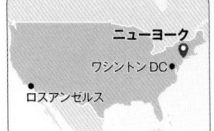

エネルギッシュな町、ニューヨークが生きいきと描かれているのもこの映画の見どころ。冒頭にはマンハッタン島の摩天楼を空からクローズアップしたシーンも。動物たちを通して、街なかを慌ただしく行き交う都会の人々もリアルに感じられる。

アメリカ→P.69

ニューヨーク屈指の高級住宅地
アッパー・イースト・サイド
Upper East Side

マンハッタン中心のセントラルパークの東側にあるエリア。中心になる5番街やマディソン・アベニューには、19世紀末に上流社会の人が好んだボザール様式の豪邸が残り、付近の高級アパートの玄関には正装したドアマンが立つ超高級住宅地。周辺には、高級メゾンブランドが立ち並び、メトロポリタン美術館やグッゲンハイム美術館など、世界に名だたる美術館が点在する。

古風な建物と近代的な高層建築が混在する

左／文化遺産の宝庫メトロポリタン美術館、
右／オリバーとジェニーがボート遊びしたセントラルパーク

全米最古のつり橋のひとつ
ブルックリンブリッジ
Brooklyn Bridge

1883年開通。マンハッタンとブルックリンを結ぶつり橋。ネオ・ゴシック（ゴシック・リバイバル）様式で、ふたつの橋塔は石灰石と御影石でできている。高さは橋の中央部分で約41.1m。4つのワイヤーとふたつのアンカーブロックで固定されている。また、橋の上層は歩道になっており、歩いて渡ることができる（約30分）。下層は車道で、高さ規定のためバスやトラックは通れない。鋼鉄製のワイヤーが美しいニューヨークのランドマークのひとつだ。

アッパー・イースト・サイド
住 E.59 St. ～ E.96th St. と 5th Ave. ～ East End Ave. を中心としたエリア

Travel Tips!

捨て猫がいたのはタイムズスクエア

作品の冒頭のシーンはタイムズスクエア。世界の交差点とも呼ばれ、道を行き交うあふれんばかりの人々や、色とりどりの看板やネオンサインがひしめき合う。
住 Broadway ～7th Ave. と 42nd St.～47th St. あたり

ブルックリンブリッジ
交 地下鉄ブルックリンブリッジ・シティホール（Brooklyn Bridge-City Hall）駅から徒歩すぐ

橋の上からニューヨークの景色も眺められる

ジェニーがオリバーの首に着けた首輪の住所は「1125 5th Ave.」。ジェニーの豪邸は、セントラルパークが目の前の5番街と95th St.の角、という設定になっている。

1989

リトル・マーメイド
The Little Mermaid

大海原を舞台に人魚姫アリエルが
人間の王子様と恋に落ちるラブストーリー

海の王トリトンの娘、アリエルは好奇心が旺盛で、人間の世界に興味津々。ある日、船上にいるエリック王子にひとめ惚れし、嵐の海に投げ出された彼を救い出す。人間との恋を許されないアリエルは、魔女アースラを訪ね、美声と引き換えにある契約を結んでしまう。再び地上で会えたふたりの恋の行方はどうなるのか…。この作品は、伝統的なセル画を使った最後の映画。物語の舞台の3分の2は水の中だが、キラキラ光る水面の反射や水中の気泡や屈折、くだける波しぶき、刻々と色を変える水の色などが見事に表現されている。また、劇中歌「アンダー・ザ・シー」は第62回アカデミー賞歌曲賞の栄冠に輝いた。

Data

原作／ハンス・クリスチャン・アンデルセン「人魚姫」
製作／ハワード・アシュマン、ジョン・マスカー
監督・脚本／ジョン・マスカー
作画監督／マーク・ヘン、グレン・キーン、ダンカン・マジョリバンクス、ルベン・アキノ、アンドレアス・デジャ
美術監督／マイケル・A・ペラザ Jr. ほか
音楽／アラン・メンケン、ハワード・アシュマン
視覚特殊効果／マーク・ディンダル

 挿入歌の「アンダー・ザ・シー」を手がけたのは、作詞ハワード・アシュマン、作曲アラン・メンケンのふたり。アシュマンは、音楽のみならず、ストーリー展開やキャラクター作りまで参加していたそう。

CHARACTERS

エリック王子
ラフなスタイルを好む
現代的なプリンス

トリトン王
海の王様。人間に
興味がある娘のア
リエルが心配

アリエル
美声をもつ人魚姫。
人間のエリック王
子に恋をする

アースラ
海の支配者に
なりたい魔女

フランダー
アリエルといつも
一緒にいる友だち

セバスチャン
アリエルのお目付け役
でもあるカニ

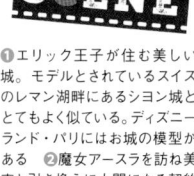

SCENE

❶エリック王子が住む美しい
城。モデルとされているスイス
のレマン湖畔にあるシヨン城と
とてもよく似ている。ディズニー
ランド・パリにはお城の模型が
ある ❷魔女アースラを訪ね美
声と引き換えに人間になる契約
を結ぶ。しかし3日以内に王子
と真実のキスができなければい
けないという条件つき ❸アリ
エルとエリック王子がボートに
乗ってロマンティックなひとと
きを過ごすシーン。海と海辺が
舞台とあって、水辺が美しく描
かれたシーンも多数

Locations

エリック王子の前でフォークを櫛と間違えたり、パイプを楽器と勘違いして吹いてしまったりする
かわいいしぐさは、アリエルの実写モデルを務めた俳優シェリー・ストナーによるもの。

リトル・マーメイドの舞台
スイス／デンマーク／イタリア

17〜18世紀の地中海を舞台に繰り広げられるラブストーリー。地中海の海の透き通った青い色が印象的で、透明度も高く、太陽の光がきれいに差し込む様子が作品のなかで見事に表現されている。アリエルが恋するエリック王子の居城は、スイスのレマン湖畔にあるシヨン城がモデルとされており、まるでおとぎ話の中に出てくる城のように華麗でありながら荘厳な雰囲気に包まれている。

スイス

★首都：ベルン
★面積：約4万1000km²
★人口：約867万人
★通貨：スイスフラン
★時差：−8時間、サマータイム期間中は−7時間
✈日本からジュネーヴまで各都市経由で約18〜22時間

シヨン城

✈ジュネーヴから鉄道でヴェトーシヨン（Veytaux-Chillon）駅まで約1時間30分。そこから徒歩約5分

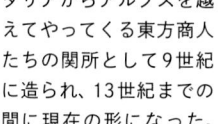

レマン湖を巡る遊覧船からもシヨン城が眺められる

湖畔にはプロムナードが続く

レマン湖

スイスとフランスにまたがる三日月形の湖。奥に連なるアルプスと湖の織り成す風景が美しい。
✈コルナヴァン（Cornavin）駅から徒歩約7分

レマン湖のほとりの岩盤に立つスイスを代表する古城

シヨン城
Château de Chillon

まるで水の上に浮いているようなたたずまい

エリック王子の城のモデルとなったシヨン城。イタリアからアルプスを越えてやってくる東方商人たちの関所として9世紀に造られ、13世紀までの間に現在の形になった。18世紀には、湖に浮かぶ幻想的な姿が哲学者ジャン・

城内の各部屋に番号が振られ巡回できる

ジャック・ルソーや詩人バイロン卿を魅了し、彼らの作品を通して世界に広く知られていった。現在は歴史や文化を紹介する博物館となっており、ホールや寝室、バルコニーなどの貴重な建築様式をはじめ、壁画や装飾などを見ることができる。

シヨン城の斜め向かいには、カフェテリア形式のカフェ Café Byron がある。お城を眺めながらゆったりできるのでおすすめ。🏠Av. de Chillon 23, Montreux

近くで見ると意外に小さく感じるかも

コペンハーゲンのシンボル

人魚の像
Den Lille Havfrue

映画の原作は、ハンス・クリスチャン・アンデルセンの童話「人魚姫」。それをモチーフにしたブロンズ像が、デンマーク、コペンハーゲンの中心地から少し北のランゲルニエ桟橋に置かれている。明るくて元気な映画の主人公・アリエルとは異なり、少しさびしげに海を見つめる人魚姫の表情は、不思議な魅力にあふれている。アンデルセンのブロンズ像は、ここから車で約15分の彼がよく訪れていたという老舗遊園地、チボリ公園の近くにある。

左／アンデルセン像はチボリ公園のそば　右／ランゲルニエ桟橋周辺

『リトル・マーメイド』の世界が広がる紺碧の海

地中海
Mediterranean Sea

北をヨーロッパ大陸、南をアフリカ大陸に挟まれた地中海。温暖な気候と豊かな土壌に恵まれ、内海であるため波も穏やかで、複雑な海岸線には港も多い。それぞれの国の風土が特徴的で異国情緒にあふれている。2023年公開の実写版では、イタリアのサルデーニャ島で撮影が行われたという。映画の世界観を感じるかも。

劇中に出てくる海の中のシーンはまさにこんな感じ

左／穴場的なビーチもある　右／水中を泳ぐ魚たちの姿も見える透明度の高い海

デンマーク

★首都：コペンハーゲン
★面積：4万3098㎢
★人口：約582万人
★通貨：クローネ
★時差：－8時間、サマータイム中は－7時間
✈ 日本からの直行便はなし。コペンハーゲンまで各都市経由で約18〜21時間

人魚の像

✈ ウスタポート（Østerport）駅から徒歩約15分

チボリ公園

✈ コペンハーゲン中央（Copenhagen Central）駅から徒歩約2分

イタリア→P.195

サルデーニャ島

✈ サルデーニャ島には3つの空港があり、ローマとミラノから1日3〜4便運航している

『メリー・ポピンズ』と『ウォルト・ディズニーの約束』

Profile

きたにともこ
木谷朋子さん
旅行ライター&エディター

雑誌編集者を経て2年間イギリスへ留学。帰国後、海外の文化考察や旅、語学や留学をテーマに、幅広い分野で取材・執筆・講演活動を行う。編集・著書『愛蔵版　パディントンベアの世界』『I Love ピーターラビット』ほか多数。

　小学生の頃に読んだ児童書の古典的名作のなかで、『メアリー・ポピンズ』は、シリーズ全作を何度も読むくらい大好きな作品でした。舞台はイギリスですが、この物語は、ウォルト・ディズニー・ピクチャーズのミュージカル映画『メリー・ポピンズ』（1964年、原題Mary Poppins）としてアメリカで映画化されました。当時としては先進的な実写アニメーションで、公開当時、ディズニー映画史上最高の興行収入を記録した大ヒット作でした。

　実は、私がこの映画を観たのは1980年代。主演のジュリー・アンドリュースは、原作のなかのメリー・ポピンズ（原作ではメアリー）そのものでした。彼女の歌唱力にも圧倒されましたが、アニメーションの絵のなかにメリー・ポピンズたちが入っていく不思議さは、ファンタジックで、夢の世界のよう。冒険の要素もありワクワクしました。今はVFXで簡単にできる実写とアニメーションの合成撮影も、1960年代当時の映画界ではチャレンジングだったことが、今ならわかります。

　この『メリー・ポピンズ』が、ウォルト・ディズニーが長年映画化を熱望していた映画だと知ったのは、2013年に映画『ウォルト・ディズニーの約束』が公開されたからです。当時の映画製作の舞台裏を初めて描いたこの映画で、製作者のウォルト・ディズニーと原作者のP.L.トラヴァースの間に、映画化にあたっての意見の食い違いがあったということも初めて知りました。

　児童文学の著者であるトラヴァースは、とても気難しい性格で、何度も映画化をお願いするディズニー側の申し出に、すんなりイエスとは言いませんでした。なぜトラヴァースがそこまで映画化に難色を示したのかについては、ぜひ映画を観てください。

　同じ2013年には、映画『メリー・ポピンズ』が、アメリカ議会図書館で「文化的、歴史的、美学的に重要な作品」として、アメリカ国立フィルム登録簿に保存されます。つまり「殿堂入り作品」になったわけです。そして、2018年には、54年ぶりの続編『メリー・ポピンズ リターンズ』が公開されました。新しいメリー・ポピンズは、物語をベースにしながらも、新時代の映画独特の世界観が魅力でした。新旧ふたつの作品を見比べてみてください。

夢と魔法の
名作50選と舞台

1990s

美女と野獣
Beauty and the Beast

哀しき野獣の心を開いた真実の愛
18世紀フランス、野獣が暮らす城へ思いをはせて

『白雪姫』から約半世紀、大ヒット作が続く1990年代を代表する本作は、アニメーション史上初のアカデミー賞作品賞ノミネートの栄を得た。舞台は18世紀フランス。傲慢な性格ゆえに野獣の姿に変えられた王子。魔女が残したバラの最後の一枚が散る前に誰かを愛し愛されなければ魔法は解けない。荒れた城にやってきたのは読書好きの村娘ベルだった…。本作では魔法にかけられたのは王子で、そうとは知らず、野獣を愛することで結果的に魔法を解くことになるベルは従来のプリンセス像から大きく飛躍したヒロインだ。彼女の愛によってよみがえる野獣の心。ふたりが打ち解けるにつれ城が美しい姿に戻る過程にも注目だ。

Data

原作／ル・ブランス・ド・ボーモン夫人、ガブリエル・ディ・ヴィルヌーヴ夫人「美女と野獣」
製作／ドン・ハーン
製作総指揮／ハワード・アシュマン
監督／ゲイリー・トゥルースデイル、カーク・ワイズ
脚本／リンダ・ウールバートンほか
美術監督／ブライアン・マッケンティー
音楽／アラン・メンケン
歌曲／アラン・メンケン、ハワード・アシュマン

 第64回アカデミー賞では作品賞ノミネートのほか、作曲賞と歌曲賞（「美女と野獣」）を受賞。第49回ゴールデングローブ賞では最優秀作品賞（ミュージカル・コメディ部門）を受賞している。

CHARACTERS

ベル
美女と評判の娘だが変わり者。読書好きで意志が強い

ルミエール
（ろうそくの燭台）
もとは給仕頭。プレイボーイ

ポット夫人
（ティーポット）
もとは料理番。優しくてしっかり者

ガストン
顔自慢、腕自慢のうぬぼれ男

コグスワース
（置き時計）
もとは執事。頭がかたい

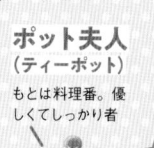

野獣（ビースト）
魔女の呪いで野獣に変えられたわがままな王子

チップ
（ティーカップ）
ポット夫人のやんちゃな息子

❶不気味な印象だった城は野獣とベルの距離が近くづくにつれて徐々に本来の姿を現していく。そのクライマックスが豪華によみがえったボールルームでのダンスシーンだ　❷にぎやかなメインストリートを行くベル。町の人々から浮いた存在であることを際立たせるために彼女だけに鮮やかな青い服が選ばれている　❸噴水の前で本を読みながら「第3章まで王子様であることがわからないのよ」と言うベル。その後の物語の展開を暗示している場面でもある

①

②

③

Locations

★**シャンボール城**→P.80　　★**コルマール**→P.81

劇団四季がディズニーミュージカル『美女と野獣』を東京ディズニーリゾート内の舞浜アンフィシアターでロングラン上演中。初演のクリエイティブスタッフが自ら再構築を手がけた新バージョンは必見だ。

美女と野獣の舞台
フランス

古くからさまざまな形で世界中に伝わる「美女と野獣」。物語のなかでフランスのボーモン夫人とヴィルヌーヴ夫人版を原作とし、設定が18世紀フランスであることから映画のモデルといわれる名所はフランスにある。愛の力によってよみがえる美しい城のイメージに近いといわれるシャンボール城は"フランスの庭"の異名をもつロワール地方の名城だ。また、ライン川でドイツと国境を接するアルザス地方のコルマールはまるでベルが暮らす田舎町のようだ。

フランス→P.63

シャンボール城

住 41250 Chambord
交 モンパルナス (Gare Montpamasse) 駅から鉄道でトゥール (Tours) 駅へ。ロワールの古城を巡るトゥール発のミニバスツアー利用が効率がよい

世界遺産にも登録
シャンボール城を含むロワール地方の古城は「シュリー・シュル・ロワールとシャロンヌ間のロワール渓谷」として2000年に世界遺産に登録されている。

フレンチ・ルネッサンス様式の最高傑作との呼び声も高い

シャンボール城
Château de Chambord

高さ56m、幅156m。83の階段、282の暖炉、426の部屋をもつ

国王フランソワ1世がイタリア遠征でルネッサンス芸術に感銘を受け、帰国後の1519年造営に着手。見どころは天守の中央にある二重らせん階段で、人がすれ違わずに昇降できる巧妙な仕組みになっている。当時のフランスとしては革新的な設計であることから、国王に招かれたレオナルド・ダ・ヴィンチの発想が取り入れられたといわれている。城を目にしたとたん、舞踏会の音楽が流れてきそうな壮麗な姿に圧倒される。

野獣の城に戻るベルが渡った橋を思わせる

天守上部にはテラスがあり、細かい装飾を間近に見ることができる

2017年には18世紀、ルイ15世時代の姿によみがえったフランス式庭園

実写版『美女と野獣』で、本好きのベルが感動する図書館のモデルのひとつだといわれているのがポルトガルのコインブラ大学にあるジョアニナ図書館。バロック様式の重厚な外観と豪華な館内に圧倒される。

運河越しの眺めが格別

石畳の通りに今にもベルが歩いてきそう

コルマール
Colmar

訪れた人は誰しも思ってしまうに違いない。ベルの住む「ヴィルヌーヴ村」の世界がこの町にあったと。ドイツの影響を受けたアルザス地方特有の木骨組みの建物や石畳の道が残る旧市街には、中世からルネッサンス時代の町並みがそのまま保存されている。階段付き小塔のある旧税関広場にはベルが腰かけた噴水によく似たシュウェンディの噴水がありこちらは見逃せない。「Petite Venise（プティットヴニーズ）」と呼ばれる一帯のメルヘンチックな雰囲気にも目を見張る。運河沿いに並ぶ家々のカラフルな壁や出窓、バルコニーに飾られている花々を眺めれば、ベルのように青い表紙の本を持って歌いたくなってくる。

コルマール

🚉パリ東（Gare de l'Est）駅から鉄道で約2時間20分。ストラスブール（Strasbourg）駅から鉄道で約30分

Travel Tips!

運河を巡る小さな船旅へ

プティットヴニーズから出る小さなボートに乗って運河巡りが楽しめる。水に映る家並みや空の美しさに感動必至。所要約25分。

左／広場の噴水　右／映画『ハウルの動く城』のモデルといわれるプフィスタの家もこの町に

実写版のヴィルヌーヴ村のモデルといわれる山あいの村

『美女と野獣』はベル役にエマ・ワトソンを迎え2017年に実写映画化された。ほぼすべての撮影はロンドン郊外のスタジオにセットを組み行われたとビル・コンドン監督が語っているが、ヴィルヌーヴ村のモデルになったとされるのがフランス南西部の山あいの村コンク（Conques）だ。各地をロケハンしたプロダクションデザイナーのサラ・グリーンウッドはコンクを含むさまざまなフランスの村からインスピレーションを得たと語っている。

コンク

🚉トゥールーズ（Toulouse）駅から鉄道でロデズ（Rodez）駅まで約2時間20分。そこからバスで約1時間10分

 コルマールからバスで約35分のリクヴィルもヴィルヌーヴ村のモデルといわれる美しい村。「ブドウ畑の真珠」との異名をもち世界中からワイン好きが集まる。木骨組みの家など16世紀の街並みが現存する。

アラジン
Aladdin

魔法と夢、ロマンス、冒険がぎっしり 詰まったアラビアンナイトの世界へ

『リトル・マーメイド』で成功したジョン・マスカーとロン・クレメンツが製作・監督・脚本を手がけた人気作。貧しくても純粋な心をもち、夢と希望を胸に生きる青年アラジンが、魔法の洞窟で不思議なランプを見つけ、魔神ジーニーに３つの願いをかなえてもらう。ひとつめの願いはひとめ惚れした王女ジャスミンにふさわしい王子になること。やがて、悪役ジャファーとの出会いやいろいろな冒険をとおして、うわべを飾ることよりありのままの自分でいることの大切さに気がつくという物語。最大の見せ場は何といってもアラジンとジャスミンが魔法のじゅうたんに乗って世界を巡る夢のようなシーン！

Data

原作／アラブ民話
製作・監督・脚本／ジョン・マスカー、ロン・クレメンツ
脚本／テッド・エリオット、テリー・ロッシオ
作画監督／グレン・キーン、エリック・ゴールドバーグ、マーク・ヘン、アンドレアス・デジャ
美術監督／ビル・パーキンス
音楽共同製作／ハワード・アシュマンほか
音楽／アラン・メンケン、ティム・ライス

劇中では、『リトル・マーメイド』のセバスチャンが登場したり、ジーニーがピノキオになったり、ジャック・ニコルソン風になったりする。要チェック！

CHARACTERS

アラジン
いつか宮殿に住みたいという夢をもった貧しい青年

ジーニー
ランプの魔神。いつか自由になりたいという夢をもっている

魔法のじゅうたん
ジーニーの友だちの空飛ぶじゅうたん

ジャスミン
アグラバー王国の王女。自由な人生に憧れている

ジャファー
王国支配を企む大臣。ランプを自分のものにしたい

アブー
アラジンの相棒のサル。アラジンに忠告するなどおせっかいをやく

SCENE

❶遠くにアグラバーの宮殿を眺めながらいつか貧乏な生活から抜け出したいという思いを募らせているアラジン。町の風景はまるでアラビアンナイトの世界そのもの ❷結婚を父親に強いられ、アグラバーの町にお忍びで逃げてきたジャスミン。バザールでアラジンと出会い、しだいに意気投合する ❸宮殿から見渡すアグラバーの町。大通りの向こうからアリ王子の行列がやってくる。ベージュの土色の町のところどころにドームがある中東の町並み

Locations
★アーグラー→P.84　★エスファハーン→P.85

アラジンとジャスミンが魔法のじゅうたんに乗って空を飛ぶ有名なシーンでは、ギリシアのアテネや中国の紫禁城、エジプトのスフィンクスなどの近くをフライングするのでお見逃しなく！

アラジンの舞台

インド／イラン

ニューデリー
アーグラー

インド→P.61

アーグラー

✈ ニューデリー (New Delhi) 駅からアーグラー・カント (Agra Cantt) 駅まで鉄道で約2時間。バスならニューデリーから約5時間

タージ・マハル

✈ アーグラー・カント (Agra Cantt) 駅からオートリクシャーで約20分。入場門周辺は一般車両乗り入れ禁止なので、公園内を走るリクシャーに乗り換えるか徒歩で約10分

アーグラーの世界遺産を見にいこう！

タージ・マハルとアーグラー城はアーグラー・カント駅からオートリクシャーで約20分、近郊のファテープル・スィークリーはバスで約1時間〜1時間20分。

ヤムナー河の対岸からタージ・マハルを眺められる英国式庭園マターブ・バーグも人気

赤砂岩で建てられた城、ファテープル・スィークリーは壮麗さが特徴

アラジンが暮らしているのは、建物が迷路のように密集し大勢の人々が行き交う町、アグラバー。インドにはアーグラーという名前の都市があり、墓廟として有名な世界遺産タージ・マハルは、ジャスミンが国王である父と住むサルタン宮殿にそっくり！　ほかにもレイアウトチームの美術監督であるラスール・アザダニがイラン出身で、テヘランの南にあるエスファハーンに戻り、多くの写真を撮って、15世紀の中東世界を忠実に再現するのに役立てたと話している。

古代から発展した世界遺産を有する都市

アーグラー
Agra

ムガール帝国第5代皇帝妃ムムターズ・マハルの墓

インドの首都デリーからヤムナー川沿いに約200km下った所にある地方都市、アーグラー。17世紀半ば、第6代皇帝アウラングゼーブによって首都がデリーに移るまで帝国の中心として隆盛した。観光も盛んで、白大理石の霊廟

城壁の高さ20m、外周2.5kmのアーグラー城

タージ・マハルをはじめ、ムガール帝国第3代皇帝アクバルによって築かれたアーグラー城、1571年にアクバルが首都を移転させたファテープル・スィークリーなど世界遺産の名所が多い。

 宮殿のようなタージ・マハルは、皇帝が愛する妃のために建てた墓。22年の歳月と莫大な費用をかけて1653年に完成した。300m四方の前庭に、本体は57m四方、高さ67mとその巨大さに圧倒される。

夜景も美しいマスジェデ・エマーム

400年以上も続く芸術・文化を堪能できる町
エスファハーン
Esfahan

サファヴィー朝の王、アッバース1世が16世紀末に遷都し、最盛期を迎えたエスファハーン。計画的な町づくりを推進し、王の広場（現在のエマーム広場）を中心に、宮殿や寺院、バザール、石橋などを次々に整え、絹の輸出を中心に経済も発展。その繁栄ぶりから「エスファハーン・ネスフェ・ジャハーン」（エスファハーンは世界の半分）と賞賛された。世界遺産にも登録されているエマーム広場のマスジェデ・エマームなどイランならではの鮮やかなブルータイルのイスラーム寺院、エスファハーン名産のペルシャ更紗が買えるバザールなど、今も変わることなく美しい町を存分に楽しめる。

● テヘラン
♀ エスファハーン

イラン
★首都：テヘラン
★面積：約164万8000km²
★人口：約8920万人
★通貨：イラン・リアル
★時差：－5時間30分、サマータイム期間中は－4時間30分

エスファハーン
✈日本からの直行便はなし。ドーハ、ドバイなどを経由してテヘランまで約12～14時間。そこから飛行機で約1時間

Travel Tips!

エマーム広場は巨大な屋外美術館

この広場全体が世界遺産。広場には今回写真で紹介したふたつのイスラーム寺院、王がポロ観戦したというアーリー・ガープー宮殿、さらに職人街やバザールも隣接している。

左／バザールではイランの伝統工芸品や雑貨などのおみやげ探しを　右／エマーム広場にある王族専用のイスラーム寺院マスジェデ・シェイフ・ロトゥフォッラー

実写版のロケ地も世界観がたっぷり楽しめる

2019年にウィル・スミスがジーニーを演じて大ヒットを放った実写版。監督はスピード感あふれるアクションとドラマでみせるガイ・リッチーが担当した。映画でアラジンが連れていかれた洞窟のロケ地はヨルダンのワディラム砂漠。『アラビアのロレンス』や『スター・ウォーズ』のロケ地としても知られ、キャンプサイトや砂漠のジープツアーなども楽しめる。またアグラバーの宮殿はトルコの大寺院、アヤソフィアに似ているといわれている。

ヨルダンのワディラム砂漠のロックブリッジ。映画でもこの場所が登場した

🌏 イスラーム教の国イランではアルコール類は厳禁。酒場がないのでチャーイハーネという喫茶店が社交場だ。ゆっくりと抽出した濃いめのお茶を角砂糖を口に含んですする。水タバコも用意されている。

ライオン・キング
The Lion King

アフリカの雄大な自然のなかで
サークル・オブ・ライフ～生命は巡る

アフリカのサバンナを舞台に、「サークル・オブ・ライフ（生命の環）」をたたえるオリジナルストーリー。王としての責任を息子シンバに説くムファサと、一時は王国から逃げ出すが、自分の使命に目覚めていくシンバの成長を描いた父と息子の愛の物語だ。アフリカの自然をリアルに映した映像、音楽にはエルトン・ジョンが参加し、『美女と野獣』『アラジン』の興行収入記録を塗り替える大ヒットとなった。アカデミー賞では3曲が歌曲賞にノミネートされ、「愛を感じて」がオスカー獲得。1997年にミュージカル化され、トニー賞ミュージカル作品賞などこちらも世界を席巻。2019年にフルCGの実写版が公開された。

Data
製作指揮／トーマス・シューマーカー、サラ・マッカーサー
製作／ドン・ハーン
監督／ロジャー・アラーズ、ロブ・ミンコフ
脚本／アイリーン・メッチほか
作画監督／ルーベン・アキノ、マーク・ヘン、トニー・フューシル、アンドレアス・デジャほか
美術監督／アンディ・ガスキル
音楽／ハンス・ジマー、エルトン・ジョン、ティム・ライス

大自然と動物のみで構成された本作は、スタッフがアフリカへ視察旅行に行き、スタジオには本物のライオンを連れてきてスケッチを繰り返したという。1942年の『バンビ』以来の伝統だ。

CHARACTERS

スカー
ムファサの弟でシンバの叔父。プライド・ランドの王位を狙う

ナラ
シンバの幼なじみ。成長してシンバと結ばれる

シンバ
ムファサ王の息子として生まれたライオンの王子

ラフィキ
祈祷師のような役割をしている謎めいたヒヒ

ムファサ
シンバの父で、プライド・ランドの王。スカーの策略により命を落とす

ティモン
失意のシンバを助けるミーアキャット。虫グルメ

プンバァ
ティモンとともにシンバの友だちになるイボイノシシ

SCENE

❶本作の見どころのひとつ、大迫力のヌーの暴走シーン。シンバはヌーの大群に巻き込まれてしまう。タンザニアのセレンゲティ国立公園は、このヌーの大移動で有名だ ❷朝日とともにサバンナの水場や川が輝きだす。父ムファサはシンバに「太陽の届くところすべてがわれらの王国」と、サークル・オブ・ライフの理を諭す ❸キリマンジャロ、真っ赤な太陽、乾いた土、鮮やかなブルーの夜空…。映画ではアフリカの色彩そのものをスクリーンに描き出した

①

②

③

Locations
★ **セレンゲティ国立公園**→P.88　★ **ンゴロンゴロ保全地域**→P.89　★ **キリマンジャロ国立公園**→P.89

タンザニアやケニアなどで日常的に使われるのがスワヒリ語。「シンバ」はスワヒリ語で"ライオン"。ティモンとプンバァがシンバをくよくよするなと励ます「ハクナ・マタタ」は"問題なし"という意味だ。

ライオン・キングの舞台
タンザニア

タンザニア
★首都：ダル・エス・サラーム
　　　　（法律上はドドマ）
★面積：約94万5000㎢
★人口：約6100万人
★通貨：タンザニア・シリング
★時差：－6時間
✈日本からの直行便はなし。ドバイ、ドーハなどを経由してダル・エス・サラームまで約20時間～

セレンゲティ国立公園
✈ダル・エス・サラームから観光拠点のアルーシャまで車で約11時間、キリマンジャロ国際空港からなら車で約1時間。アルーシャから国立公園までは車で約5時間30分

セレンゲティ国立公園でサファリを体験しよう！
人気のビッグ5（下記欄外）やヌーの大移動などが楽しめる。敷地が広大で観光客やサファリカーで混みすぎないのもいい

早朝に超低空飛行するバルーンサファリもおすすめだ

オープントップの4WDでガイドが効率よく案内してくれる

アフリカ大陸東部に位置するタンザニア。アフリカ最高峰のキリマンジャロ、そして国土の大半を占めるサバンナに数多くの国立公園や自然保護区が存在する野生動物の楽園だ。本作で物語をさらに豊かにしているのが、アフリカの大自然を描いた美しい映像。製作スタッフは東アフリカのサファリで動物や風景をカメラに収め、作品に生かしたという。映画の原風景を見にいこう！

動物王国のハイライトは圧巻のヌーの大移動!!
セレンゲティ国立公園
Serengeti National park

セレンゲティとはマサイ語で「果てしない平原」という意味

世界遺産にも登録されているタンザニアを代表する国立公園。面積約1万4763㎢という広大なサバンナに、ゾウやライオンなど40種以上の哺乳類、ダチョウやハゲタカなど500種以上の鳥類など約300～400万頭の野生動

マラ川をダイナミックに渡るヌーの大群

物が暮らしている。なかでも目玉はヌーの大群の大移動！　草を求めてセレンゲティと北東に隣接するケニアのマサイ・マラ国立保護区を集団で数百キロも移動。毎年雨季の4～8月にケニアに移動し、乾季の12～1月にセレンゲティに戻ってくる。

サファリの「ビッグ5」とは、ゾウ、ライオン、バッファロー、ヒョウ、サイの5種のこと。もともとは狩猟で最も危険な動物として名づけられたが、今ではサファリの名物に。全部会えたらラッキー！

水辺に多くの動物が集まる

湖やオアシスもあるクレーターのなかの楽園

ンゴロンゴロ保全地域
Ngorongoro Conservation Area

数百年前の火山の噴火などでできた南北約16km、東西約19kmのクレーターの底を中心にした世界遺産の保全地域。キリンとインパラを除き、東アフリカで見られる多くの野生動物2万5000頭以上が暮らしている。外輪に囲まれ、気候も水も食料も安定しているので、ほとんどの動物はクレーター内で一生を過ごす。また、ここは世界でも数少ない野生動物と人間が共存する自然保護区。入口近くには先住民であるマサイの村がある。

左/カバものんびり
右/イボイノシシ

アフリカ最高峰にして意外にも登りやすい

キリマンジャロ国立公園
Kilimanjaro National Park

標高5895mのアフリカの最高峰キリマンジャロ。その山域一帯が世界遺産のキリマンジャロ国立公園だ。山頂までの登山には往復5〜9日かかり、本格的な装備も必要と思われるが、登山道が整備されているので意外にも登りやすく、一般人でも山頂までアタック可能だ（ただし高山病には注意）。山麓の森林地帯までトレッキングする気軽な日帰りツアーもある。

左/山頂へのルートで雲海の絶景 右/標高により不思議な植物も

ライオン・キング｜ The Lion King ｜

ンゴロンゴロ保全地域
✈ キリマンジャロ国際空港から観光拠点のアルーシャまで車で約1時間、アルーシャから車で約3時間30分

Travel Tips!

**至福の海洋リゾート
ザンジバル島へ！**

タンザニアの魅力はサファリだけじゃない。インド洋に浮かぶ美しい島、ザンジバル島も人気。ダル・エス・サラームから高速フェリーで約1時間30分。青い海と白い珊瑚礁のビーチリゾートであり、世界遺産の旧市街ストーン・タウンなど遺跡の宝庫でもある。

北側（ケニア側）から望むキリマンジャロ

キリマンジャロ国立公園
✈ キリマンジャロ国際空港から観光拠点のモシまで車で約1時間、モシから登山口のひとつマランクまで車で約30分

 映画の制作スタッフはケニアにもリサーチ旅行をした。ケニア最大のライオン生息地でヌーの大群もやってくるマサイ・マラ国立保護区、キリマンジャロの朝焼けが美しいアンボセリ国立公園は必見だ。

トイ・ストーリー
Toy Story

レトロから最新式までおもちゃたちと一緒にアメリカを旅する気分

『トイ・ストーリー』1作目は、81分間の全編がフルデジタル映像という当時としては画期的だった作品。3Dコンピュータ・グラフィックスを駆使して映像会社、ピクサー・アニメーション・スタジオが製作した。この作品のすばらしさは、技術はもちろん、ストーリー展開が速く、キャラクターたちが人間のように生きいきとしていること。シリーズは4作目まで公開され、1作目では人間が知らないおもちゃが生きている世界を、2では誘拐されたウッディをバズたちが救出する奮闘劇を、3はクマのぬいぐるみに支配されたおもちゃ世界のアドベンチャーを、4ではウッディの新たな旅立ちが描かれている。

Data

製作総指揮／エド・キャットムル、スティーヴ・ジョブズ
製作／ラルフ・グッゲンハイム、ほか
監督・原案／ジョン・ラセター
脚本／アンドリュー・スタントン、ジョエル・コーエン、アレック・ソコロウ、ジョー・ランフト
原案／ジョー・ランフト
作画監督・原案／ピート・ドクター
美術監督／ラルフ・エグルストン

『トイ・ストーリー2』で登場する日本のおもちゃ博物館のモデルは、「ブリキのおもちゃ博物館」の館長・北原照久さん（→P.106）。劇中にでてくる"コニシさん"という名前はピクサーのスタッフの名前。

CHARACTERS

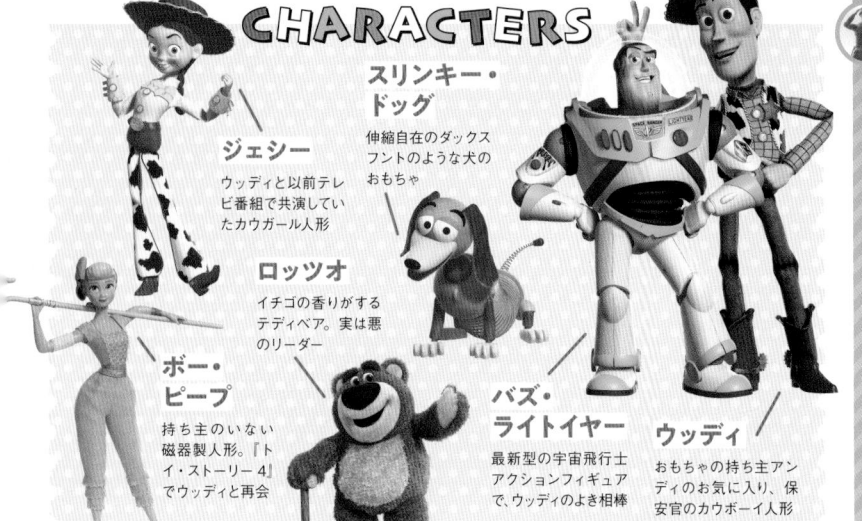

ジェシー

ウッディと以前テレビ番組で共演していたカウガール人形

スリンキー・ドッグ

伸縮自在のダックスフントのような犬のおもちゃ

ロッツオ

イチゴの香りがするテディベア。実は悪のリーダー

ボー・ピープ

持ち主のいない磁器製人形。『トイ・ストーリー4』でウッディと再会

バズ・ライトイヤー

最新型の宇宙飛行士アクションフィギュアで、ウッディのよき相棒

ウッディ

おもちゃの持ち主アンディのお気に入り、保安官のカウボーイ人形

❶『トイ・ストーリー3』の冒頭シーンはまるでユタ州南部からアリゾナ州北部にかけて広がるモニュメントバレーのよう ❷『トイ・ストーリー3』にでてくるアンディの部屋の壁には「W. CUTTING」と書かれたボードがある。これは以前ピクサーがあったサンフランシスコ・ベイエリアの 1001 W. Cutting Blvd. だと思われる ❸1作目から4作目までおなじみのキャラクター以外にも個性的なおもちゃがたくさん登場する

①

②

③

Locations

★モニュメントバレー→P.92　★サンフランシスコ・ベイエリア→P.92

🐭 『トイ・ストーリー2』に登場するジェシーは監督の奥さんから"もっと女性のキャラを出して"と言われて作ったとか。彼女が歌う「ホエン・シー・ラヴド・ミー」はアカデミー賞の歌曲賞にノミネートされた。

トイ・ストーリーの舞台

Locations

アメリカ

サンフランシスコ・
ベイエリア
ニューヨーク
モニュメントバレー
ラスベガス

アメリカ→P.69

モニュメントバレー

交 日本からの直行便はなし。フェ
ニックス経由でフラッグスタッフ
から車で約3時間。ラスベガス
からは車で6時間30分。ラ
スベガスから日帰りバスツアー
などもある

モニュメントバレーの歩き方

未舗装路なので普通車で進むの
は難しい。ビジターセンターに
車をおいてジープなどによるツ
アー（有料）に参加するのがお
すすめ。数々の映画が撮影され
たジョン・フォード・ポイントや
バレーの奥にあるアーティスト・
ポイントなども巡れる。ナバホト
ライアルパーク近くのI-163に
は映画『フォレスト・ガンプ』で
有名になったフォレスト・ガンプ・
ポイントもある。

西部劇によく登場するジョン・
フォード・ポイント

サンフランシスコ・
ベイエリア

交 日本からサンフランシスコま
たはサンノゼまで直行便で約9
時間30分〜11時間

ワインで有名なナパ・バレーも
こちらにある

『トイ・ストーリー』シリーズでは、ほかのディズニー
作品に比べ、モデルとなるランドマークはほとんど
ないが、登場するキャラクターたちや町なかの看板、
雰囲気からアメリカのサンフランシスコ周辺が舞台
では、と想像できる。映画の隅々まで観ると思わぬヒ
ントが隠れているかもしれない。

どこまでも広がる荒野は冒険心をくすぐる

モニュメントバレー
Monument Valley

北側にあるフォレスト・ガンプ・ポイント

アメリカの原風景を思わせるような赤茶けた荒野が広がるモ
ニュメントバレー。アリゾナ州北部に位置し、約5000万年もの
月日をかけて岩山がそぎ落とされた風景は圧巻。大自然の偉大
なエネルギーを感じさせてくれる。『トイ・ストーリー3』の冒
頭ではウッディやジェシー、ポテトヘッド夫妻などが、岩山が
ゴツゴツと林立する荒野を駆け巡る。

都会と大自然が融合したおしゃれなエリア

サンフランシスコ・ベイエリア
San Francisco Bay Area

サンフランシスコとサンノ
ゼ、その近郊の都市を含め
たサンフランシスコ湾周辺
地域のこと。全体的に緑豊
かでのんびりとした雰囲気。
ピクサー本社もここにある。
劇中にトライ・カウンティと
いう文字が登場するが、こ
のベイエリアの東側、トラ
イ・バレーをオマージュし
ていると思われる。

ベリエリアのサンノゼ近郊にあるアップル本社

雨の少ないモニュメントバレーのベストシーズンは3月下旬〜5月、9月下旬〜11月初旬といわれている。
夏の最高気温は35度以上なのに、冬は零下まで下がるため、出かける際には暑き寒さ対策が必要。

CHIKYU NO ARUKIKATA 2025

アメリカならではの文化を知ると、もっと映画が楽しめる

期間限定で楽しむカーニバル
移動遊園地
Traveling Carnival

通常の遊園地のように同じ場所にあるわけではなく、一定の期間を経て、次々と違う町に移動していくタイプの遊園地のこと。『トイ・ストーリー4』では移動遊園地でさまざまな出会いと別れが描かれた。ジェットコースターをはじめとする絶叫マシーン、観覧車、メリーゴーラウンドなどのアトラクションから、射的やピンボールのような懐かしいゲーム、動物のショー&動物触れ合いコーナーなど多彩だ。ほかにもアーティストのライブやモトクロスショー、ウエスタンショー、エクストリームスポーツショーなど、個性あふれる内容がいっぱい。その土地でしか食べられないフードの屋台も多数登場する。

上／夜はライトアップされ、にぎやかでロマンティックな雰囲気に　右／射的などのゲームも人気

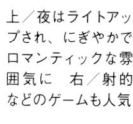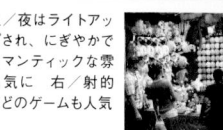

自宅でフリーマーケット!
ヤードセール
Yard Sale

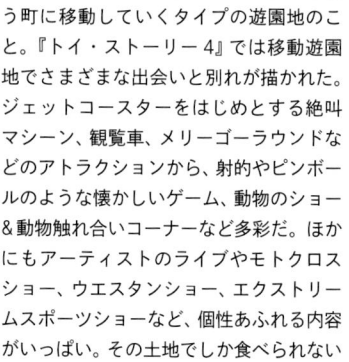

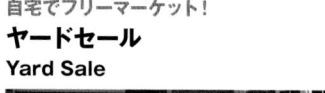
ガレージセールとも呼ばれる

「ヤードセール」とは、各家庭の庭先やガレージで行われる不要品販売のこと。大掃除や引っ越しなどで出た、使わなくなった家具や雑貨、おもちゃ、衣類などが多い。なかにはアンティークの食器やアクセサリーなど意外な掘り出し物が見つかることもある。『トイ・ストーリー2』では、アンディのママが使わなくなったおもちゃたちを売ろうとするシーンが登場。アメリカの日常生活が垣間見られる。

おもちゃもある大型スーパー
ターゲット
TARGET

アメリカの生活に欠かせないのが大型スーパーマーケット。なかでもターゲットは全米チェーンを誇り、食料品はもちろん、電化製品、日用雑貨、衣類、コスメ、おもちゃなど毎日の生活に欠かせない商品が大量に陳列されている。価格もお得なので、旅先のおみやげ探しにもぴったり。『トイ・ストーリー2』でバズが並んでいたのはおもちゃ専門店だったが、専門店でなくてもこういったスーパーでもおもちゃが買える。

赤い二重丸のロゴが目印

 サンフランシスコの絶景を望むなら、プレシディオにあるトンネルトップスへ。トンネルの上に建設され、ゴールデンゲートブリッジやアルカトラズ島も眺められる。住210 Lincoln Blvd., San Francisco

ポカホンタス
Pocahontas

左／未知なる世界に心躍らせる自由奔放なポカホンタス　上／新大陸に眠る黄金を目指してイギリスから出航するジョン　下／手つかずの自然が美しく繊細に描かれ冒険心をくすぐる

17世紀初頭のアメリカにタイムトリップ！
ダイナミックな自然に心を奪われる

ポカホンタスはネイティブアメリカン、ポーハタン族の首長の娘。旺盛な好奇心と知性に恵まれ、大自然のなかを自由に駆け回っている。そんな彼女の前に現れたのが、夢と富と栄誉を求めてやってきたイギリス人探検家たち。そのなかのジョン・スミスとポカホンタスは出会った瞬間から互いに心を通わせていくのだが、スミス率いる開拓者と大地をあがめて生きる先住民とが対立してしまう…。舞台は17世紀初頭のアメリカ。ディズニー映画初、歴史的な逸話をテーマにした人間愛あふれる作品だ。

Data

監督・原案／マイク・ガブリエル
「ポカホンタス伝説」に基づきマイク・ガブリエル案
監督／エリック・ゴールドバーグ
製作／ジェイムス・ペンテコスト
脚本／カール・バインダーほか

CHARACTERS

ポカホンタス
大自然で自由に暮らす。精霊と会話できる

ミーコ
いたずらが大好きなアライグマ

フリット
ポカホンタスの友だちのハチドリ

ジョン・スミス
イギリス人の探検家。正義感がある

『ポカホンタス』は、主題歌「カラー・オブ・ザ・ウインド」や「川の向こうで」などの音楽も魅力。作曲を担当したアラン・メンケンはこの作品で第68回アカデミー賞の主題歌賞を含む2部門を受賞した。

諸説あるが、伝説のポカホンタスは実在したネイティブアメリカン、ポーハタン族の酋長の娘がモデル。彼女が入植者と先住民の関係改善に貢献したことも事実だと伝えられている。それにより舞台のメインは、バージニア州ジェームズタウンだと考えられる。イギリスが初めてアメリカ大陸を植民地にした場所だ。

「アメリカ誕生の地」と呼ばれる

ジェームズタウン
Jamestown

ニューヨーク
ジェームズタウン
ロスアンゼルス

アメリカ→P.69

ジェームズタウン
日本からワシントンDCなどを経由してバージニア州リッチモンドまで約16時間

ジェームズタウン入植地
2110 Jamestown Rd., Williamsburg
リッチモンドから車で約1時間

ヒストリック・ジェームズタウン
1368 Coronial National Historical Pkwy., Jamestown
リッチモンドから車で約1時間

Travel Tips!

土地に残るポカホンタスの名前
バージニア州の西にあるウエストバージニア州（もとはバージニア州だった）には、彼女にちなんだポカホンタスという郡がある。

美しい自然が残るジェームズ川周辺

アメリカの首都ワシントンDCの南、バージニア州を流れるジェームズ川河口付近に位置する。現在、人が住む町はなく、ジェームズタウン入植地とヒストリック・ジェームズタウンが、国立歴史公園として保存されている。公園内には砦や教会、先住民族の住居などが復元され、当時の服を身に着けたスタッフが案内してくれる。劇中の船とそっくりな木造船の展示もある。

上／屋外の展示も充実　下／イギリスから来た木造船も復元。劇中の船とそっくり

イギリスにあるポカホンタスの銅像

実在のポカホンタスは、1614年、バージニア州にタバコ会社を設立したイギリス人、ジョン・ロルフと結婚。1616年、息子のトーマスも連れて夫婦で渡英するが翌年病気になり亡くなってしまう。現在、葬儀が行われたイングランド南東部、グレーブセンドにある「セント・ジョージ教会」に、彼女の銅像がある。

セント・ジョージ教会
St. George's Church, Church St., Gravesend
ロンドン中心部から鉄道で約30分

身を挺して異文化の橋渡しをしたポカホンタス

本作にも登場するジョン・スミスは実在した人物だが、バージニア植民地建設にかかわった指導者だったとか。ポカホンタスとは短期間の交流はあったようだがロマンスはなかったと考えられている。

95

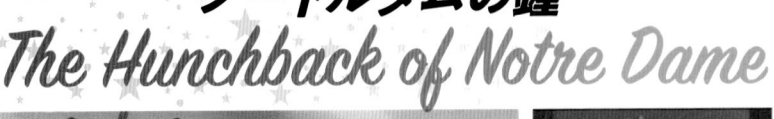

ノートルダムの鐘
The Hunchback of Notre Dame

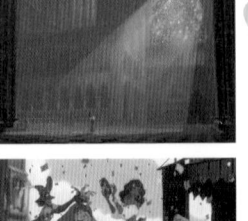

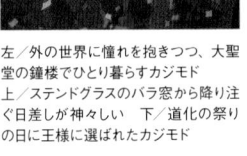

左／外の世界に憧れを抱きつつ、大聖堂の鐘楼でひとり暮らすカジモド
上／ステンドグラスのバラ窓から降り注ぐ日差しが神々しい　下／道化の祭りの日に王様に選ばれたカジモド

堂々たるたたずまいのノートルダム大聖堂
リアルな表現が存在感を際立たせる

原作は文豪ヴィクトル・ユーゴーの小説。パリのシンボルである、シテ島のノートルダム大聖堂の鐘楼に20年間も孤独に暮らすカジモド。美しい女性のエスメラルダとの出会いから外への世界が開き、やがて自分を取り戻していく再生の物語。ノートルダム大聖堂を中心に展開するが、その堂々たるたたずまい、屋根や尖塔からの眺め、ステンドグラスのバラ窓など、リアルな描写に注目。オープニングでマルチプレーン・カメラを駆使した、パリ上空から市街地へ迫るダイナミックな映像は圧巻だ。

Data
原作／ヴィクトル・ユーゴー「ノートルダム・ド・パリ」
製作／ドン・ハーン
監督／ゲイリー・トゥルースデイル、カーク・ワイズ
脚本／タブ・マーフィ、アイリーン・メッキほか
音楽／アラン・メンケン、スティーブン・シュワルツ

CHARACTERS

カジモド
生まれながらの容姿がゆえに隔離されてひとりで暮らす

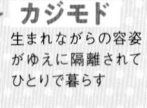

エスメラルダ
ジプシー（ロマ族）の正義感と勇気にあふれる美しい踊り子

フロロー
最高裁判事。信心深いが、邪悪で冷酷な心の持ち主

フィーバス
フロロー判事の護衛隊長だが命令に背き裁かれることになる

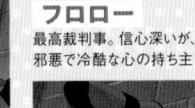

長編アニメには、しばしば隠れキャラが現れることはよく知られているが、本作品で登場しているのは『美女と野獣』（→P.78）のベル。街なかの路地を歩く姿を発見できるかも!?

パリの中心部を流れるセーヌ川、その中州のシテ島を中心にしてパリの町は形成された。シテ島にそびえるノートルダム大聖堂はローマ・カトリックの教会で、12世紀後半の特徴をもつゴシック建築の代表的な造物だ。1991年には世界遺産にも登録され、パリ市民の心のよりどころになっている。

フランス→P.63

850年以上の歴史を誇るパリのシンボル

ノートルダム大聖堂
Cathédrale Notre-Dame de Paris

世界中から観光客が訪れる

初期ゴシック建築の代表作で歴史的建造物。ノートルダムとは「われらの貴婦人」、聖母マリアにささげられた大聖堂のこと。内部空間が広く、天井の高さは約33mで映画にも登場するステンドグラスのバラ窓は必見の美しさだ。850年以上の間で何度か修復が行われたが、2019年4月、改修作業からの出火が原因で大火災が発生。屋根の一部や尖塔が焼失した。2024年末までには修復完了の予定。

上／屋根の上のキマイラの彫像　下／北側のバラ窓

ノートルダム大聖堂
🏠 6 Parvis Notre-Dame-Pl., Paris
🚇 地下鉄シテ（Cité）駅から徒歩約5分

Travel Tips!

ヴィクトル・ユーゴー記念館

マレ地区ヴォージュ広場に面した、ヴィクトル・ユーゴー一家の暮らしたアパルトマンを改装した記念館。遺筆、家具、調度品などが展示されている。

🏠 Hôtel de Rohan-Guéménée 6 place des Vosges

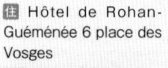

（右側縦書き）ノートルダムの鐘 ｜ The Hunchback of Notre Dame ｜

クロパンが歌う「トプシー・ターヴィー」って何のこと？

カジモドがにぎわいに誘われて、お祭りをのぞきにいくシーンで道化師の姿でクロパンが歌う「トプシー・ターヴィー（Topsy Turvy）」とは何のことだろうか。仮面を着けたクロパンは物語の進行役として登場し、すべてが逆さまになる日と歌う。これは中世に実在したお祭りのことで、正式には愚者の祭り（Feast of Fools）という。醜い

ものが美しくなり、王様も道化になる、何でもありの無礼講の祭り。中世からの祭りはさまざまあり、マルディグラやカーニバルなど形を変えて世界各地に残っている。

16世紀から毎年、恒例になっているパリのカーニバル。カラフルなコスチュームで仮装をして練り歩く

🌍 大聖堂の前庭の地面に星形の印がある。これは「ポワン ゼロ デ ルート ド フランス」といって、パリのゼロ地点の指標。地方の町からパリまで何キロという際の基点になっている。ぜひ、探してみて！

ヘラクレス
Hercules

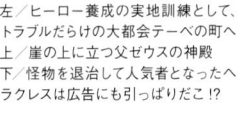

左／ヒーロー養成の実地訓練として、トラブルだらけの大都会テーベの町へ
上／崖の上に立つ父ゼウスの神殿
下／怪物を退治して人気者となったヘラクレスは広告にも引っぱりだこ!?

古代のギリシアを駆け抜ける！
パロディ満載の新ギリシア神話の世界へ

オリンポスの最高神ゼウスの息子として誕生したヘラクレス。だが、死者の国の神ハデスにより半神半人にされ、人間界に追いやられる。人間として育った彼は、やがて自分が神の子であることを知り…。数々の苦難を乗り越え、ヘラクレスがたどり着いた"本当のヒーロー"とは？ ギリシア神話を題材に、『アラジン』の監督コンビが手がけたギャグとパロディ満載の物語。音楽もゴスペルを取り入れるなど、大胆かつスピード感あふれる演出でギリシア神話を現代によみがえらせた。

Data
原作／ギリシア神話
製作／アリス・デューイ
共同製作・監督・脚本／ジョン・マスカー、ロン・クレメンツ
美術／ジェラルド・スカーフェ、アンディ・ガスキル
音楽／アラン・メンケン、デビッド・ジッペル

CHARACTERS

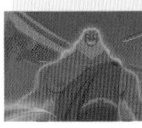

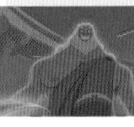

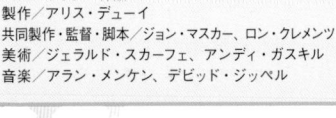

ヘラクレス
ゼウスの息子。怪力をもつ半神半人の青年

ピロクテテス（フィル）
半人半獣の、ヒーロー養成トレーナー

メガラ（メグ）
セクシーな美女。ヘラクレスと恋に落ちる

ハデス
死者の国の神。オリンポスを支配する野望を抱く

ゼウス
オリンポスの最高神。ヘラクレスの父

 怪物退治で一躍人気者になったヘラクレス。サインを求められ、グッズがバカ売れし、広告出演やカード会社のキャラクター、さらにハリウッドで手形を残したりと、アメリカンドリームのパロディが笑える。

バルカン半島南端とエーゲ海の島々からなるギリシア共和国。紀元前より古代ギリシア文明が発達し、ギリシア神話が伝承されてきた。なかでも大規模な都市国家（ポリス）だった首都アテネには数々の歴史的遺跡が残り、ギリシア神話の世界を堪能できる。

ギリシア神話の世界が目の前に現れる

アテネ
Athens

丘の上のアクロポリス遺跡全景

アテネ観光のハイライトといえば世界遺産のアクロポリス遺跡。アクロポリスとは「高い丘の上の都市」を意味する。丘には紀元前4〜5世紀に多くの神殿が築かれ、アテネの守護神アテナを祀ったパルテノン神殿をはじめ、6人の少女像を柱としたエレクティオン（映画でメグが歌う「恋してるなんて言えない」のなかで女神たちが少女像に変身していた！）など見どころ満載。また近隣には、ゼウス神のゼウス神殿などもある。

上／エレクティオンの6人の少女像　下／ゼウス神の聖域にあるゼウス神殿

ギリシア

★首都：アテネ
★面積：約13万1957km²
★人口：約1064万人
★通貨：ユーロ
★時差：−7時間、サマータイム期間中は−6時間
✈日本からの直行便はなし。ヨーロッパや中東の都市を経由して、アテネまで約15〜19時間

アクロポリス遺跡
✈地下鉄アクロポリ（Akropoli）駅から徒歩約10分

ゼウス神殿
✈地下鉄アクロポリ（Akropoli）駅から徒歩約5分

Travel Tips!

遺跡巡りの帰りにアクロポリス博物館

ガラスの床で遺跡の発掘現場を上から見られたり、エレクティオンの少女の柱のオリジナルも展示されているので必見。アクロポリスの出入り口すぐにある。
住 15D. Areopagitou Str., Athens

ギリシア神話を知れば『ヘラクレス』がもっとおもしろい

『ヘラクレス』にはギリシア神話の逸話がディズニーならではのアレンジで盛り込まれている。ギリシア神話では、ヘラクレスはもともとゼウスと人間の間に生まれた半神半人。赤ちゃんヘラクレスがヘビをやっつけるシーンも神話にある。また神話ではヘラクレスの「12の功業」が有名だが、それらと思えるシーンも登場。まずは

切っても切っても頭が増える水蛇の怪物ヒドラ退治、女神たちが歌う「ゼロ・トゥ・ヒーロー」では獅子や怪鳥や猪を退治するシーンが次々と出てきて、ヘラクレス邸でフィルが伝える本日の予定には牛小屋の掃除、女王の帯をゲットすることが入っている。終盤、死者の国で番犬に乗って現れるのは、ケルベロスの生け捕りだろう。

🌏 ギリシア神話のエピソードはほかにも。ヘラクレス誕生の宴に集まったのはオリンポス12神と思われ、フィルの家にはアルゴ船のマストや英雄のお宝が。通称メグの"メガラ"はヘラクレスの最初の妻の名前だ。

ムーラン
Mulan

初のアジア系ヒロインが
悠久の大地を自らの意思で駆け巡っていく

ディズニー初のアジアを舞台とした作品。題材となった「木蘭（ムーラン）」伝承は4世紀から6世紀の中国、北魏の時代に書かれた作者不詳の詩が最古のものとされる。老病の父に代わり男装した娘が従軍、数々の戦功を挙げて帰郷する、という話で、本作品でもこの骨子はほぼ引き継がれている。東洋の古典的な絵画様式に倣い、背景の描き込みを最小限にし、水墨画のようにぼかしたりする、といったディズニーアニメとして新しい試みが行われた。クリスティーナ・アギレラのデビュー曲でもある主題歌「リフレクション」も大ヒット。60年代から活躍する映画音楽の巨匠ジェリー・ゴールドスミスが全体のスコアを担当。

Data
原作／ロバート・D・サンスー
（中国伝説「木蘭辞」に基づく）
製作／パム・コーツ
監督／バリー・クック、トニー・バンクロフト
脚本／リタ・シャオ、クリストファー・サンダース、フィリップ・ラズブニック
音楽／ジェリー・ゴールドスミス、マシュー・ワイルダー、デビッド・ジッペル

ムーランはディズニープリンセスのひとりだが、劇中では王女でもなく、むしろそれに近い地位へのオファーを自ら断ってもいる。プリンセスに必要なのは地位ではなく、自分の心のままに生きる力なのだ。

CHARACTERS

シャン隊長
ムーランが所属する部隊の隊長

ムーシュー
ムーランに同行するファ家の守護竜

クリキー
ムーシューとともにムーランに同行するコオロギ

ムーラン
由緒あるファ家のひとり娘。左は男装時の姿。ピンと名乗る

SCENE

❶物語の冒頭、フン族からの襲撃を受けるのは万里の長城と思われる場所。紀元前3世紀、秦の始皇帝の時代に本格的な建設が始まっている。左ページのメインカットの背景にいる2000騎に及ぶフン族はCGによって描かれた ❷クライマックスに登場する宮殿には、ひとつの広場に軽く数万人の群衆がいるように見えるが、現在の紫禁城も実はそれくらい巨大な施設 ❸ムーランが思いにふける自宅の庭。北京頤和園の庭園に似ている

①

②

③

Locations

物語の冒頭でムーランは男装のために髪を切るが、中盤で「本当は自分がこうしたかったのでは」と問いかける。髪を切る＝本当の自分を取り戻す、というアイコンは、ほかのディズニー作品にも多く見られる。

ムーランの舞台

中国

中華人民共和国
★首都：北京
★面積：約960万㎢
★人口：約14億人
★通貨：人民元
★時差：－1時間

北京
交 日本から直行便で約4時間

八達嶺長城
住 延慶県八達嶺長城
交 地下鉄・霍営駅隣接の黄土店駅から八達嶺駅まで約1時間10分。バスなら積水潭駅近くの徳勝門バスターミナルから直通で約1時間30分～2時間

紫禁城（故宮）
明、清朝の歴代皇帝が住んだ宮殿。世界遺産。東西約800m、南北約1km、総面積約72万㎡もの敷地に大小900余りの建物が存在する
住 北京市東城区景山前街4号
交 地下鉄・天安門西駅または天安門東駅から徒歩約10分

紫禁城内の中国最大の木造建築物、太和殿。映画でも数万人の群衆が集まっていた

製作スタッフは3週間ほど中国を訪れ、その間に集めた資料や写真を作画の参考にしたという。万里の長城、紫禁城（故宮）など北京市内および近郊と、ムーランたちも野営した草原などで作品の息吹に触れることができる。また、中国で『ムーラン』の世界を旅する場合に忘れてはいけないのが木蘭（ムーラン）伝承の時代が古代中国であることだ。そう考えるとこの時代の都であった古都・西安が、映画のクライマックスで登場する町の風景を色濃く残しているといえそう。

万里の長城と紫禁城を同時に観光できる

北京
Beijing

長城は歩けるが、とにかく傾斜がきついので、歩きやすい靴で行こう

首都・北京は約3000年の歴史を誇り、市内や近郊に世界遺産も数多い。万里の長城もそのひとつ。観光できる万里の長城はいくつかあるが、北京から約75㎞の八達嶺長城はアクセスしやすい。高速道路も整備され、バスや

ときに雲海を下に見るほど高い場所も

鉄道で北京市内から約1時間強。市内中心部にある紫禁城（故宮）はその巨大さが特徴。明朝による建設で木蘭伝承の時代のものではないが、宮殿の作画に参考にされているのがわかる。

万里の長城は歴代王朝によって修築、移転が繰り返され、現在のものはおもに明朝時代の建築。首都防衛機能強化のために秦の時代よりはるかに南下している。おかげで北京に近い絶好の観光スポットに。

町の中心にある、通称「西安鐘楼」

『ムーラン』の時代の古都を散策

西安
Xian

かつては長安といい、秦、隋、唐などの王朝の都があったので、実際に木蘭が活躍したといわれる時代の中心地だ。ラストの男装を解いたムーランが駆けつける都の町並みの雰囲気を味わうにはここ、古都・西安がおすすめ。始皇帝、漢の武帝、司馬遷、則天武后、楊貴妃といった歴史上の英雄、ヒロインが活躍した場所で、市内や近郊には彼らの足跡が多く残る。日本から遣隋使、遣唐使が渡った都も西安。空海が学んだ市内の青龍寺には記念碑もあり、ほかにも郊外の秦始皇帝兵馬俑博物館など見どころは多い。シルクロードの起点の町としても有名で、市の中心地にある鐘楼（写真上）がその時代の雰囲気を残している。

西安
🛫日本から直行便で約6時間30分

草原でムーランの気分を満喫！
Travel Tips!

ムーランたちが新兵としての訓練を行うのは草原にテントを張って作られた臨時の拠点だったが、この雰囲気を味わえるツアーもある。写真は新疆ウイグル自治区のウルムチ近郊、天山山脈のパオ。

左／死後も始皇帝を守る兵馬俑　右／西安城壁

北京最大の皇族庭園でムーラン実家の庭の雰囲気を味わう

北京市内にある頤和園（いわえん）は、高さ約60mの万寿山と昆明湖から構成された約290万㎡にもおよぶ庭園。山も湖も人工のもので、1998年にユネスコの世界遺産に登録された。清朝時代に整備されたので、紫禁城と同じく木蘭伝承の時代のものではないが、劇中で登場するムーランの実家の庭にある特徴的なデザインの橋は、頤和園の庭園にある橋とよく似ており、立ち寄りにおすすめだ。

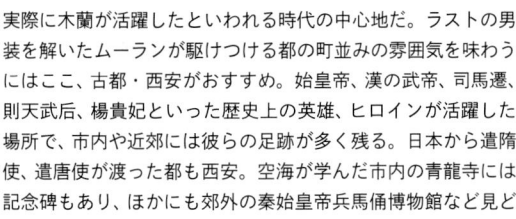

頤和園
🏠北京市海淀区新建宮門路19号
🚇地下鉄・西苑駅から徒歩12分（東宮門）、北宮門駅から徒歩5分（北宮門）

 木蘭は実在の人物なのか？　という点については意見が分かれている。実在した、と考えてもいい記録は存在し、この時代の騎馬民族は、男女かかわりなく能力次第で兵士になった可能性はあるという。

『トイ・ストーリー』にみるアメリカのおもちゃ

Profile

きたはら てるひさ
北原照久さん
玩具コレクター、
トーイズ代表取締役

ブリキのおもちゃコレクターの世界的第一人者。留学先のヨーロッパで物を大切にする文化に触れ、収集を始め、その後ブリキのおもちゃに出会う。1986年、横浜に「ブリキのおもちゃ博物館」を開館。収集したものは広告からアートにまで及ぶ。現在は河口湖など全国6ヵ所で常設展示中。

　僕は20歳からコレクションを始め、ディズニーキャラクターのおもちゃやぬいぐるみ、時計、雑貨なども集めています。『トイ・ストーリー』は、おもちゃの気持ちが表現されている、子供から大人まで大人気の映画。登場キャラクターたちのバックグラウンドには、1950〜60年代、日本がブリキおもちゃ生産国だったという文化もあるのです。

　横浜の博物館開館当初、30年以上前のことですが外国人来館者も多く、コレクター同士の出会いがたびたびありました。輸出して外国の子供たちが遊んでいたおもちゃなので、まるで、昔の友だちとの再会を楽しんでいることが伝わってきました。そのなかにジョン・ラセター監督もいらしたとあとから知り、しかも彼は、博物館のおもちゃたちがまるで生きているみたいだと感じて、おも

ちゃが主人公の映画を作ろうと思ったというのです。僕の博物館で、おもちゃから何かを感じてくださったことは本当にうれしく光栄です。

　おなかがバネの犬、スリンキー・ドッグのモデルも、レックスのモデルの恐竜もいます。サルのわんぱくスージーは、バッテリーで動き、陽気にシンバルを鳴らします。途中で頭をたたくと、目を見開き、歯をむき出すという別の表情になって監視員そのもの。数あるブリキおもちゃのなかでもこれらは珍しく、さすがおもちゃ好きの配役だと感心しました。

　ウッディのようなカウボーイは、ウエスタン映画がはやってたくさん作られました。宇宙開発は映画やおもちゃでも流行して、バズのモデル、宇宙飛行士も多数誕生しています。

　ブリキおもちゃは、戦後の焼け野原に掘っ建て小屋から再スタートし、子供たちが心から喜ぶ物を、職人がこだわりや工夫を凝らして作られ、おもちゃでは外国に負けないという気概も込められていたのだと思います。世界中の子供たちに平和を運び、映画でも活躍し、多くの子供たちに忘れられないおもちゃが存在するようになったのですね。

作品に登場するサルとスリンキーは
北原さんのおもちゃがヒントに

夢と魔法の名作50選と舞台

2000 to 2012

2000

ラマになった王様
The Emperor's New Groove

左／悲しそうにお城を眺める、ラマになったクスコ　上／パチャたちが暮らす家は、インカ族が建造したマチュピチュのよう　下／別荘建設のためパチャに立ち退きを命じるクスコ

意地悪な王様と貧しい農民による ドタバタな南米ジャングル珍道中

ディズニー長編アニメーション初のノンストップコメディにして、初となる性格の悪い主人公が活躍するファンタジー作品。南米のジャングル奥深くにある国の若き王のクスコは、わがままな性格のため、国民からの信頼は皆無であった。さらに臣下であるイズマの恨みをかってしまい、毒の薬でラマの姿に変えられてしまう。城から追い出された彼を救ったのは農夫のパチャ。ラマになっても王様気取りのクスコだったが、人間に戻るための道中、人と信じ合うことの大切さを学んでいく。

Data

製作／ランディー・フルマー
製作総指揮／ドン・ハーン
監督・原案／マーク・ディンダル
原案／クリス・ウィリアムス
脚本／デヴィッド・レイノルズ

CHARACTERS

クスコ
ジャングルの奥深くにある王国の、17歳のわがままな王様

クスコ・ラマ
イズマの薬によって、クスコがラマになってしまった姿

パチャ
ラマになったクスコを助ける農夫

イズマ
クスコの相談役。推定200歳

世界的なミュージシャンであるスティングが音楽を担当。彼自らクスコとパチャの友情を歌う「マイ・ファニー・フレンド・アンド・ミー」は、第73回アカデミー賞歌曲賞にノミネートされた。

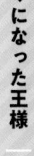
作中でクスコがリゾート地を建設しようとするパチャの住む村は、アンデスの山中にインカ帝国時代に造られたマチュピチュのような雰囲気。クスコの衣装や住む城などの装飾も、インカ時代の趣を感じさせる。何より、この地域では古くからラマが家畜として飼われており、人々の生活に密接しているのだ。

神聖な空気に包まれた石造りの "空中都市"

マチュピチュ
Machu Picchu

失われた都市とも呼ばれるマチュピチュ

山道を登り詰めると、眼下に広がる石造りの都市。インカ帝国時代の1450年頃に造られたといわれている。下からは見られない標高約2400mの切り立った尾根の上にあり、16世紀前半、スペインによりインカ帝国が征服された際も見つかることなく、ほぼ無傷のまま残された。1911年にアメリカ人探検家により発見され、神殿や住居跡などが当時の姿に復元された。

上／夏至と冬至に窓から太陽の光が入る太陽の神殿
下／コンドルの神殿

ペルー

★首都：リマ
★面積：約129万k㎡
★人口：約3297万人
★通貨：ソル
★時差：－14時間

マチュピチュ

✈日本からの直行便はなし。クスコから車と鉄道で約4時間
※2023年10月現在、マチュピチュへの入場は人数制限がある。

Travel Tips!

**マチュピチュの
マスコット、ラマ**

マチュピチュのいろいろなところで、ラマに出会えることもある。そっと近づいて、運がよければ一緒に写真が撮れるかも。

主人公クスコの由来にもなった、インカ帝国の首都クスコ

ペルーの南東、標高3399mの高地に位置するクスコは、インカ帝国の都として栄えた町。現在は、マチュピチュへの玄関口として多くの観光客でにぎわっている。インカ特有の石組みの上に建てられた、スペイン植民地時代の教会や邸宅などのヨーロッパ建築の不思議なコントラストが町に不思議な魅力を生み出している。1983年にユネスコの世界遺産にも登録。クスコとはケチュア語（ペルーの公用語のひとつで、インカ帝国の公用語）でヘソを意味する。

スペイン式の町造りの中心となったアルマス広場。クスコ観光の拠点となる場所

🌏 なぜ隔絶された地に都市を築いたのか、大量の石をどのように運んだのかなど、多くの謎を抱えているマチュピチュ。しかし、アンデス文明は文字をもたなかったため、解明されていないことも多い。

アトランティス／失われた帝国
Atlantis : The Lost Empire

左／アトランティスを発見する探検隊
上／アトランティスのエネルギー源で
あるクリスタルの力を求めるローク隊
長は王を捕える　下／神秘的なたたず
まいで描かれたアトランティス

失われた神秘の帝国を目指し
巨大な潜水艦ではるかなる海底の旅へ

人類最大の謎のひとつといわれ、時を超え
て多くの人を魅了してきたアトランティ
スの伝説を題材とした、ウォルト・ディズ
ニー生誕100周年記念作品。舞台は1914
年。言語学者のマイロの夢は、探険家だっ
た亡き祖父の遺志を継ぎ、消えた《アトラ
ンティス》を発見することであった。その
謎を解くカギといわれる古文書「羊飼いの
日誌」を手に入れた彼は、探険隊の一員と
して海底の旅へ出る。しかし、探険隊の指
命が帝国を探すことから、帝国を神秘的な
力から守ることに変わり…。

Data
制作／ドン・ハーン
監督・原案／ゲイリー・トゥルースデイル、カーク・ワイズ
脚本・原案／タブ・マーフィー
原案／ジョス・ウェドン、ブライス・ゼイベル、ジャッ
キー・ゼイベル

CHARACTERS

マイロ・サッチ
ニューヨーク州出身
の若き言語学者であ
り、地図製作者

プリンセス・キーダ
アトランティス王
の娘で王女

ローク隊長
テキサス出身のアトラ
ンティス探検隊長

ヘルガ・シンクレア
フランクフルト出
身の元ドイツ軍人

制作チームはアトランティスにリアリティをもたせるため、独自の文字や文学、建築様式などを創作。
アトランティス語の言語体系と辞書まで作り上げたという。

今作品のアトランティスの建築は、世界3大仏教遺跡のひとつであるアンコール・ワットからもインスピレーションを受けたという。同寺院は12世紀に造られたが、今から約150年前に発見されるまで、その存在を知る人すらいなかった。密林の奥深くに眠り続け、アトランティス伝説に通じる部分も多いといえる。

神々の楽園とも称される天空の楽園

アンコール・ワット
Angkor Wat

砂岩とラテライトで造られている

カンボジア
★首都：プノンペン
★面積：約18万1035㎢
★人口：約1530万人
★通貨：リエル
★時差：－2時間
✈日本からの直行便はなし。プノンペン、バンコクなどを経由してシェムリアップまで約6時間30分～7時間30分

アンコール・ワット
✈シェムリアップのオールド・マーケットから車で約15分

神々が彫られた水中遺跡も

アンコール遺跡群のひとつクバール・スピアン。郊外の人気遺跡で、約200mにわたり川底や川岸にヒンドゥー教の神々が彫られている。海中に没したアトランティスのよう。

✈シェムリアップのオールド・マーケットから車で約1時間30分

スールヤヴァルマン2世が1113年から約30年かけて建造した寺院。王の権力の象徴として、ヴィシュヌ神にささげる護国寺としてヒンドゥー教の宇宙観を基に建てられた。高度な建築技術や芸術性の高さから、クメール建築の最高峰といわれる。アンコール遺跡群のアンコール・トムやタ・プロームといった同じアンコール王朝に造られた寺院もセットで楽しみたい。

上／アンコール・トムのバイヨン　下／タ・プローム

海底に沈んだといわれるアトランティスの始まりは地底探索から

『アトランティス』の初期のアイデアは「地球の中心への旅」の物語だったという。そのため、製作チームはアメリカのニューメキシコ州にあるカールスバッド洞窟群国立公園を見学。約2.5億年前の化石礁がある同国立公園での体験は、映画のビジュアルに大きな影響を与えたという。1995年には世界遺産に指定されている。整備も行き届き、公開されている最深部までエレベーターで行くことができる。エルパソ国際空港から車で約2時間15分。

公園内には発見されているだけで、120もの鍾乳洞が。全米最深となる深さ489mの洞窟もある

 世界遺産に指定されているアンコール遺跡群は、約400㎢にも及ぶ広大なエリアに100前後の遺跡が点在している。遺跡を見学する際には「アンコールパス」と呼ばれる入場券がマストだ。

109

リロ&スティッチ
Lilo & Stitch

大自然が広がるハワイのカウアイ島を舞台に家族愛が心にしみる物語

5歳にしてエルヴィス・プレスリーのファンというちょっと変わった女の子リロは、姉のナニとハワイのカウアイ島でふたり暮らし。友だちがいないリロのためにふたりで引き取った青い犬・スティッチは、"破壊"をプログラミングされたエイリアンだった。問題ばかり起こすスティッチをリロが「オハナ」（ハワイ語で家族の意味）のようかわいがるうちスティッチに変化が…。この作品は、1930～40年代のディズニーの原点に立ち戻ったようにあたたかみのある水彩画タッチが特徴。舞台も当初はアメリカのカンザス州の設定だったが、監督がノスタルジックな雰囲気に心惹かれ、カウアイ島に変更された。

Data

原案／クリス・サンダース
製作／クラーク・スペンサー
監督・脚本／クリス・サンダースほか
作画監督／アレックス・カバーシュミッド、アンドレアス・デジャ、ステファン・セント・フワ、バイロン・ハワード、ボルヘム・ボーチバほか
美術監督／リック・スルーター
音楽／アラン・シルベストリ（エルヴィス・プレスリーの曲をカバー）

スティッチは、遺伝子実験の試作品としてつくられたエイリアン。スーパーコンピューター以上の頭脳をもち、自分の3000倍重いものを動かすことができるうえ、ふれたものを破壊することができる。

CHARACTERS

スティッチ
銀河連邦の科学者が作ったエイリアンの試作品。破壊しか知らない

ナニ
亡くなった両親に代わりリロを育てる優しい姉

デイヴィット
レストランで働くナニのボーイフレンド

コブラ・バブルス
リロ姉妹を担当する福祉局のソーシャルワーカー

リロ
シニカルで個性的な女の子。エルヴィス・プレスリーのファン

SCENE

❶リロ姉妹が住むカウアイ島のハナペペは、大自然に囲まれ、ゆったりとした雰囲気のオールドタウン。スティッチが銀河系から地球に不時着した場所がここだった❷ナニの部屋には、ハワイのサーフィン界の英雄デューク・カハナモクのポスターが飾られている❸口コらしくフラを踊るリロ。エンディングでスティッチと一緒に踊るシーンは毎年ハワイ島で行われるメリー・モナーク・フェスティバルという設定

Locations

リロが敬愛するエルヴィス・プレスリーは、ハワイで3作品の映画を撮影している。リロが部屋に閉じこもって聴いているのはエルヴィスの曲「Heartbreak Hotel」、「Stuck on You」など名曲ばかりだ。

リロ＆スティッチの舞台

ハワイ

📍カウアイ島
📍オアフ島
　　マウイ島
ハワイ島

アメリカ→P.69

ハワイ州
太平洋に浮かぶハワイ諸島はアメリカ 50 番目の州。州都はオアフ島ホノルル市。時差は－19 時間

カウアイ島
✈日本からの直行便はなし。オアフ島またはハワイ島経由で約 10 時間。島内ではレンタカーが必要

ワイメア渓谷州立公園
✈リフエ空港から車で約 1 時間 15 分

公園内にある雄大なワイメアの滝

ナ・パリ・コースト州立公園
✈車でのアクセスは不可。ボートやヘリコプターでのツアーか本格トレッキングツアーが基本

カウアイ島にのみ生育する香り高い固有種、モキハナ
©ハワイ州観光局

スノーケリングに最適なマクア・ビーチ。駐車場はない

作品の舞台は、ハワイ諸島の最北端に位置し、手つかずの大自然が今も残るカウアイ島。主人公のリロたちは小さな町ハナペペに住んでいる。劇中には、ココナッツジュースやウクレレ、フラ、ウミガメ、レジェンドサーファーであるデューク・カハナモクの像、ジェネラルストアまで、カウアイ島以外の島も含めハワイに思いをはせられるスポットが次から次へと登場する。

長い年月をかけて造り出された自然に飛び込みたい

カウアイ島
Kauai Island

オアフ島とほぼ同じ大きさで、沿岸部は晴れが多く過ごしやすい

ハワイ諸島では最古の火山活動で生まれた島。ワイメア渓谷州立公園やシダの洞窟、ナ・パリ・コースト州立公園、ハナレイ湾など、島ならではの風土で生まれた渓谷美や熱帯雨林を見ることができる。豊かな自然を使ったアウト

のどかな雰囲気が漂うハナペペの町

ドアのアクティビティも豊富で、カヤックやトレッキングなどが冒険心を満たしてくれる。リロたちが住むのはハナペペという町で、歴史的建造物が現存するほか、アートギャラリーが集まる。

🌏 作品のキーワードは、ハワイ語で家族を意味する「オハナ」。両親や兄弟、姉妹といった血のつながりだけにこだわらない広い意味を示している。誰もがお互いを気遣う島の人のつながりが表現されている。

オアフ島ワイキキにある銅像

ハワイをサーフィンの聖地にした第一人者

デューク・カハナモク像（オアフ島）
Duke Kahanamoku Statue

ナニが憧れている伝説のサーファー、デューク・カハナモクは、1890年ハワイ州オアフ島で生まれた。1912年の五輪ストックホルム大会では水泳の100m自由形とリレーで金メダルを獲得。その後、メダリストとしての知名度を生かして世界中でサーフィンのデモンストレーションを行い、世の中にサーフィンと観光地ハワイを広めることに貢献した。1990年にはホノルル市ワイキキに生誕100年を記念した銅像が建てられている。一方、映画の舞台、カウアイ島では、ポイプビーチなどで、サーフィンが楽しめる。

左／ポイプビーチ　右／オアフ島のノースショアもサーフィンの聖地

年に一度の開催！　フラの一大イベント

メリー・モナーク・フェスティバル（ハワイ島）
Merrie Monarch Festival

劇中のラストシーンで登場するメリー・モナーク・フェスティバルは、毎年3〜4月のイースターの翌週にハワイ島のヒロで開かれるフラの大イベント。競技会では、ミス・アロハ・フラの個人競技や古典フラ（カヒコ）、現代フラ（アウアナ）の団体競技などが約5〜6時間にわたって行われる。その時期は、レイや衣装で着飾ったダンサーたちで町がにぎやかになる。

左／美しい歌声が心に響く　右／男性のフラは勇壮

Photos : Hawaii Tourism Authority / Tor Johnson

華やかな現代フラが始まると会場は一気に盛り上がる

メリー・モナーク・フェスティバル
🏠 エディス・カナカオレ・スタジアムほか

オアフ島
✈ 日本から直行便で約7時間。中心であるホノルル市ワイキキまで車で約20分

デューク・カハナモク像
🏠 Kalakaua Ave., Honolulu

Travel Tips!

こんなローカル店も
ナニが求人広告を見て訪れた店は、実際にマウイ島のハナにあるハセガワ・ジェネラルストアがモデルだそう。ハワイにはこういった食品から日用品まで多様に揃う「ジェネラルストア」が多い。
🏠 5165 Hana Hwy., Hana

© ハワイ州観光局

ハワイ島
✈ 日本から直行便で約7時間30分。オアフ島経由でもアクセスできる

リロ&スティッチ | Lilo & Stitch

🌏 アメリカのメンフィスにはエルヴィス・プレスリーが亡くなるまで暮らしたグレースランド・マンションがある。敷地内には、ホテルをはじめ、博物館やレストランなどがあり、今も多くの人が訪れる。

ファインディング・ニモ
Finding Nemo

まるでダイビングしている気分！
オーストラリアの美しい海の描写にも注目

美しい珊瑚礁の海で暮らすカクレクマノミのマーリンは、イソギンチャクの家でひとり息子のニモと暮らしている。マーリンは心配性で過保護なまでにニモを溺愛しているが、ニモが6歳になり初めて学校へ行く日、人間のダイバーにさらわれてしまう。慌てふためいたマーリンは、ニモの行方を知っているというドリーと一緒に息子を探す旅に出る…。CGで「水」を描くことに挑戦した作品。魚の群れ、水の中で屈折する光、荒れる海面など、さまざまなテクニックを駆使して海中が描かれている。2004年アカデミー賞長編アニメーション賞受賞。2016年にはドリーが主人公の続編『ファインディング・ドリー』が公開された（→P.176）。

Data

原案・監督・脚本／アンドリュー・スタントン
製作／グラハム・ウォルターズ
製作総指揮／ジョン・ラセター
共同監督／リー・アンクリッチ
脚本／ボブ・ピーターソン、デビッド・レイノルズ
作画監督／アラン・バリラロ、マーク・ウォルシュ
アニメーションマネージャー／ジェニー・ツォイ
美術／ダグ・ニコルズ
音楽／トーマス・ニューマン

アート部門のスタッフは、歯科診療所の水槽に何かおかしなものを入れようと買い物に出かけたという。難破船と火山に合うことからティキを採用。クールでかっこいいけどちょっぴり安っぽいというテイストを加えた。

CHARACTERS

ニモ（カクレクマノミ）
元気でがんばり屋の6歳男の子。体は小さいが冒険心と好奇心でいっぱい

マーリン（カクレクマノミ）
心配性なニモのパパ。妻を亡くし男手ひとりでニモを育てている

エイ先生（マダラトビエイ）
ニモの学校の先生。グレートバリアリーフ在住

クラッシュ（アオウミガメ）
150歳の現役サーファー。おおらかな性格

ドリー（ナンヨウハギ）
おしゃべりが大好きな明るい女の子。忘れんぼうだが知能が高い

SCENE

❶舞台はオーストラリアにある世界最大の珊瑚礁、グレートバリアリーフ。ピンクやパープルにキラキラと輝く海を悠々と泳ぐ熱帯魚たちが描かれている ❷診療所の場所は、都会の景観も眺められ港にも近いノース・シドニーが選ばれた ❸海の表現にこだわった本作。珊瑚礁のターコイズブルーや外洋のディープブルーに比べて、シドニーハーバーのシーンは、水の色を見ただけでシドニーだとわかるようグリーンがかった海の色になっている

①

②

③

Locations
★**シドニー** →P.116　★**シドニー・オペラハウス** →P.117　★**グレートバリアリーフ** →P.117

 エンドロールで、ビニール袋に入って海に浮かぶタンク・ギャングのメンバーたち。その後彼らがどうなったかは、『ファインディング・ドリー』（→P.176）のエンドロールのあとのおまけシーンに隠されている。要チェック！

ファインディング・ニモの舞台
オーストラリア

オーストラリア
★首都：キャンベラ
★面積：約769万2024㎢
★人口：約2626万人
★通貨：オーストラリア・ドル
★時差：＋1時間（東部）、サマータイム期間中は＋2時間

シドニー
✈日本からシドニーまで直行便で約10時間。市内はバス、鉄道、フェリー、ライトレールなどで回ることができる。

経済・政治の中心セントラル・ビジネス・ディストリクト

国立公園のブルーマウンテンズへは市内中心部から車で約1時間、電車で約2時間

アートの町でトレンド発信地になっているパディントン地区

オーストラリアの雰囲気が存分に楽しめるのもこの作品の魅力だ。ニモやマーリンが暮らしている海は、ケアンズの北付近のグレートバリアリーフ。水の透明度も高く、世界最大の珊瑚礁群がある美しい海だ。マーリンがドリーを探して訪れたのがシドニーのシドニーハーバー。同じオーストラリア東海岸にあるこのふたつの都市は、直線距離で約2000km（海沿いだと約2600km）、飛行機で約2時間30分。マーリンとドリーはこの距離を「ニモを探して」移動している。

オーストラリア随一の大都市
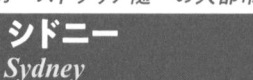
シドニー
Sydney

湾を挟んで南北に架かるのがシドニーハーバーブリッジ

オーストラリア、ニューサウスウェールズ州の州都。世界3大美港のひとつであり、アーチ型のハーバーブリッジや世界遺産のオペラハウスを望むシドニー湾の景色は圧巻だ。高層ビルが立ち並ぶ大都会でありながら、開拓時

「シティ」と呼ばれる中心部

代の建造物が残る町並み、グルメやショッピングなど、楽しみ方もバラエティ豊か。郊外にはダイナミックな自然が広がり、国立公園やワイナリー、ビーチにも足を延ばせる。

劇中でダイビングしていた歯科医のゴーグルに記されていた住所「シドニー、ワラビー通り42 P. シャーマン」は実在しない。歯科医院のモデルになったのは水辺に家が並ぶノース・シドニー。

建築年数が最も若い世界遺産のシドニー・オペラハウス

シドニー・オペラハウス

住 Bennelong Point, Sydney
交 シドニー市内サーキュラーキー (Circular Quay) 駅から徒歩約6分

シドニーを代表するランドマーク

シドニー・オペラハウス
Sydney Opera House

シドニー湾を疾走するヨットの帆をイメージして造られたといわれるユニークな見た目の劇場。設計はデンマークの建築家ヨーン・ウッツォンで、1973年に完成した。内部はオペラホールやコンサートホールなど、大小6つの劇場とレストランなどがある。夜になると、屋根に色鮮やかなプロジェクションマッピングを映すイベントも定期的に開催。また、内部は館内ガイドツアー(有料)で見学できる。

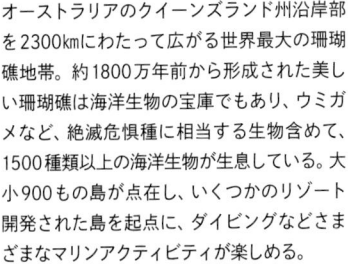

左／近くにあるサーキュラーキー　右／美しい夜景も必見

Travel Tips!

シドニー滞在中に行きたいビーチ

オーストラリア観光のいちばんの人気はビーチ。ボンダイビーチはシドニーからバスなどでアクセスできるのに、リゾート感抜群なのでおすすめ。砂浜や岩礁により独自のグラデーションを織りなす美しい海と、グルメやファッションも楽しめる。

交 シドニートレインでボンダイジャンクション (Bondi Junction) 下車、バスで約10分

1981年には世界自然遺産にも登録された

ニモたちが住んでいる珊瑚礁

グレートバリアリーフ
Great Barrier Reef

オーストラリアのクイーンズランド州沿岸部を2300kmにわたって広がる世界最大の珊瑚礁地帯。約1800万年前から形成された美しい珊瑚礁は海洋生物の宝庫でもあり、ウミガメなど、絶滅危惧種に相当する生物含めて、1500種類以上の海洋生物が生息している。大小900もの島が点在し、いくつかのリゾート開発された島を起点に、ダイビングなどさまざまなマリンアクティビティが楽しめる。

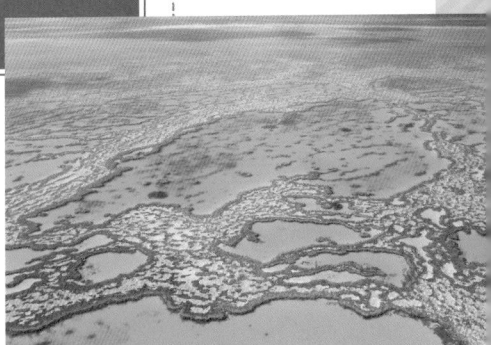

グレートバリアリーフ

交 日本からはケアンズを経由するルートが一般的。ケアンズからいちばん近いグリーン島までフェリーで約45分

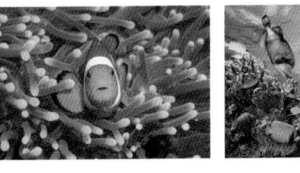

左／ニモのモデルになったカクレクマノミも　右／絶滅危惧種も多い

 『ファインディング・ニモ』でマーリンとドリーがウミガメのクラッシュと海を高速で泳いだ場所は、グレートバリアリーフの東オーストラリア海流(EAC)。東部の沿岸を北から南に流れ、強い海流が特徴。

117

ホーム・オン・ザ・レンジ／にぎやか農場を救え！

Home on the Range

左／牛泥棒をつかまえようと、雄ウマのバックと計画を立てる雌ウシたち
上／農場に来て借金返済を促す保安官
下／西部劇に出てくるような典型的な町並みが広がっている

舞台は西部開拓時代の農場
3匹の雌ウシが主役のコメディ作品

「峠のわが家」という題でも知られる、西部開拓時代の伝統的なカウボーイ・ソング「ホーム・オン・ザ・レンジ」をモチーフにしたウエスタン・コメディ。主役は陽気な3頭の雌ウシ。ある日、彼女たちの住む平和な農場に保安官がやってきて、3日以内に借金を返済しないと農場を競売にかけると宣告する。雄ウマのバックに協力を求めた雌ウシたちは、アラメダ・スリムという牛泥棒に懸賞金がかけられていることを知り、農場を救うために彼をつかまえて懸賞金を稼ごうとするのであった。

Data

製作／アリス・デューイ
監督・脚本／ウィル・フィン、ジョン・サンフォード
脚本／マイケル・ラバシュ、サム・レヴァイン、マーク・ケネディ、ロバート・レンス
音楽／アラン・メンケン

CHARACTERS

ミセス・キャロウェイ
教養のある、仕切り屋の雌ウシ

グレイス
楽天家で気のいい雌ウシ

マギー
新しくパールの農場に来た雌ウシ

バック
カンフーが得意な雄ウマ

パール
マギーたちの住む楽園農場の持ち主

本作はディズニー映画長編アニメーション45作目だが、日本では劇場未公開。ディズニー・ミュージックの重鎮であるアラン・メンケンが音楽を担当した、さまざまなオリジナルナンバーにも注目だ。

映画タイトルの『ホーム・オン・ザ・レンジ』は、カンザス州の州歌だ。同州のいたるところでカウボーイ文化が今でも残っており、牧場やカウボーイの体験学習ができる施設も多い。何より、大平原と牛をはじめとする牧畜がカンザスを代表する景色で、劇中ののどかな光景がいまだに楽しめるエリアも。

グレートプレーンズの中心にあり農業・畜産業が盛ん

ウィチタ
Wichita

州西部の大草原にはキャッスルロックも

カンザス州最大の都市。1920年代にセスナ社が誕生したことをきっかけに、現在も航空機の首都と呼ばれるほど航空産業が盛んだ。また、グレートプレーンズ（大平原）にあり肥沃な土壌が広がっているため、農業や畜産関係の従事者が多い。映画の舞台に近い1870年代のウィチタ近郊の町を再現し、西部時代の世界が広がっているオールドカウタウン博物館にはぜひ立ち寄りたい。

ウィチタのダウンタウン近くを流れるアーカンソー川。キーパー像も立つ

ウィチタ ● ニューヨーク
ロスアンゼルス ●

アメリカ→P.69

ウィチタ
✈ 日本からの直行便はなし。シカゴ、ダラスなどを経由してウィチタまで約15時間30分〜18時間。中心部へは車で約15分

オールドカウタウン博物館
🏠 1865 W. Museum Blvd., Wichita

Travel Tips!

古きよき西部の息吹が残る町へ
カンザス州南西部にあるフォード郡の郡庁所在地のドッジシティは、有名な西部劇の舞台にもなった場所。19世紀後半に牛の交易で大発展し、ガンマンやサロンなどが登場した。今でも西部時代の面影を色濃く残すスポットだ。

カウボーイたちが活躍した西部開拓時代

「ホーム・オン・ザ・レンジ」は西部開拓時代の象徴のひとつといえるカウボーイたちの歌だ。西部開拓時代とは、大西洋側の人々が白人定着地域の外縁部とその西方に広がる未開拓地に進出していった期間を指し、開拓には多くの困難や危険をともなったためアメリカ人のフロンティアスピリットが形成された時代ともいえる。当時のカウボーイは、ゴールドラッシュで劇的に人口の増えたカリフォルニアなどに食用のため牛を移送する業務（ロングドライブ）をおもに行っていた。

現在、カウボーイは畜産業の牧場労働者を指す。しかし、実際に馬を育て、移動しながら生活している人もいる

 航空産業が発展しているウィチタでは、本物の飛行機や戦闘機が見学できるカンザス航空博物館もある。飛行機好きなら訪れたい。Kansas Aviation Museum　🏠 3350 George Washington Blvd., Wichita

ホーム・オン・ザ・レンジ／にぎやか農場を救え！ Home on the Range

カーズ
Cars

アメリカの原風景ともいうべき雄大な景色
"ルート66"でアメリカを大陸横断したくなる！

車好きのジョン・ラセター監督が、ルート66
を家族で旅した際に出合った、アメリカの原
風景とそのカルチャーに魅了されて生まれた
作品。アリゾナやニューメキシコ周辺のむき
出しの大地とノスタルジックで素朴な町や人
の表情から古きよきアメリカのインスピレー
ションを受けた。「車」たちが人間のように暮
らす社会で、レースに勝つことだけを目的に
した若きレーサーが、そこに暮らす車と交流
することで、人生に大切なものの存在に気づ
いていく…。『カーズ2』（2011年）はワール
ド・グランプリで東京、パリ、イタリアなど
を転戦。『カーズ／クロスロード』（2017年）
では次世代レーサーが登場する。

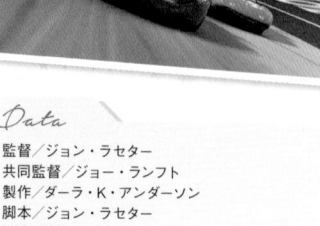

Data
監督／ジョン・ラセター
共同監督／ジョー・ランフト
製作／ダーラ・K・アンダーソン
脚本／ジョン・ラセター
原案／ジョン・ラセター、ジョー・ランフト、ジョード
ジェン・クルービアン
プロダクションデザイン／ウィリアム・コーンほか
作画監督／スコット・クラーク、ダグ・スウィートランド
音楽／ランディ・ニューマン

 映画製作を前にしてスタッフはルート66の旅に出た。名著「ルート66」で知られる作家のマイケル・
ウォリスを案内人にして、収集した大量のスケッチや映像、写真は作品に十分に生かされた。

2006

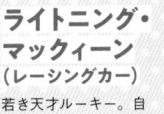

CHARACTERS

ライトニング・マックィーン
（レーシングカー）
若き天才ルーキー。自信家でちょっぴり傲慢

メーター
（レッカー車）
古いレッカー車。優しくて力持ち

サリー・カレーラ
（2002 年型ポルシェ 911）
弁護士でモーテルを経営。町の立て直しに取り組む

ドック・ハドソン
（1951 年型ハドソン・ホーネット）
修理工場の整備士で往年のレースチャンピオン

ルイジ（1959年型フィアット500）
グイド（フォークリフト）
イタリア出身でタイヤ店を経営する 2 人組

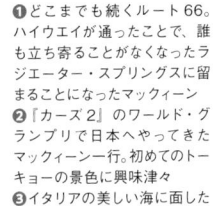

SCENE

❶どこまでも続くルート66。ハイウエイが通ったことで、誰も立ち寄ることがなくなったラジエーター・スプリングスに留まることになったマックィーン
❷『カーズ 2』のワールド・グランプリで日本へやってきたマックィーン一行。初めてのトーキョーの景色に興味津々
❸イタリアの美しい海に面した高級リゾート地、ポルト・コルサでは国際スパイとの熾烈な攻防が繰り広げられる。『カーズ 2』での息をのむ迫力のシーンに注目

❶

❷

❸

Locations

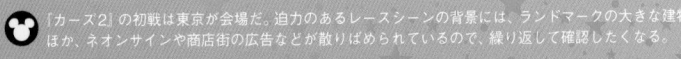

『カーズ 2』の初戦は東京が会場だ。迫力のあるレースシーンの背景には、ランドマークの大きな建物のほか、ネオンサインや商店街の広告などが散りばめられているので、繰り返して確認したくなる。

カーズの舞台
アメリカ／イタリア

アメリカ→P.69

セリグマン

✈日本からの直行便はなし。ロスアンゼルスなどを経由してラスベガスへ。そこから車で約3時間

セリグマンの見どころ

ぜひ立ち寄りたいのが、Angel & Vilma Delgadillo's Original Route 66 Gift Shopというおみやげ屋さん。オーナーのエンジェルさんはルート66協会の創設者でもあり、「ルート66の守護天使」とも呼ばれる有名人。店内は関連グッズが並ぶ。
🏠 22265 Historic Route 66, Seligman

セリグマンのランドマーク的存在のギフトショップ

映画に何度も登場する看板はルート66沿いに実際に存在する！

何ともノスタルジックなネオンサインが魅力的なモーテル

カーズの舞台は、インターステート・ハイウエイが通ったことで廃線になった「ルート66」沿いの町とグランドキャニオンを彷彿させる広大で荒々しい、むき出しの大地。時が止まったかのような町は、アメリカンクラシックのテイストたっぷりでノスタルジックな雰囲気に浸ることができる。看板やネオンサイン、フードはワクワクするアメリカそのもの。世界を転戦する『カーズ2』ではモデルのひとつになったイタリアの美しい村チンクエテッレのマナローラをご紹介。

映画のポップな世界観がそのまま現れる町

セリグマン
Seligman

お店の前には古びた車が置かれて、絶好の撮影スポットになっている

ラスベガスとグランドキャニオンの中間地点に位置するアリゾナ州セリグマンは、古きよきアメリカの姿を残すノスタルジックな小さな町。2005年にはその景観を保存すべく商業歴史地区に指定された。ラジエーター・スプリングスのモデルになったと

西部劇の一場面のような雄大な景色が広がる

いわれ、映画製作チームは2度にわたり、この一帯を綿密な取材に訪れている。町の出入り口に建てられた大きな看板やモーテルのネオンサイン、カフェなどのデザインはまさに"America"を感じることができる。

ラジエーター・スプリングスの風景は雄大だが少し奇妙な岩々が描かれている。実際、ニューメキシコ州ギャラップからアリゾナ州キングマンあたりの砂漠地帯の様子を作品に反映させたという。

果てしなく続く1本の道

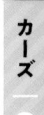

ヒット曲にも歌われる人気の旧国道
ルート66
U.S. Route 66

シカゴとサンタモニカ間を結ぶ全長約3755kmの旧国道のこと。インターステート・ハイウエイ（州間高速道路）の発達にともない、1985年に廃線。廃線後もテレビドラマやヒット曲などで親しまれていたことからの復活が働きかけられ、一部が歴史的文化遺産として残されることに。街道沿いの町はさまざまな映画のロケ地、CM撮影などに起用され、アメリカの原風景の世界観が味わえるとして、みやげ物店、ダイナーなどが立ち並ぶ観光地になった。

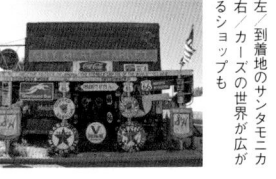

左／到着地のサンタモニカ 右／カーズの世界が広がるショップも

ルート66博物館
住 120 W. Andy Devine Ave., Kingman
交 ラスベガスから車で約1時間40分

Travel Tips!

コージー・コーン・モーテルは、ネイティブアメリカンの移動式住居ティピー型のウィグアムモーテルがモデルといわれている。現存のティピー型のモーテルは2012年に国家歴史登録財として登録された。

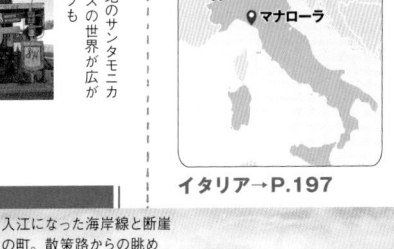
ミラノ● ●マナローラ

イタリア→P.197

地中海を臨む断崖に立つ美しい村
マナローラ
Manarola

マナローラはチンクエテッレ（→P.195）と呼ばれる5つの漁村のひとつで、『カーズ2』のイタリア会場ポルト・コルサのモデルといわれている。この一帯は、かつて交通手段が船だけで外の世界との交流が限られていたため、独自の文化が育まれた。切り立った断崖に立ち並ぶ家々と海の調和が美しい。村々をつなぐ遊歩道からの眺めは絶景で、映画の場面を彷彿させる。

入江になった海岸線と断崖の町。散策路からの眺め

左／カラフルな家々がひしめく 右／列車と船の利用で全村回れる

マナローラ
交 日本から各都市経由でミラノまで約17〜25時間。ミラノからジェノヴァ・ピアッツァ・プリンチペ（Genova Piazza Principe）駅まで鉄道で約3時間。そこからマナローラ（Manarola）駅まで約1時間40分

ルート66は1926年に開通。シカゴをスタートし、セントルイス、オクラホマシティ、アルバカーキ、フラッグスタッフといった町を経由する。ジョン・スタインベックの小説「怒りの葡萄」にも登場。

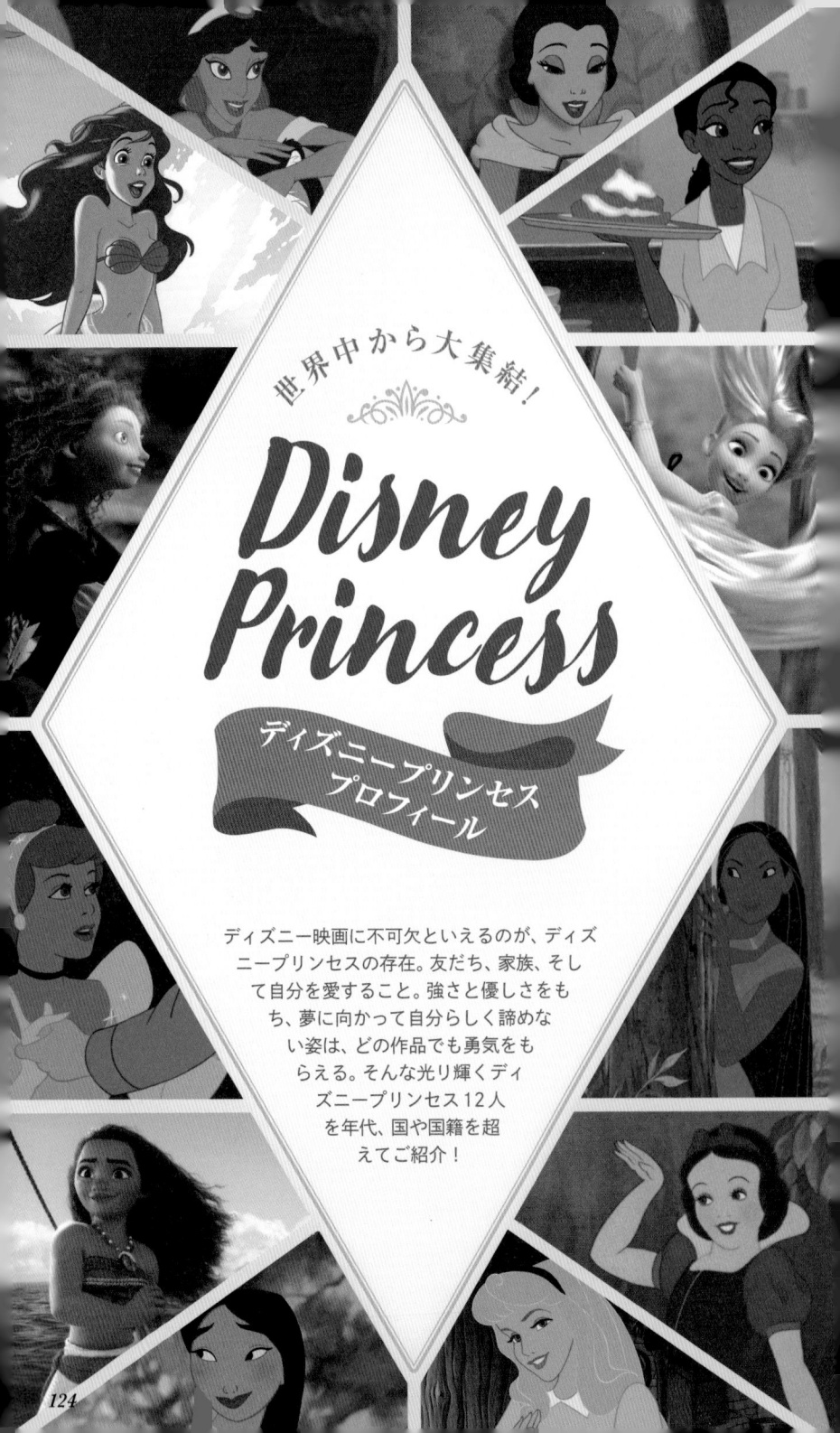

世界中から大集結！

Disney Princess

ディズニープリンセス
プロフィール

ディズニー映画に不可欠といえるのが、ディズニープリンセスの存在。友だち、家族、そして自分を愛すること。強さと優しさをもち、夢に向かって自分らしく諦めない姿は、どの作品でも勇気をもらえる。そんな光り輝くディズニープリンセス12人を年代、国や国籍を超えてご紹介！

Moana

"Know
who you are"
自分を見つめて

Inspired year
2000年前

Best friends

→ Heihei

→ Pua

My Data

Name　モアナ
　　　　Moana

Place　太平洋諸島

Friends　プア、ヘイヘイ、マウイ

signature

Moana

My Favorite

Thing	Flower
青い海	ハイビスカス

南の楽園で暮らし、海と特別な絆で結ばれている16歳の少女。島の外に出ることを禁じられていながらも、大海原に出てその先に何があるのか見てみたいという探究心をもっている。

Mulan

My Data

Name　ムーラン
　　　　Mulan

Place　中国

Friends　ムーシュー、カーン、
　　　　　リトルブラザー

signature

Mulan

My Favorite

Thing	Flower
草原	桜

Inspired year
紀元前 206–
西暦 900年

"Be a leader"
リーダーになる

Best friends

Mushu →

Little
Brother →

明るく正義感が強い、名門ファ家のひとり娘。年老いた父親が戦争に召集されることになり、愛する家族を守ろうと、女性であることを隠して従軍。戦士として才能を開花させていく。

Jasmine

"See the good in others"
他人のよいところを知る

Inspired year
800-1000年

Best friend
Rajah

My Data

Name　ジャスミン
　　　　Jasmine

Place　イラン

Friends　ラジャー、
　　　　魔法のじゅうたん

signature
Jasmine

My Favorite

Thing	Flower
空を飛ぶこと	ジャスミン

砂漠に囲まれた都、アグラバー王国の王女。自立した心と強い好奇心をもつ。自由な人生に憧れ、規則に縛られた世界から飛び出し、自分を探す旅に出ることを夢見ている。

Best friends

Fauna, Flora, and Merryweather

生まれてすぐ、魔女マレフィセントによって恐ろしい呪いをかけられてしまった姫。呪いから守るために農家の娘、ブライア・ローズとして育てられ、本当の自分の身分を知らない。

Merida

My Data

Name　メリダ
　　　　Merida

Place　スコットランド

Friend　アンガス

signature
MERIDA

My Favorite

Thing	Flower
森を駆け回ること	アザミ

"Be brave"
勇敢であれ

Inspired year
1000年代

Best friend

Angus

愛馬で森を駆け回り、弓を射ることが得意なダンブロッホ王国の王女。占いしきたりに反発するも真の勇気で母を救い、家族との強い絆を手に入れた。いたずら好きな3つ子の弟がいる。

Aurora

"Always wonder what's possible"

何ができるのか
いつも思っているの

Inspired year
1300年代

My Data

Name	オーロラ Aurora
Place	西ヨーロッパ
Friends	森の動物たち

signature

Aurora

My Favorite

Thing	Flower
歌って踊ること	ピンクのバラ

Snow White

"Make new friends"

新しい友だちをつくる

Inspired year
1500年代

雪のように白い肌をもつことからこの名前がつけられた。純粋で真っすぐな心をもつ王女。その美しさから継母にねたまれ命を狙われることに。いつか真実の愛を見つけることを夢見ている。

Best friends

Blue Birds

My Data

Name	白雪姫 Snow White
Place	ドイツ
Friends	7人のこびと、青い鳥

signature

Snow White

My Favorite

Thing	Flower
お掃除	リンゴの花

Pocahontas

My Data

Name	ポカホンタス Pocahontas
Place	北アメリカ
Friends	ミーコ、フリット、 柳の木のおばあさん、ナコマ

signature

POCAHONTAS

My Favorite

Thing	Flower
風の声	ヒマワリ

"Respect the Earth"

地球へのリスペクト

Best friend

Meeko

Inspired year
1595-1617

アメリカ先住民族パウアタン族の首長の娘。自然を愛し、その感受性から森の木々とも話ができる。未知なる冒険に心躍らせ、自分で人生を切り開きたいと思っている。

Rapunzel

Inspired year
1650-1815

"Jump into
new adventures"
新しい冒険へジャンプ

Best friend
Pascal

My Data

Name ラプンツェル
Rapunzel

Place 中央ヨーロッパ

Friend パスカル

signature
Rapunzel

My Favorite

Thing	Flower
長い髪	黄色い月見草

約21mもある長く美しい髪をもつ少女。森の奥深くそびえ立つ高い塔に住み、まだ見ぬ世界に憧れをつのらせている。不自由な生活ながらも快活で好奇心旺盛。

Ariel

"Explore new worlds"
新しい世界を探検

Best friends
Flounder

Sebastian

Inspired year
**1600-1700
年代**

人魚の王国で生まれ育ち、陸の世界に興味をもつプリンセス。音楽への情熱もあり、歌うことも大好き。どんな困難な状況でも夢を追い求める勇気と強さがある。7人姉妹の末っ子。

Belle

"It's
what's inside
that counts"
重要なのは外見より内面

Inspired year
1700年代

My Data

Name アリエル
Ariel

Place 地中海

Friends セバスチャン、スカットル、フランダー

signature
Ariel

My Favorite

Thing	Flower
自由	ウミユリ

Cinderella

"Never give up"
決してあきらめない

Inspired year
1800-1840

My Data ♥ ♥ ♥

Name シンデレラ
Cinderella

Place フランス

Friends ジャック、ガス、ブルーノ、
フェアリーゴッドマザー

signature Cinderella

My Favorite

Thing	Flower
魔法	忘れな草

明るく気品があり、誰に対しても優しく接する娘。幼くして両親を亡くし、継母とその娘たちからいじめられるが、前向きな姿勢で夢と希望を忘れずにいる。手先が器用。

フランスの小さな村で父親と暮らす少女。読書家で空想好き。聡明で心優しく進歩的な考えで、広い世界を夢見ている。偏見をもたず、外見に惑わされない思いやりをもつ。

My Data ♥

Name ティアナ
Tiana

Place 北アメリカ（ニューオリンズ）

Friends ルイス、レイ、
シャーロット

signature Tiana

My Favorite

Thing	Flower
お料理	スイレン

アメリカ南部のニューオリンズに住む少女。小さい頃から父親と一緒に料理をしてきたことから、料理が得意。夢は自分のレストランを持つこと。そのため一生懸命に働いている。

Tiana

"You can do anything"
何でもできるのよ

Inspired year
1920年代

My Data ♥ ♥ ♥

Name ベル
Belle

Place フランス

Friends ルミエール、コグスワース、
ポット夫人、チップ、フィリップ

signature Belle

My Favorite

Thing	Flower
読書	赤いバラ

レミーのおいしいレストラン
Ratatouille

パリの高級レストランを舞台に
観るだけでおなかがすくグルメストーリー

かつて5つ星に輝いた、高級レストラン「グストー」が舞台。並外れた味覚と嗅覚をもつネズミのレミーと見習い料理人のリングイニ。何をやってもダメなリングイニに代わってレミーが作った料理はパリっ子の間で評判となり、ついには辛口コメントで知られる料理評論家が来店することに…。原題の『Ratatouille』（ラタトゥイユ）とはトマトやズッキーニなどの野菜を煮込んだ南仏料理のこと。ネズミのRatとかけたタイトルだが、ラタトゥイユはストーリーの重要なカギにもなっている。モデルになったのは、パリ5区にある最高級老舗レストラン。製作スタッフが実際にフランスで料理を食べ、料理講習も受けて臨んだリアリティのある料理も見どころだ。

Data

原案／ヤン・ピンカヴァ、ジム・カポビアンコ、ブラッド・バード
製作／ブラッド・ルイス
製作総指揮／ジョン・ラセター、アンドリュー・スタントン
監督・脚本／ブラッド・バード
作画監督／ダイアン・ブラウン
音楽／マイケル・ジアッキーノ

イーゴの回想シーンで登場する家をよく見ると、映画冒頭のパリ郊外に住むおばあさんの家のキッチンに似ている…とうわさされている。あの銃をぶっ放すおばあさんはイーゴの母親なのかも!?

CHARACTERS

イーゴ
フランス料理界で最も権威ある評論家で恐れられている

スキナー
グスト亡きあとの強欲で傲慢なグスト後任の料理長

アルフレッド・リングイニ
料理はまるでできないがシェフを夢見る

レミー
嗅覚と味覚が鋭く料理の天才のネズミ

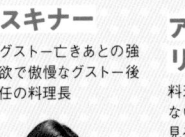

オーグスト・グスト
グストーの創設者。ゴーストになってレミーのもとに現れる

コレット
グストーで働く女性の調理人。リングイニの指導役

SCENE

①料理評論家のイーゴのために腕をふるうレミーはどこにもない、美しいまでのラタトゥイユを作り上げる。家庭料理とバカにしたイーゴだったが…
②リングイニの母親の手紙で秘密を知ったレミーは、その手紙を奪おうとするスキナーから逃れてセーヌ川沿いを疾走する
③数々の辛辣なコメントで知られ、料理業界では恐れられている評論家のイーゴ。おいしいと思った料理しか口にしないポリシーをもつ

①

②

③

Locations
★**エッフェル塔**→ P.132　★**セーヌ川**→ P.133

監督のブラッド・バードは、リングイニのアパートはパリでいちばん安い物件という設定にした。屋根裏部屋のような狭いスペースにたったひとつ、夢を実現するためにパリのすばらしい眺めだけが必要だったという。

レミーのおいしいレストランの舞台

フランス

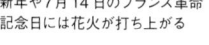

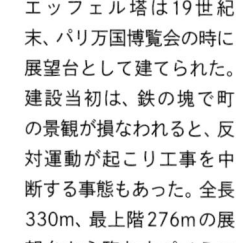

2024年に開催されるパリオリンピック・パラリンピックを前に、あらゆるスポットで改修・新築が行われ、いま世界で注目を集める都市になっているパリ。町の東西を流れるセーヌ川を挟んで北側を右岸、南側を左岸と呼ぶ。物語にも登場する町のシンボル、エッフェル塔は左岸、「グストー」のモデルとされる高級レストランは右岸にある。歴史、芸術、ファッションとパリの魅力は語り尽くせないが、なかでも美食は世界中の人々の舌と心をつかんで離さない。

フランス→P.63

エッフェル塔

🏠 5 Av. Anatole France, Paris
🚇 地下鉄ビル アケム (Bir Hakeim) 駅から徒歩10分、トロカデロ (Trocadéro) 駅から徒歩15分など

塔の足下まで入ることができる。真下から見上げてみて！

新年や7月14日のフランス革命記念日には花火が打ち上がる

パリの町のランドマークになった美しい鉄の塔

エッフェル塔
Tour Eiffel

一度は登ってみたいエッフェル塔。2階まで階段でも上ることができる

エッフェル塔のレストラン
第2展望台のジュール・ヴェルヌ (Jules Verne) という高級レストランではフランス料理が味わえる。ランチ、ディナーともコースのみで公式サイトから要予約。また、最上階の第3展望台にはシャンパンバー (Bar a Champagne) がある。頂上までのチケットが必要。冬期休業あり。

エッフェル塔は19世紀末、パリ万国博覧会の時に展望台として建てられた。建設当初は、鉄の塊で町の景観が損なわれると、反対運動が起こり工事を中断する事態もあった。全長330m、最上階276mの展望台から臨む大パノラマ

ライトアップは日没〜23:45

は必見。1・2階の高級レストランからは眺望を楽しみながら優雅な食事ができる。夜、レミーが屋根の上から眺める先には憧れのパリの町。きらめくエッフェル塔がそびえ立つ。

 エッフェル塔は2022年3月にラジオ用アンテナが設置されて324mから330mになった。日没後のライトアップは毎正時00分から5分間シャンパンフラッシュといわれる点滅で塔全体がキラキラに！

＼ あなたの声をお聞かせください！／

毎月合計３名様
読者プレゼント

１．地球の歩き方オリジナル御朱印帳

２．地球の歩き方オリジナルクオカード（500円）

いずれかおひとつお選びください。

★応募方法

下記URLまたはQRコードにアクセスして
アンケートにお答えください。

URL https://arukikata.jp/bawyug

★応募の締め切り

2024年11月30日

セーヌ河岸はどの季節も美しい

世界遺産にも登録されたセーヌ河岸を歩く

セーヌ川
La Seine

セーヌ川は全長約776kmでパリの町を南北に分けるように流れる。サン・ルイ島からエッフェル塔までの河岸一帯はノートルダム大聖堂、ルーヴル美術館をはじめ、さまざまな歴史的建造物が点在し、「パリのセーヌ河岸」として世界遺産に登録されている。レミーがスキナーから逃れて疾走する河岸は、遊歩道になっていて、本来ならのんびりお散歩にぴったり。セーヌ川の両岸をつなぐ橋には装飾の美しいアレクサンドル3世橋、パリ最古の橋ポン・ヌフなど個性的な橋が多く、渡るだけでも楽しめる。劇中ではカップルが楽しんでいるセーヌ川クルーズもおすすめ。船上から眺めるとパリの別の表情が見えてくるかも。

左／遊覧船 右／美しい装飾のアレクサンドル3世橋

セーヌ川
ブルゴーニュ地方のディジョンの北西部を源流としてパリを経由してノルマンディー地方ルーアンを通りイギリス海峡までの全長約776km。パリでは川の北側を右岸、南側を左岸と呼ぶ。

Travel Tips!

セーヌ川クルーズ
バトー・ムーシュ
乗船場：アルマ橋 Pont de l'Alma 右岸側のたもと
運航：毎日10:15〜22:30、約30分間隔で出航（不定期）

バトー・パリジャン
乗船場：イエナ橋 Pont d'léna 左岸側のたもと
運航：毎日10:00〜22:30、ほぼ30分間隔で出航

ヴデット・デュ・ポン・ヌフ
乗船場：ポン・ヌフ橋 Pont Neuf の中央
運航：毎日10:30〜22:30、ほぼ1時間間隔で出航

家庭料理が極上の一品になったラタトゥイユ

家庭料理として親しまれている煮込み料理のラタトゥイユを芸術品のような美しいひと皿に仕立てたのは、料理監修を担当したアメリカ人のスターシェフ、トーマス・ケラー。レミーのラタトゥイユは、そもそも「コンフィ・ビアルディ」というラタトゥイユの進化形の料理が元ネタという。物語では評論家のかたくなな心を解きほぐし、一瞬にして幼い頃の自分に戻るような、郷愁と驚きに満ちた極上の味わいに描かれている。

一般的なラタトゥイユとは一線を画す、造形美が光るコンフィ・ビアルディ

ディズニーランド・パリの「ビストロ・シェ・レミー」では、あのラタトゥイユを食べることができる。ズッキーニに包まれたラタトゥイユをご賞味あれ（2ヵ月前からの要予約）。

ボルト
Bolt

左／町にラッピングカーが走るほどボルトのドラマは大人気　上／ドラマでもボルトとペニーは名コンビぶりを発揮　下／ペニーに危険が迫るとボルトのスーパーパワーが炸裂！

ニューヨークからハリウッドへ
愛するペニーのもとに帰るための大冒険

ボルトはハリウッドの人気ドラマのスター犬。超高速で走り、遠吠えで衝撃波を巻き起こし、少女ペニーを悪から守るスーパードッグ役だ。だが問題は、ボルトがドラマを現実だと思い込んでいること。そんなボルトが手違いでニューヨークに送られてしまい…。『トイ・ストーリー』監督のジョン・ラセター製作総指揮による、新生ディズニー・アニメーション第1弾。ハリウッドに帰る旅の途中、ボルトは自分がスーパードッグではないと理解するが、ペニーとの絆が奇跡をもたらす。

CHARACTERS

ボルト
人気ドラマ「ボルト」のスター犬。撮影所で育ったので外の世界を知らない

ペニー
ボルトと共演しているティーン女優。ボルトを愛している

ミトンズ
ボルトと一緒に旅をすることになるニューヨークの野良猫

ライノ
ボルトのドラマの大ファンのハムスター

Data

脚本／ダン・フォゲルマン、クリス・ウィリアムズ
製作／クラーク・スペンサー
製作総指揮／ジョン・ラセター
監督／クリス・ウィリアムズ、バイロン・ハワード
音楽／ジョン・パウエル

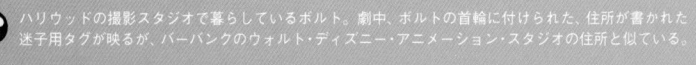

ハリウッドの撮影スタジオで暮らしているボルト。劇中、ボルトの首輪に付けられた、住所が書かれた迷子用タグが映るが、バーバンクのウォルト・ディズニー・アニメーション・スタジオの住所と似ている。

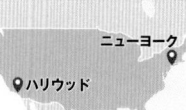

アメリカの東海岸ニューヨークから西海岸ハリウッドまで、ミズーリ、カンザス、ラスベガスを経てハリウッド撮影スタジオまで、アメリカ大陸を横断しながら大冒険するロードムービーが描かれる。道中のアメリカの町、自然にも注目。初めてハリウッドや外の世界を見たボルトと一緒に名所を散歩したい。

数々の映画やテレビの名作が生み出された町

ハリウッド
Hollywood

ハリウッドヒルズ地区にあるサイン

撮影スタジオや製作会社があり、数々の名作映画やスターを生み出した町。劇中ボルトが暮らすトレーラーハウスも撮影スタジオの敷地内の設定だ。ハリウッドの町にはあらゆるエンターテインメント関連の施設があり、その中心にスターの手形・足形があるTCLチャイニーズ・シアターやエンタメ界での功績を称える星形のブロンズが埋め込まれたウオーク・オブ・フェイムがある。運がよければスターに出会えるかも？

上／ TCL チャイニーズ・シアター 下／劇中にはボルトとペニーが描かれた給水塔が登場する

ボルトが配達された都会の町

ニューヨーク
New York

アメリカ東海岸を代表する大都市。ボルトが箱から飛び出たのは、中心部にある繁華街、タイムズスクエア（→P.71）。その後、ハトたちに出会った場所がマディソンスクエア・パーク。すがすがしい緑に噴水、ドッグラン、プレイパークなどがある美しい公園で、日本にも上陸したハンバーガー店、シェイクシャック本店もある。

アメリカ→P.69

ハリウッド
交 ロスアンゼルスのダウンタウンからメトロレイル・レッドラインでハリウッド・ハイランド（Hollywood/Highland）駅まで約 25 分

TCL チャイニーズ・シアター
住 6925 Hollywood Blvd., Hollywood
交 メトロレイル・レッドラインのハリウッド・ハイランド（Hollywood/Highland）駅から徒歩約 3 分

Travel Tips!

旅の途中で見た美しい噴水ショー

巨大カジノが建ち並ぶラスベガスのベラッジオ・ホテルが舞台。実際に、音楽に合わせて花火のように噴水が上がる大迫力のショーを開催している。
住 3600 S. Las Vegas Blvd., Las Vegas

マディソンスクエア・パーク
住 11 Madison Ave., New York
交 地下鉄 23 丁目（23 St）駅から徒歩すぐ

劇中でボルトが空を見上げたシーンはマディソンスクエア・パーク

ラスベガス名物ともいえるのが食べ放題レストラン、バフェ。ほとんどのホテルに併設されており、おいしくて料金もリーズナブル。ボルトたちが見つけたごちそうの残り物もおそらくバフェのものだと思われる。

カールじいさんの空飛ぶ家

Up

大好きだった妻との約束を果たそうと 家をまるごと連れて南米への旅に出る！

冒険家チャールズ・マンツに憧れる、幼なじみのカールとエリー。ふたりは結婚し、いつか一緒に南米にある「パラダイスの滝」に行こうと約束するが、残念ながら先にエリーが他界。78歳になったカールは約束を果たすべく住み慣れた家に無数の風船を結び付け、滝を目指して飛び立つ。そしてひょんなことから少年ラッセルとともに、冒険の旅をすることになる。この作品はディズニー＆ピクサーの10作目で、3Dで製作されたピクサーの初作品。カンヌ国際映画祭のオープニング・ナイトを飾ったことでも話題になった。カールと亡き妻エリーの思い出をセリフなしで描いた約4分間のシーンは大きな共感を呼んだ。

Data

脚本・原案／ピート・ドクター、ボブ・ピーターソン、トーマス・マッカーシー
製作／ジョナス・リベラ
製作総指揮／ジョン・ラセター、アンドリュー・スタントン
監督／ピート・ドクター
共同監督／ボブ・ピーターソン
プロダクション・デザイン／リッキー・ニエルヴァ
音楽／マイケル・ジアッキーノ

アカデミー賞で長編アニメーション賞と作曲賞を受賞。カールが妻を亡くし、現実と向き合うシーンでは画面の色が寒々としているが、新しいキャラクターに出会い色鮮やかになり、作品も輝きを放つ。

CHARACTERS

アルファ
マンツの手下の犬たちのリーダー

ラッセル・キム
近所に住む8歳の少年。突然一緒に南米に向かうことに

カール・フレドリクセン
ひとり暮らしの老人。妻を亡くし78歳で南米に冒険の旅に出る

ダグ
犬グループの落ちこぼれ。カールじいさんについている

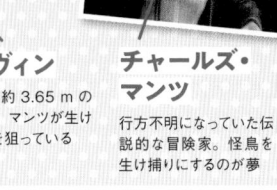

ケヴィン
体長約3.65mの怪鳥。マンツが生け捕りを狙っている

チャールズ・マンツ
行方不明になっていた伝説的な冒険家。怪鳥を生け捕りにするのが夢

SCENE

❶カールとエリーがいつか一緒に行こうと夢に見ていたパラダイスの滝が目の前に。まるで本物の滝のように水が落下していくさまと水しぶきがリアル！ ❷無数の風船を付けたカールの家は風にのって大空に舞い上がり、たまたま旅の道連れとなった8歳の少年ラッセルと南米に到着する ❸ゴツゴツとした不規則な形の岩山で、幼い頃憧れていた冒険家のチャールズ・マンツと彼の犬たちと対面。マンツとの出会いで旅は意外な方向へ

Locations
★ギアナ高地→P.138　★エンジェル・フォール→P.139　★ロライマ山→P.139

怪鳥ケヴィンを制作するにあたり、飛べない大型の鳥についてさまざまな調査を進めた。農場で2頭のダチョウを買ってスタジオで育てたり、動物園でエミューやヒクイドリの研究もしたという。

カールじいさんの空飛ぶ家の舞台

ベネズエラ

カラカス
エンジェル・フォール
ロライマ山
コロンビア
ブラジル

ベネズエラ

★首都：カラカス
★面積：91万2050 km²
★人口：約2795万人
★通貨：ボリバル・ソベラノ
★時差：−13時間
✈日本からの直行便はなし。各都市経由でカラカスまで約27〜35時間

ギアナ高地

✈カラカスから観光拠点となるカナイマまではプエルト・オルダスなどを経由して空路で行くことができるが、治安上ブラジル経由で行くのが望ましい。カナイマを拠点に各ツアーに参加するのが一般的。

どこまでも雄大な風景が広がる

ギアナ高地のオリノコ川流域一帯。広大な台地が広がる

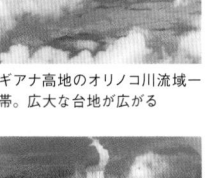
大小さまざまな滝がある

カールとエリーが目指していたのは、ベネズエラにある秘境・ギアナ高地がモデルといわれている。そのシンボルとして有名なのがエンジェル・フォール。「テプイ」と呼ばれる南米のテーブル状の山の垂直に切り立ったどこまでも続く断崖、最高峰のロライマ山など、南米の秘境が現地でロケをしたかのようなリアルさで表現される。カールと少年ラッセルの大冒険とともに美しい風景にも魅了されよう。

ジャングルの神秘に思いをはせたい

ギアナ高地
Mancizo Quayanés

圧倒的な大自然が遠くまでも広がるカナイマ国立公園

ベネズエラをはじめ、ブラジル北部や仏領ギアナなど6つの国と地域にまたがる高原状の山地。1962年にベネズエラの国立公園に指定され、1994年にユネスコの世界自然遺産に登録されているカナイマ国立公園を中心に、

落ち着いた雰囲気のラグーンも

地域によって景観や植生がまったく異なることが特徴。前人未踏のエリアが点在する世界最後の秘境ともいわれている。エンジェル・フォールやロライマ山など見どころが多い。

 近年、情勢の変化に伴い、ブラジルから入国する方法がメインになりつつある。また、2023年6月外務省発表のベネズエラの危険レベルは、不要不急の渡航中止、または渡航中止勧告となっている。

一度は見てみたい圧巻の風景

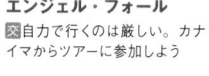
エンジェル・フォール
✕自力で行くのは厳しい。カナイマからツアーに参加しよう

世界最大の落差を誇る滝が天から降り注ぐ

エンジェル・フォール
Salto Ángel

広大なテーブル状の山アウヤンテプイから降り注ぐ、世界最大の落差979mを誇るエンジェル・フォール。1937年にアメリカ人探検飛行家のジミー・エンジェルが発見したことからこの名前がつけられたという。高さがありすぎて、水が地表に届くまでに霧状になってしまうため、滝壺はない。エンジェル・フォール行きのボートツアーで滝の下まで行くことができるほかエンジェル・フォール遊覧飛行などもある。

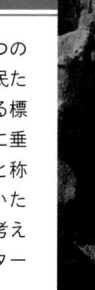

左／自然の雄大さは圧倒的　右／こんな姿も見られるかも

Travel Tips!

ジャングルの植物にも注目！

本作ではジャングルの中に登場する植物を表現するために、ベネズエラの多くの植物が研究されたという。色や形はもちろん、手触りや成長の度合いまで事細かに調べられ、微細に描かれている。

映画の世界がそのまま現実になったような!?

17億年という途方もない時間を刻む聖なる大地

ロライマ山
Mount Roraima

ベネズエラ、ブラジル、ガイアナの3つの国にまたがった国境に位置する。先住民たちに「偉大な山」の名前で愛されている標高2810mのロライマ山。広大な草原に垂直にそびえるその姿から「陸の軍艦」と称され、地殻変動の影響を受けていないため、地球最古の岩盤が残されていると考えられている。トレッキングやヘリコプターで山頂へ行くことができる。

ロライマ山
✕登山は通常6日間のツアーとなる。ヘリコプターで山頂に向かうツアーもあり、どのツアーもキャンプとなる

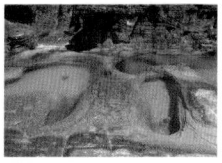

左／天然のプールも見られる　右／水も豊富

ギアナ高地にあるカナイマ国立公園は、1〜4月が乾季、5〜11月が雨季にあたる。降水量は年間3000mmと多く、雨季は毎日のようにスコールが数時間続く。旅をするなら乾季がおすすめ。

プリンセスと魔法のキス
The Princess and the Frog

左／ジャズ誕生の地、ニューオリンズのリズムが随所に感じられる　上／自分の店をもつためデュークの店で働くティアナ　下／セントルイス大聖堂など観光名所が多数登場

音楽と魔法があふれるアメリカ南部の町 ニューオリンズの魅力がたっぷり！

グリム童話の「カエルの王様（カエルの王子）」が原作。舞台は1920年代のアメリカ、ニューオリンズ。少女ティアナは、亡き父の夢でもあった「自分のレストランを開く」という夢をかなえるため一生懸命に働いている。ある日、仮装パーティで出会ったカエルが自分は魔術で姿を変えられた王子だと言い張り、「人間に戻るためキスをしてくれ」と懇願され、仕方なく応じたところ、ティアナもカエルになってしまう…。ディズニー初、アフリカ系アメリカ人のプリンセスが誕生した作品。

Data

脚本／ロン・クレメンツ、ジョン・マスカー、ロブ・エドワーズ
原案／ロン・クレメンツ、ジョン・マスカーほか
製作／ピーター・デル・ヴェッチョ
製作総指揮／ジョン・ラセターほか

CHARACTERS

ナヴィーン王子
マルドニア王国の王子。ハンサムでお調子者

ティアナ
貧しいながらもあたたかい家庭で育つ。自分のレストランを開くのが夢

ファシリエ
邪悪な心をもつブードゥーの魔術師

ティアナが住んでいるのは市の東側にある9区（9th Ward）。一方、ティアナの幼なじみで富豪の娘シャーロットが住むのは、歴史的な大邸宅が並ぶガーデン・ディストリクト（Garden District）という設定。

ディズニー映画のなかでも、実在する場所の再現度が高いと評判の作品。フランス、アフリカ、スペインの文化が融合するアメリカ南部の町、ニューオリンズ独自の空気感が余すことなく描かれている。

ジャズ発祥のエキゾチックな町

ニューオリンズ
New Orleans

ニューヨーク
ロサンゼルス
ニューオリンズ

アメリカ→P.69

ニューオリンズ
✈日本からの直行便はなし。デトロイトやシカゴなどを経由、所要約14〜17時間。フレンチクオーターまで車で20〜40分

フレンチクオーター
🏠 Rampart St., Canal St., Esplanade Ave. に囲まれたエリア

セントルイス大聖堂
🏠 615 Pere Antoine Alley, New Orleans

ランドマークの
セントルイス大聖堂

ルイジアナ州の南、ミシシッピ川の川沿いにあり、「ビッグイージー」とも呼ばれる町。中心は旧市街地のフレンチクオーター。路地にはアメリカ南部料理のレストランやバー、ライブハウスがひしめき合い、夜遅くまでジャズの旋律が響く。ここからティアナのように市電 (Street Car) に乗ったり、ミシシッピ川クルーズなども楽しめる。冬の終わりには世界3大カーニバルのひとつ、マルディグラが開催。町中が紫・緑・金のお祭りカラーで彩られる。

上／アイアン（鉄）レースのバルコニーが印象的
下／町のあちこちで聞こえるジャズ

Travel Tips!

ルイスに出会えるかも!?

郊外のミシシッピ川デルタ地区には、湿地帯（沼地）とそこに細くゆっくり流れる小川（バイユー）が広がる。カエルのティアナたちがワニと出会ったのもこちら。ボートで巡るツアーが人気だ。

ティアナとアメリカ南部料理

ティアナの得意料理は、ニューオリンズ名物の揚げ菓子、ベニエ。フランス語で生地を揚げたものの総称で、サクッと軽いドーナツのようなお菓子。粉砂糖をたっぷりかけて振る舞われる。フレンチクオーターにあるカフェ・デュ・モンドのベニエが有名で、チコリ入りフレンチロースト・コーヒーとのペアリングがおすすめ。また、お父さんが作っていたのは、ニューオリンズを中心としたアメリカ南部の郷土料理ガンボスープだ。

大聖堂から歩いてすぐのカフェ・デュ・モンド

🌏 ブードゥー教はおもに西アフリカの信仰とカトリックが融合した民間信仰で、ニューオリンズで多くの人の信仰を集めていた。フレンチクオーターにはファシリエのお店のモデルになったブードゥー博物館も。

塔の上のラプンツェル
Tangled

新しい世界を見るために塔を下りるヒロイン
空も海も染める"灯り"は未来への旅の道しるべ

森の奥深く高い塔の上に暮らすラプンツェル
は18年間一歩も塔の外に出たことはない。魔
法の髪を持つ少女はオーロラ姫のように自分
が王女であることを知らないヒロインだ。彼
女の心を捉えたのは毎年自分の誕生日に夜空
に現れる不思議な灯り。尽きない好奇心に動
かされ人生最大の冒険と自分探しの旅が始ま
る。ディズニー長編アニメーション第50作記
念作品として公開された本作は、第1作『白雪
姫』と同様にグリム童話の「髪長姫」がベース
だが、大胆な解釈を経てアクションとユーモ
アに満ちたスピード感あふれる作品に仕上
がっている。アラン・メンケンの音楽がヒロイ
ンの夢と呼応して名場面を盛り上げる。

Data
脚本／ダン・フォゲルマン
製作／ロイ・コンリ
製作総指揮／ジョン・ラセター、
　　　　　　グレン・キーン
監督／ネイサン・グレノ、バイロン・ハワード
共同監督／エイミー・スクリブナー
音楽／アラン・メンケン、
　　　グレン・スレーター

長さ約21mの髪をCGで描くため開発されたダイナミック・ワイヤーという技術。髪の構造を模した
147本のチューブを手動で操作し14万本の髪の毛に変えるという膨大な作業で魅力的な髪が誕生した。

CHARACTERS

ラプンツェル
傷を癒やし人を若返らせる魔法の髪を持つ少女

ゴーテル
幼いラプンツェルをさらい、自分の娘として育てた悪女

マキシマス
王国の警護隊長の馬。あだ名はマックス

フリン・ライダー
プレイボーイでお尋ね者の大泥棒。本名はユージーン・フィッツハーバート

パスカル
ラプンツェルの大親友のカメレオン

SCENE

❶約4万6000個のランタンが空に舞う圧巻のクライマックスシーン。一つひとつのランタンには国中の民が王女の帰還を祈願する印である王国のマークが ❷海に浮かび立つ美しいコロナ王国の城。ティアラを盗んだフリンが城から逃げる場面では城と陸をつなぐ堤防を走った ❸「塔の住み心地がよくなければ18歳になる前に逃げ出したに違いない」と製作総指揮のジョン・ラセターが語るように、塔は中も外観もあたたかい雰囲気が特徴だ

①

②

③

Locations
★モン・サン・ミッシェル→P.144　★チェンマイ→P.145

フリンをディズニー映画史上最もハンサムで魅力的な男性主人公にするためスタジオ中の女性スタッフが「ホット・マン会議」に集結。各自お気に入りのイケメン写真を持ち寄って率直な意見が交わされた

塔の上のラプンツェルの舞台

フランス／タイ

フランス→P.63

世界遺産登録件数52ヵ所のフランス。ヴェルサイユの宮殿と庭園、シャルトル大聖堂などとともに1979年に登録されたのがモン・サン・ミッシェルとその湾だ。ラプンツェルの両親が暮らすコロナ王国の城は、海に浮かび上がり、斜面に沿って尖塔が天を突く様子などがこの島に酷似している。クライマックスの灯り（あか）のシーンはタイのチェンマイで行われる祭りローイ・クラトーンそのもの。「北方のバラ」と称される麗しい古都で、プリンセスと同じように願いを込めたランタンを浮かべたい。

モン・サン・ミッシェル

住 50170 Le Mont St-Michel
交 パリのモンパルナス（Montparnasse）駅から鉄道でレンヌ（Rennes）駅へ。そこからバスに乗り継ぎ約3時間30分

モン・サン・ミッシェルの歩き方

王の門から参道にあたるグランド・リュを約20分歩くと修道院にたどり着く。966年に建築が始まり数世紀にわたり増改築を繰り返してきたため、さまざまな建築様式が混在した独特な造りになっている。城壁やガブリエル塔など砦であった頃の様子が色濃く残る島内からは、映画の王国の気配すら感じ取れるかもしれない。

見張り塔であったガブリエル塔は19世紀以降は灯台に

グランド・リュの両側にはホテル、レストランなどが並ぶ

"西洋の驚異"と称される幻想的で気品あふれる修道院

モン・サン・ミッシェル
Mont St-Michel

尖塔には金色に輝く大天使ミカエルの像（1897年エマニュエル・フレミエ作）

年間約250万人もの観光客が訪れるフランス屈指の名所。潮の干満の差が激しいモン・サン・ミッシェル湾に浮かぶ小島は周囲約1km高さ約80mで、対岸から橋を渡るシャトルバスに乗ると約10分で到着する。映画そのままの荘厳な外観を存分に堪能するなら徒歩（約40分）もおすすめだ。昼間も美しいが日没後には最も神秘的な時間が訪れる。暮れゆく空と少しずつライトアップされる修道院とのコントラストに思わず息をのむ。

修道院最上階にある回廊の繊細な列柱

グランド・リュの名物グルメはオムレツ。もともとは巡礼者のおなかを満たすために生まれたという。レストランLa Mère Poulardでは調理実演も名物になっている。**住** Grande Rue, 50170 Le Mont St-Michel

夜空を染める無数の灯り

ラプンツェルが仰ぎ見た光景を求めて美しい北の古都へ

チェンマイ
Chiang Mai

バンコクの北方約720kmに位置するタイ第2の都市。1296年タイ族のメンラーイ王によりピン川のほとりにラーンナー・タイ王朝の都として建設され、タイ北部の言葉で「新しい町」と名づけられた。映画のなかで象徴となる“灯り”を体験できるのは旧暦12月（現在の10～11月頃）の満月の夜にタイ全土で行われるローイ・クラトーン祭りだ。チェンマイではイーペン祭りと呼ばれ、ピン川を流れるクラトーン（灯籠）が天の川のように美しい。願いを込めたコムローイ（紙灯籠）を熱気球のように空に放つイベントも必見で、一斉に浮かび上がる無数の灯りが夜空を漂う景色には震えるほどの感動を覚える。

タイ
- ★首都：バンコク
- ★面積：約51万4000km²
- ★人口：約6609万人
- ★通貨：バーツ
- ★時差：－2時間

チェンマイ
交 日本からバンコクまで約6～8時間。バンコクからチェンマイまで約1時間20分。市内へは車で約15分

ワット・プラ・シン
住 2 Sam Lan Rd., Mueang Chiang Mai, Chiang Mai

左／数人で持つ大きなコムローイ　右／名刹ワット・プラ・シンもライトアップされる

童話「ラプンツェル」の挿絵さながらのホテルに泊まる

ドイツのメルヘン街道にはグリム童話「ラプンツェル（髪長姫）」の挿絵のモデルになったといわれている古城、トレンデルブルク城（Burg Trendelburg）がある。グリム兄弟が長く住んだことでも知られるカッセルから北へ約38kmのトレンデルブルクにあるこの城は、現在は古城ホテルとして営業している。髪を垂らすラプンツェルを思い起こさせる高い塔の最上階からは、360度のビューが楽しめる。またカッセルにはグリムワールド博物館がある。

トレンデルブルク城
住 Steinweg 1 Trendelburg
交 カッセルの(Kassel-Wilhelmshöhe) 駅からホーフガイスマー (Hofgeismar) 駅へ。駅から車で約15分

100を超える寺院があるチェンマイ。金色の仏塔がある上記のワット・プラ・シンをはじめ、15頭の象に支えられた仏塔のあるワット・チェン・マン（Wat Chiang Man）などそれぞれの寺院の仏塔が独創的で見逃せない。

メリダとおそろしの森
Brave

運命を切り拓く究極のプリンセス
神秘に満ちたスコットランドの大自然に心躍る

「メリダは独立心あふれる自然児。この作品はガールパワーへの賛歌」とマーク・アンドリュース監督が語るように、ディズニー＆ピクサー初のヒロインはこれまでのプリンセスの概念を覆すワイルドさをもっている。舞台は太古の魔法が息づくスコットランドの森。弓の名手である王女メリダはしきたりを重んじる厳格な母親とたびたび対立していた。“鬼火”に導かれ魔女の小屋へ来たメリダの依頼は「魔法でお母様を変えて」だった。もうひとりの監督ブレンダ・チャップマンが自分と娘との関係を見つめるなかで生まれたという本作は、母娘が互いを認める勇気をもち、引き裂かれた“言葉”を取り戻す物語でもある。

Data

脚本／マーク・アンドリュース、スティーブ・パーセル、ブレンダ・チャップマン、アイリーン・メッキ
製作／キャサリン・サラフィアン
製作総指揮／ジョン・ラセター、アンドリュー・スタントン、ピート・ドクター
監督／マーク・アンドリュース、ブレンダ・チャップマン
音楽／パトリック・ドイル

 赤毛のカーリーヘアはメリダの自由な心やエネルギーを端的に表すためのデザイン。感情に反応してまるで意思をもっているかのように大きく動く髪をリアルに描くためのプログラムが開発された。

CHARACTERS

おばあさん
森の奥の小屋でクマの木彫りを売っている魔女

アンガス
メリダの愛馬

ファーガス
メリダの父。豪快で陽気な国王

**ハリス、
ヒューバート、
ヘイミッシュ**
メリダのやんちゃな3つ子の弟。お菓子が大好き

エリノア
メリダの母。聡明でエレガントな王妃

メリダ
ダンブロッホ王国の王女。弓の名手

SCENE

❶スコットランドのハイランド地方にあるダンブロッホ王国。城を囲む大自然がメリダの自由奔放で野性味に富んだキャラクターを育んだ　❷弓で的を射ながら愛馬アンガスとともに森を駆け抜けたメリダが向かったのはそそり立つ断崖絶壁から落ちる美しい滝　❸母エリノアと衝突して城を飛び出したメリダはいつの間にか巨石がサークル状に立ち並ぶ不思議な場所に来ていた。そこに現れたのは「見た者を運命へと導く鬼火」

Locations

★ダンノッター城→P.148　★アイリーン・ドナン城→P.148　★カラニッシュ→P.149　★キルト・ロック→P.149

ピクサー初の長編『トイ・ストーリー』へのオマージュとしてすべての作品に登場するピザ・プラネットのトラック。中世が舞台の本作でどのようになるのか？　なんと魔女の作る木彫りの車で登場していた。

メリダとおそろしの森の舞台
スコットランド

カラニッシュ
ルイス島
キルト・ロック
スカイ島 **アイリーン・ドナン城**
ダンノッター城

エディンバラ

スコットランド
★首都：エディンバラ
★面積：約 7 万 8765㎢
★人口：約 543 万 8100 人
★通貨：ポンド
★時差：− 9 時間、サマータイム
期間中は− 8 時間
✈日本からの直行便はなし。ロンドンなどを経由して約 18 ～ 20 時間

ダンノッター城
✈エディンバラから鉄道でアバディーン（Aberdeen）駅まで約 2 時間 40 分。そこからバスで約 50 分のダンノッター・ジャンクション（Dunnottar Junction）から徒歩約 15 分

Travel Tips!

アイリーン・ドナン城
13 世紀頃の築城だが、18 世紀にジャコバイトの反乱で壊され、現在の姿は 20 世紀に修復されたものだ。城の立つ小島と陸地をつなぐ石橋は、メリダが愛馬に乗って駆けるシーンの橋によく似ている。
✈ポートリー（Portree）からバスで約 1 時間 30 分

本棟のバンケティング・ホールには美しいアンティークが飾られている

バグパイプのパフォーマンスなどでも有名な古都エディンバラやスコッチウイスキーの蒸留所巡りが魅力的なアイラ島、ゴルフの聖地として知られるセント・アンドリュースなど旅心をそそられるキーワードにあふれている。なかでも深い森と湖といったスコットランドの神髄を楽しめるのがダンブロッホ王国の設定でもあるハイランド地方だ。国の 6 割を占める広大なエリアで、氷河により形成された地形は変化に富みダイナミック。ルイス島やスカイ島を訪れて映画の世界に浸ろう。

北海の断崖絶壁にたたずむ孤高の要塞
ダンノッター城
Dunnottar Castle

城の周辺には美しい海岸線が続き、ゆったりとした散策が楽しめる

周囲を海に囲まれた断崖に立ち、本土とは一本の細い道のみでつながる様子がまさに美しき砦。17 世紀中頃の清教徒革命中に国王派がスコットランド王の戴冠に使用する三種の宝器を持ち込んだことからも城の守りの堅さがわかる。晴

砦であった形跡を色濃く残す石造りの城壁

天の日も見事だが、曇天の日や夕暮れにミステリアスな雰囲気をまとう景観も見もの。海辺に立つこの城の姿を見て、企画当初は湖畔の設定だったメリダの城を海辺に変更したといわれている。

ウイスキーの起源はゲール語のウイスケ・バーハ（命の水の意）とされており、修道士によってアイルランドからもたらされたという。スペイサイド（Speyside）、アイラ島（Islay）など各地の蒸留所を訪れてみたい。

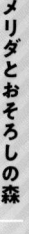
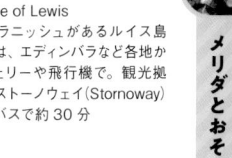

荘厳な雰囲気が漂う

映画のクライマックスを思い出すミステリアスな石柱群

カラニッシュ
Callanish

アウター・ヘブリディーズ諸島ルイス島西部の村・カラニッシュには新石器時代に造られたとされている立石群がある。13本の石柱が立つ中央のストーンサークルを囲み、ケルトのハイクロスのような配列で石が並んでいる。オークニー諸島に残る有名なリング・オブ・ブロッカーと並びスコットランドを代表するストーンサークルだ。夕暮れに染まって神秘的なイメージが深まる石柱も美しい。森の中でメリダが鬼火と出会った場面のストーンサークルにそっくりだ。

造られた経緯や目的などはいまだにはっきりとはわかっていない

カラニッシュ
住 Isle of Lewis
交 カラニッシュがあるルイス島までは、エディンバラなど各地からフェリーや飛行機で。観光拠点のストーノウェイ(Stornoway)からバスで約30分

Travel Tips!

ギアラナン・ブラックハウス・ビレッジ
ルイス島の住民が過去数世紀にわたり住んでいた藁葺の伝統家屋を修復復元したビレッジ。魔女の小屋のモデルはここだとされている。
住 5a Gearrannan, Carloway, Isle of Lewis

垂直に切り立つ断崖絶壁を轟音とともに流れ落ちる滝

轟音とともに流れ落ちる滝はスカイ島の絶景スポット

キルト・ロック
Kilt Rock

玄武岩の柱状節理がスコットランド男性の民族衣装キルトのプリーツに似ていることからこの名がついた。古語ゲール語で「翼のある島」を意味するスカイ島の北東にある高さ約60mの断崖はスコットランドを代表する景勝地のひとつだ。ミールト湖の水が滝となって直接海へ流れ落ちる様子は圧巻で、切り立つ崖との対比が見事だ。映画に登場する滝のモデルだとされている。

スカイ島は本土と橋でもつながっており徒歩でも渡れる。滝の南側に設置されたビューポイントから大自然の造り出した光景を存分に眺めよう

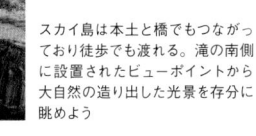

キルト・ロック
住 Portree, Isle of Skye
交 エディンバラから車で島の拠点ポートリー(Portree)まで約6時間。ここからバスでロード・エンド(Road End)まで約25分、そこから徒歩約5分

🌐 メリダの父ファーガスも着用しているキルト(Kilt)。スカートによく似たスコットランド男性の民族衣装で、タータンの柄は氏族独自のもの。映画に登場した王国の氏族たちも各自異なる柄を身に着けている。

シュガー・ラッシュ
Wreck-It Ralph

上／欠陥プログラムのためレースゲーム「シュガー・ラッシュ」の出場を禁じられていたヴァネロペは、新たに作ったキャンディカートでレースに参戦する　右／レースの舞台はすべてがお菓子でできた世界

ガウディ建築をモチーフにしたお菓子の国で繰り広げるレースゲーム

ゲームの世界を舞台にした冒険ファンタジー。1980年代の架空の8ビットアクションゲーム〈フィックス・イット・フェリックス〉の悪役であるラルフは、ゲーム界の住人たちの嫌われ者だ。しかし、本当の自分は悪者ではなく心優しいヒーローだと認めてもらうため、ほかのゲームに侵入してしまう。そこで彼はヴァネロペという自分と同じように孤独な少女に出会うのだった。作中には、日本のゲームキャラクターが多数登場。2018年に続編『シュガー・ラッシュ：オンライン』も公開された。

Data

原作／リッチ・ムーア、フィル・ジョンストン、ジム・リードン
脚本／フィル・ジョンストン、ジェニファー・リー
製作／クラーク・スペンサー
製作総指揮／ジョン・ラセター
監督／リッチ・ムーア

CHARACTERS

ヴァネロペ・フォン・シュウィーツ
好奇心が旺盛な天才レーサー。実はシュガー・ラッシュの王女

ラルフ
ゲームの悪役キャラクターだが、本当は心優しい

フェリックス
ラルフが壊したアパートを修理する

キャンディ大王
シュガー・ラッシュの王様

「ストリートファイター」のザンギエフや「ソニック」のソニックなど、実在のゲームからの友情出演や、日本の原宿にいる女の子をイメージした「シュガー・ラッシュ」のレーサーも話題に。

『シュガー・ラッシュ』のお菓子の国は、アントニ・ガウディの建築がモチーフ。これは、映画のデザインを担当したスペイン出身のクリエーターのローレライ・ボーヴが生み出した世界だ。幼い頃に見て育ってきたガウディ建築の町並みが、彼女の目にはお菓子の家に見えたという経験から作り出されたという。

ガウディ建築が色濃く残るモデルニスモの町並み

バルセロナ
Barcelona

グエル公園のテラスからの眺め

天才ガウディに代表される芸術様式のモデルニスモ建築の町並みが印象的な、スペインを代表する都市。ガウディの手がけたイギリス風庭園が基になっているグエル公園のテラスからは、町が一望できる。エントランス付近には「ヘンゼルとグレーテル」のお菓子の家がモデルになった建物のほか、現在は博物館として開放されているガウディの家なども残されている。

上／公園入り口パビリオン
下／園内の中央階段

スペイン→P.32

バルセロナ
⊠日本からの直行便はなし。各都市を経由して、約19時間30分

グエル公園
⊠地下鉄レセップス (Lesseps) 駅から徒歩約20分

Travel Tips!

ガウディが改装を手がけた住宅

ガウディが改築を手がけた邸宅のカサ・バトリョ。廃棄物のガラスや陶器の破片を装飾に利用した斬新なデザインが特徴。世界遺産に指定されており、トランカディス（下記）も楽しめる。

⊠地下鉄パセジ・ダ・グラシア (Passeig de Gràcia) 駅から徒歩約3分

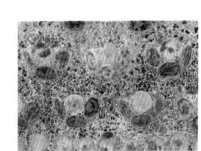

ガウディが愛した装飾方法 "トランカディス"

同作のクリエーターでもあるローレライ・ボーヴが「砕いたアメが家の壁に貼られているみたいだった」と語っているのが、ガウディ建築によく見られる"トランカディス"という装飾方法だ（カタルーニャ語で"壊れたタイル"）。ガウディの建築物は曲線が多く、普通のタイルではうまく貼れないため、タイルを砕いて貼り付ける工法が取り入れられている。グエル公園やカサ・バトリョといった、世界遺産にも選ばれているガウディの傑作建築でも多く見ることが可能だ。

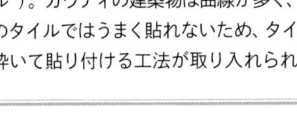

カラフルなキャンディをちりばめたような技法のトランカディスは、色彩の天才ジュジョールが担当した

 映画のなかで各ゲーム間の交流に用いられる中央ターミナル駅、ゲーム・セントラル・ステーションは、アメリカのニューヨークにあるターミナル駅、グランド・セントラル・ステーションがモデルだ。

ディズニー映画の
お城コレクション

プリンセスのお城の中はどうなっているの？　部屋の中は？　そんな疑問に答えて、
憧れのお城を断面図でご紹介！　暮らしぶりもちょっぴりのぞけるかも・・・。

1
シンデレラ

Cinderella's Palace

願えば夢はきっとかなう
シンデレラストーリーの源

東京ディズニーランドではシンボル的
存在のシンデレラ城。白亜で凛とした
たたずまいの姿は、ロマネスク様式や
ゴシック様式などを取り入れ、ドイツ
のノイシュヴァンシュタイン城やフラ
ンスのいくつかの城がモデルといわれ
ている。舞踏会のホールから赤じゅう
たんの大階段へ駆け抜けるシンデレラ
の姿が見えるよう。

Palace Data

建築様式：ロマネスク様式、ゴシック様式	想定立地：フランス、またはドイツ某所

2 国王の書斎

国王の書斎の壁面には白馬にまたがるプ
リンス・チャーミングの肖像画が

1 大階段

12時の鐘に急かされて、脱げてしまった
ガラスの靴が置き去りのままに

3 ドレスルーム

シンデレラの衣装
部屋。美しいドレス
の数々。アクセサ
リーも揃っている

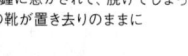

※P.152～159のお城データはモデルとなったお城
や作品の舞台となった地域、プリンセスの出身地や
インスパイアされた時代から想定し、編集部が独自
に作成したものです。

時計塔
お城の最上階にある時計。
舞踏会の夜には無情にも
12時の鐘を鳴り響かせた

③ ドレスルーム

② 国王の書斎

① 大階段

ボールルーム（舞踏室）
シンデレラと王子がダンス
をしたボールルーム。高い
柱とカーテンがゴージャス

2
美女と野獣
Belle's Castle

Castle Data

- 建築様式：ルネッサンス様式
- 想定立地：フランス某所

森の奥深くにひっそりと立つ孤独な野獣が暮らす城

フランスの田舎の村外れ、森の奥深くに、いくつもの尖塔や丸屋根のクーポラをもつ堂々とした造りの城に野獣は住んでいる。その姿はフランスのロワール川沿いの古城シャンボール城を思わせるたたずまい。端正で華麗な特徴をもつルネッサンス様式だが、魔女により魔法をかけられ、まるで粗暴な野獣の暮らしぶりを表すように、外観には人を遠ざける不気味なオーラをまとっている。しかし、内側には豪奢なボールルームや尖塔の一角を占める図書室などのほか、ベルのための暖かな寝室も設えてある。

1 野獣の部屋

家具が朽ち果てた野獣の部屋。人間だった頃の肖像画が見える。今にもしおれそうな一輪のバラも…

2 図書室

尖塔の天井までびっしりと書物が並ぶ図書室。見たこともない本ばかりで、本の虫のベルが夢中になった場所

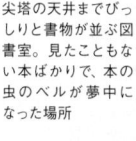

3 ダイニングルーム

城の使用人たちは、思わぬゲストの登場にとっておきのごちそうとユニークな方法でもてなした

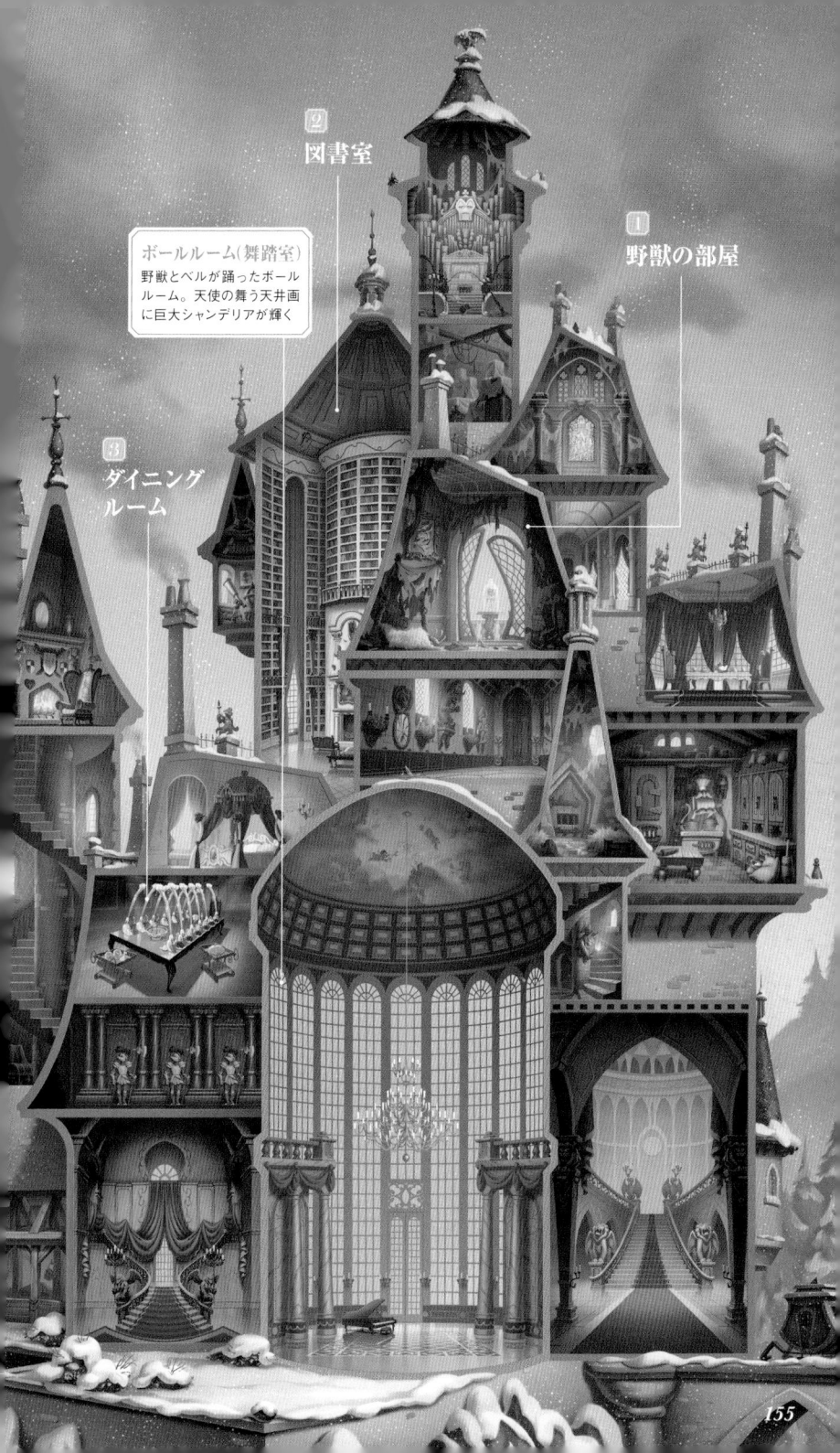

図書室

ボールルーム(舞踏室)
野獣とベルが踊ったボール
ルーム。天使の舞った天井画
に巨大シャンデリアが輝く

野獣の部屋

ダイニング
ルーム

✦ 3 ✦
眠れる森の美女
Aurora's Castle

Castle Data

建築様式： ルネッサンス、
　　　　　 ゴシック様式ほか
想定立地： 西ヨーロッパ

小高い丘に立ち気高さと威厳を合わせもつ城

オーロラの城はルネッサンス様式とゴシック様式などがミックスされており、14世紀頃の中世ヨーロッパの時代を反映させた建築様式になっている。いくつもの高い尖塔、ステンドグラスやアーチ型の天井、建物を支える支柱などに特徴があり、フランスのロワール川流域にあるユッセ城をモデルにしたとされる。劇中ではマレフィセントに呪いをかけられて、いばらに包まれて暗雲が立ちこめる不気味な姿に。マレフィセントとの戦いに勝った王子は尖塔の上へと細い石段を駆け上がり、オーロラの眠る部屋へと急ぐ。

② オーロラの寝室

16歳になって城に戻るオーロラのために調えられた寝室。窓からは王国を見渡す絶景が広がる

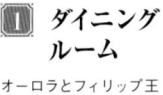

① ダイニングルーム

オーロラとフィリップ王子の婚約を祝う晩餐会が開かれる。オーロラが帰ってくるのを皆は待ち受けるのだが…

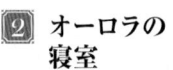

③ 妖精たちの部屋

オーロラを育てた3人の妖精たちの部屋にはお気に入りの色のベッドが！

糸車の部屋
尖塔の一角には糸車が。呪いにかかったオーロラは、ここで指を刺してしまう

② オーロラの寝室

① ダイニングルーム

③ 妖精たちの部屋

✦ 4 ✦
アラジン
Jasmine's Palace

Palace Data

建築様式：タージ・マハル風
想定立地：イラン某所

左右対称の美しい姿にほれぼれ！

ジャスミンの暮らす王宮はインドの世界遺産タージ・マハルがモデルだと考える。タージ・マハルはインド北部アーグラーにある、ムガル帝国第5代皇帝シャー・ジャハーンの妃ムムターズ・マハルのお墓。総大理石の白亜の姿はインド・イスラム文化の代表的な建築で、22年かけて建てられた、世界で最も美しい墓廟のひとつともいわれる。王宮はドーム型の屋根が印象的で、ほぼ左右対称のたたずまいが美しい。地下には金銀財宝がザクザク！　おしゃれなジャスミンの部屋のインテリアにも注目。

1 国王の謁見の間

アグラバーを統治する国王サルタンの玉座がある謁見の間。王宮の中央にある

2 ピロールーム

ジャスミンのくつろぎの部屋。最高級シルクのクッションに囲まれている

3 ジャスミンの部屋

緑と紫で統一されたインテリア。砂漠の寒い夜でも暖かく過ごせるブランケットやラグが

③ ジャスミンの
部屋

② ピロールーム

牢屋
ジャファーがアラジンを閉
じ込めた牢屋。相棒のア
ブーによって助けられる

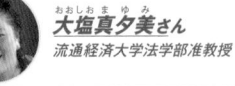

『プリンセスと魔法のキス』で知る1920年代のアメリカ

Profile

大塩真夕美さん
おおしおまゆみ
流通経済大学法学部准教授

玉川大学卒業後、ニューヨーク州立大学を経て、白百合女子大学にて博士号を取得後、現職。専門は、アメリカ富裕層研究、ニューヨーク研究、セレブ研究。趣味は海外旅行、人間観察とおしゃべり。誰にも親しみやすい楽しいアメリカ研究を目指す。

1920年代のアメリカは「ジャズ・エイジ（Jazz Age）」や「狂騒の20年代（Roaring Twenties）」として知られています。第1次世界大戦後、未曾有の好景気のなか、戦時中に社会進出した女性たちは、1920年に参政権を獲得し、名実ともに社会への進出を始めます。それまでは女性の公共の場での飲酒やダンス、また肌を露出するファッションはタブー視されていましたが、「フラッパー（Flapper）」と呼ばれる女性たちが登場し、社会の華やかなシーンでの存在をアピールします。

そんな時代のアメリカ南部ニューオリンズを舞台にしたのが『プリンセスと魔法のキス』。アフリカ系アメリカ人のティアナが、幼い頃からの夢である自分のレストランを開店するまでのお話です。ティアナをはじめ、女性たちが着用している洋服は、どれも体のラインをきれいに見せながらも、それまでの時代に必需だったコルセットを一切使用せず、体のどこも無理やり締め付けない、着心地のよさそうなワンピースです。

1920年代、女性の洋服は、直線的なシルエットで、ウエストラインでさえ腰より少し下、お尻のあたりに位置していました。また女性が着用したコートは「ダ

スターコート」と呼ばれるストレートなロングタイプのもので、乗合馬車や路面電車に乗るときに汚れやほこりから洋服を守るためのものでした。髪形も、女性が行動しやすいよう、ショートスタイルがはやりました。ティアナはミディアムヘアを後ろに束ね、仕事がしやすいようにアレンジしていますが、これも、女性が社会で活躍するための、シンプルかつ機能的な髪形でしょう。

映画のクライマックス、ほんの一場面ですがティアナのプリンセスとしてのドレス姿を見ることができます。多くのディズニープリンセスのように、ウエストから大きく広がる王道のスタイルです。しかし、実際には1920年代のドレスの主流は「ローブ・ド・スティル」と呼ばれる、緩やかなローウエストで裾に向かって自然と広がるスタイルでした。

映画では、ティアナは愛する男性と結婚し、念願のレストランを開店するというハッピーエンドが描かれます。結婚しても家庭に入るだけにとどまらず、夢を諦めず、レストランで幸せそうに働くティアナの姿からは、コルセットを脱ぎ捨て、自らを解き放ち、社会への進出を始めた女性の生きいきとした姿を見ることができます。

夢と魔法の名作50選と舞台

2013 to 2019

アナと雪の女王
Frozen

雪と氷の世界で冒険の旅へ
姉と妹の"真実の愛"が凍った心を溶かす

ディズニー初のダブルヒロイン作品で、主題歌「レット・イット・ゴー」が大ヒット。世界興行収入も当時のアニメーション映画歴代No.1を記録し、アカデミー賞の長編アニメーション賞と歌曲賞をダブル受賞した。アレンデール王国家の姉妹エルサとアナ。触れたものを凍らせてしまう"魔法の力"を隠してきた姉エルサは、その力を制御できず王国を雪と氷で閉ざしてしまう。愛する姉と王国を救うため、アナはエルサの氷の宮殿に向かう…。アンデルセンの「雪の女王」を原作にしたドラマチックなオリジナルストーリー。続編『アナと雪の女王2』では、エルサはなぜ魔法の力を与えられたのかを描き、こちらも大ヒットした。

Data
監督／クリス・バック、
　　　ジェニファー・リー
製作／ピーター・デル・ヴェッチョ
製作総指揮／ジョン・ラセター
脚本／ジェニファー・リー
歌曲／ロバート・ロペス、
　　　クリステン・アンダーソン＝ロペス
音楽／クリストフ・ベック

2019年公開の『アナと雪の女王2』では、エルサにしか聞こえない不思議な歌声に導かれ、一族の過去が解き明かされる。季節を紅葉が美しい秋に設定し、王国を救うためにエルサの魔法の力も存分に発揮される。

CHARACTERS

エルサ
アレンデール王国家の長女。触れるものを凍らせる魔法の力をもつ

アナ
アレンデール王国家の次女。明るく楽観的で大胆な性格のもち主

オラフ
陽気な雪だるま。姉妹をつなぐ大切な存在

ハンス
南諸国の王子。アナと婚約するが…

スヴェン
クリストフの相棒のトナカイ

クリストフ
無骨な山男。山小屋でアナと出会う

❶アレンデール王国は切り立った山に囲まれたフィヨルドにある港町。この景色はノルウェー北部のロフォーテン諸島などで見られる。城はオスロのアーケシュフース城がモデルのひとつといわれている ❷エルサの魔法の力で雪と氷に閉ざされたアレンデールの町。終盤、本来の姿が現れるとカラフルなベルゲンの町並みのよう ❸エルサが作った雪の怪物にアナたちが追い込まれる断崖絶壁。ノルウェーの絶景名所プレーケストーレンに似ている

Locations

★ベルゲン→P.164　★ロフォーテン諸島→P.165　★アーケシュフース城→P.166　★プレーケストーレン→P.167

物語の前半、エルサの戴冠式でアナが「生まれてはじめて」を歌いながら城の門から出てくる場面で、招待客のなかに『塔の上のラプンツェル』のショートヘアのラプンツェルとフリンが！ 探してみて。

163

アナと雪の女王の舞台

ノルウェー

ロフォーテン諸島

ベルゲン
●オスロ

ノルウェー
★首都：オスロ
★面積：約38万6000km²
★人口：約542万1000人
★通貨：ノルウェー・クローネ
★時差：−8時間、サマータイム期間中は−7時間

ベルゲン
✈日本から直行便はなし。コペンハーゲンやアムステルダムなどを経由して約17〜21時間

ベルゲンから
フィヨルド観光へ
ベルゲンはソグネフィヨルド、ハダンゲルフィヨルド観光の拠点。鉄道、バスで各地のフェリー乗り場へ。周遊チケットもある。

ソグネフィヨルドの真ん中の町バレストランドにある聖オラフ教会。エルサが戴冠式を行った教会のモデルといわれている

5大フィヨルドで唯一通年楽しめるソグネフィヨルド。紅葉の秋や冬はまさに映画の世界

正式名称はノルウェー王国。スカンジナビア半島西岸の細長い国土で、北半分は北極圏に位置し、ノルウェー海に面した海岸線は入り組んだフィヨルド地帯になっている。そのフィヨルドと北部のオーロラがノルウェー観光の人気ポイントだ。『アナと雪の女王』のクリエイティブチームはノルウェーに研究旅行に出かけ、その地形や建物、文化などから多くのインスピレーションを受けたという。国中のいたるところに『アナと雪の女王』の世界が広がっている。

アレンデールの町に迷い込んだよう

ベルゲン
Bergen

ブリッゲンの目の前はフェリーやヨットが停泊するベルゲン港

ノルウェー第2の都市であり、フィヨルド観光の拠点としても知られる港町ベルゲン。にぎやかな魚市場や美術館など見どころは満載だが、なかでも港に面したブリッゲン地区は、13〜16世紀にドイツの商人たちが使用

現在はカフェやショップなどでにぎわう

していたカラフルな木造家屋が並び、世界遺産にも登録されている。三角屋根の建物と、町のすぐ後ろに山が迫る景色は、まさにアレンデール王国の町並みが現れたようだ。

ベルゲンは新鮮なシーフードの宝庫。魚市場にはいくつもの露店が並び、イートインを併設した店舗も多いので、サーモンやタラ、ホタテなどをその場で楽しめる。缶詰などの水産加工品はおみやげに。

諸島随一の絶景を誇るモスケネス島レイネ

フィヨルドと切り立った山々の絶景

ロフォーテン諸島
Lofoten

ノルウェーの北部、北極圏に位置するロフォーテン諸島。氷河の浸食により形成された地形は、穏やかな海に切り立った山々が並び、「アルプスの頂を海に浮かべたよう」と形容される。おもにヴォーガン島、ヴェストヴォーゴイ島、フラックスタッド島、モスケネス島の4島からなり、モスケネス島の漁村レイネはロフォーテン諸島でも特に美しい町として知られ、ここからも映画の製作陣はアレンデールの着想を得たといわれている。それぞれの島は橋で結ばれているので、バスもあるがレンタカーでドライブするのもおすすめ。宿泊はホテルのほかに漁師小屋を宿泊施設として改装したロルブーも人気だ。

ロフォーテン諸島
✈ オスロ空港からボードー（Bodø）まで飛行機で約1時間30分。ここから高速フェリーで約3〜4時間

Travel Tips!

**トロムソで
オーロラを見よう！**

ロフォーテン諸島の北、北極圏最大の町トロムソはオーロラウオッチングの拠点として人気。さまざまなオーロラ観賞ツアーも用意されている。

左／雪の山々が幻想的
右／赤い建物がロルブー

氷でできたホテルでエルサの気分を味わおう

氷の部屋に氷のベッド、氷のバー… すべて氷の世界！ スウェーデン北部ユッカスヤルヴィにある世界で最初の氷のホテル。ここを参考に各国でアイスホテルが誕生し、エルサの氷の宮殿のリサーチで映画スタッフが訪れたのが、カナダのケベック・シティ郊外にあるアイスホテル、ホテル・ドゥ・グレイス（Hôtel de Glace）。氷を通した光などを研究したという。ホテル内の見学のみもできる。いずれのホテルも毎年12月に建てられ4月には壊す期間限定。

ホテル・ドゥ・グレイス
🏠2280 Bd Valcartier, Saint-Gabriel-de-Valcartier
✈カナダのケベック・シティから車で約40分

 クリストフや魔法の森に住むノーサルドアは、北欧の先住民サーメがモデルといわれる。かつてはトナカイとともに移動した遊牧民。ノルウェー北部カラショークにサーメの文化を紹介した博物館もある。

ブレーケストーレン
└トロルトゥンガ
ボルグン・スターヴ教会
└アーケシュフース城
オスロ

ノルウェー→P.164

オスロ
✈日本から直行便はなし。コペンハーゲンやヘルシンキなどを経由して約16〜21時間

アーケシュフース城
🚋トラムのコントラシャーレ（Kontraskjaeret）駅下車、徒歩約7分

ボルグン・スターヴ教会
🚌ベルゲンからバスで約4時間

ムンクを生んだ首都オスロにビッグな美術館がオープン
ノルウェーが誇る世界的画家ムンク。その専門美術館が移転して2021年10月に再オープンした。続いて北欧最大の規模を誇る国立美術館が2022年6月にオープン。オスロを訪れたらアーケシュフース城とともにぜひ立ち寄ろう。

ムンク美術館
🏠Edvard Munchs Plass 1, Oslo
✈オスロ中央駅（Oslo Sentralstasjon）から徒歩約5分

オスロ国立美術館
🏠Brynjulf Bulls plass 3, Oslo
🚇地下鉄ナショナルテアトレット（Nationaltheatret）駅から徒歩約7分

オペラハウス近くのウオーターフロントに、13階建てで、世界最大級のムンク美術館が誕生

ノルウェーには『アナと雪の女王』にインスピレーションを与えたスポットがまだまだある。首都オスロやノルウェーが誇る壮大な自然の絶景ポイントなど、映画を観た人なら一度は足を運びたくなるはず。

フィヨルドの入口で国を守る要塞の城
アーケシュフース城
Akershus festning

元要塞だけに堅牢な建物。庭には大砲もある。塔の緑色の屋根も印象的

首都オスロにある13世紀末の古城で、17世紀初期にルネッサンス様式の城に改築された。オスロフィヨルドを見渡す丘に立ち、もともとは首都を守る要塞として建設されたもので、映画のアレンデール城のモデルといわれている。館内の元国王の部屋、広間、礼拝堂、地下牢などは見学できるが、広い敷地内は無料で自由に散策でき、高台に出るとオスロの港町が一望できる。

屋根のフォルムが印象的な伝統の木造教会
ボルグン・スターヴ教会
Borgund Stavkyrkje

ヨーロッパでは石造りの教会が一般的だが、ノルウェーでは11〜12世紀に木造の"スターヴ教会"が数多く建築された。最盛期には1000棟以上あったとされるが、現在では28棟が残るのみ。そのなかでヴァイキング時代を彷彿させる様相で観光客に人気なのがボルグン・スターヴ教会だ。屋根の形や中央の高い塔などがアレンデール城のもうひとつのモデルといわれている。

屋根にはヴァイキング船の守り神、ドラゴンのような飾りが！

 木造のスターヴ教会はオスロの民族博物館にも移築展示されている。また、フロリダのウォルト・ディズニー・ワールドのエプコットのノルウェー館にも、スターヴ教会を再現した展示館がある。

600mの断崖絶壁はフィヨルド観光のハイライト
プレーケストーレン
Preikestolen

5大フィヨルドのひとつ、リーセフィヨルドの観光のハイライト。ノルウェー語で「教会の説教壇」という意味をもち、アクセスは登山口のプレーケストール・ヒュッテから約2時間の山道を自力で登るのみ。柵もない、600mの断崖絶壁から見下ろすフィヨルドの景色はスリリングかつ圧巻だ！

アナとクリストフは雪の怪物に追われ、ここから飛び降りた!?

険しい山道を4時間以上登った者だけの感動！
トロルトゥンガ
Trolltunga

プレーケストーレンと並ぶ絶景ポイントが、トロルトゥンガ。高さ700mの絶壁に突き出た岩盤には柵もなく、先端まで行くのは足がすくむほどスリル満点。映画ではアナとハンス王子が「とびら開けて」でダンスをするシーンで、この岩場とそっくりな場所が登場した。

アクセスはこちらも山道を登るのみ

プレーケストーレン

✕拠点となるスタヴァンゲル（Stavanger）から直通バスまたはフェリーとバスで登山口のプレーケストール・ヒュッテ（Preikestolenhytta）まで約1時間30分。そこから約2時間のトレッキング。フェリーで真下から見るならスタヴァンゲルから往復フェリーもあり

トロルトゥンガ

✕ベルゲンから拠点となるオッダ（Odda）までバスで約3時間、オッダから登山口のシェゲドール（Skjeggedal）までバスで約30分。そしてプレーケストーレンよりさらにハードな山道を4時間以上のトレッキング。日帰りは厳しいので、オッダでホテルを予約したほうがいい

Travel Tips!

少し寄り道して
ツヴィンデの滝へ

映画に出てきた滝のモデルといわれるのがツヴィンデの滝（Tvindefossen）。若返りの滝としても有名で、オスロとベルゲンを結ぶ幹線道路沿いにあり、鉄道のヴォスVoss駅からもバスで約20分。

『アナと雪の女王2』ではフィンランドやアイスランドへも

『アナと雪の女王2』でも製作チームは何年にもわたる調査旅行を敢行。ノルウェーだけでなく、フィンランド、アイスランドにも足を運び、そこから得たインスピレーションを物語とアートの両面に生かしたという。ノルウェーとフィンランドの森では森に暮らす"隠れた人々（精霊）"を、アイスランドでは自然が猛威を振るう場所を体感。映画の風、火、水、大地の4つの精霊のキャラクターも北欧の民話や神話、伝説に由来しているという。

アイスランドの黒砂のビーチ。映画の中盤、エルサが「アートハラン」に向かうダークシーはここがモデルとか

🌍 トロルトゥンガ（トロルの舌）の「トロル」は、ノルウェーに伝承される妖精トロルにちなんだもの。『アナと雪の女王』でリヴィング・ロックの谷に住む岩のような妖精たち「トロール」もここからきている。

プレーンズ
Planes

左／世界1周レースに挑戦するダスティ　上／ダスティをレーサーに導いた飛行教官スキッパー　下／続編ではダスティがピストン・ピーク国立公園で山火事と戦うレスキュー隊に

アメリカ中西部に残る、古きよき、そして優しき者たちの物語

ピクサー作品『カーズ』のスピンオフとして、ディズニートゥーン・スタジオが製作。自動車のキャラクターに飛行機のキャラクターが加わった世界のなかで、農薬散布機として働きながらもエアレースパイロットに憧れるダスティ・クロップホッパーの物語。晴れてエアレースパイロットになったダスティの世界1周レースでの活躍を描く。翌年には続編『プレーンズ2／ファイアー＆レスキュー』が公開され、レスキュー隊に入隊したダスティの奮闘が展開。山火事シーンのリアルさに驚く。

Data

監督／クレイ・ホール
製作／トレイシー・バルサザール＝フリン
製作総指揮／ジョン・ラセター
脚本／ジェフリー・M・ハワード
音楽／マーク・マンシーナ

CHARACTERS

世界一のレーサーを夢見る農薬散布飛行機

ダスティ・クロップホッパー

スキッパー
退役軍人でダスティを指導する伝説の飛行教官

チャグ（左）
ダスティの親友の燃料トラック

ドッティ
メカニック兼フォークリフト

2作目は、1作目から一転して本格ディザスタームービーとなっている。とりわけ冒頭のテロップや給水塔を壊すシーンなど、1974年公開の『タワーリング・インフェルノ』へのオマージュを強く感じる。

『プレーンズ』の世界観に浸るには、まず本物の飛行機を目にすることが一番だ。身近に見ているとだんだん擬人化したくなるのは、すべての乗り物の特徴ともいえる。できればクルマを借りて、作品の舞台となったアメリカ中西部を走らせれば、ダスティが感じた爽快感を味わうことができるだろう。

ヨセミテ国立公園　ニューヨーク
プレーンズ・オブ・フェイム
航空博物館

アメリカ→P.69

プレーンズ・オブ・フェイム航空博物館
🏠 14998 Cal Aero Dr., Chino
🚗 ロスアンゼルスから車で約1時間

ヨセミテ国立公園
🚗 サンフランシスコから車で約4〜5時間。バス、列車の場合は観光拠点のマーセドまでバスで約4時間、列車で約3時間

Travel Tips!

ダスティが守っているトウモロコシは…

製作スタッフはノースダコタからミネソタをドライブし、ダスティが暮らすプロップウォッシュ・ジャンクションのイメージを探したという。ちなみに、なぜトウモロコシを育てるかというと、エタノールを生産し、溶剤や燃料にしている、という設定になっている。

プレーンズ | Planes

映画の監督もロケハンに訪れたという
プレーンズ・オブ・フェイム航空博物館
Planes of Fame Air Museum

F4U コルセア

『プレーンズ』に登場する飛行機は、モデルとなった複数の機体をミックスしたものがほとんどだが、スキッパーは第2次世界大戦時に活躍したF4Uコルセアそのままのデザインと思われる。飛行可能なこの機体がある博物館は世界に複数あるが、監督も訪れたというカリ

ゼロ戦。コルセアとともに飛行可能機体を保管

フォルニア州チノ空港内のこの施設がおすすめだ。というのも、オリジナルの栄エンジンを搭載して飛行可能な世界唯一のゼロ戦があるからだ。実際に飛んでいる姿を見られる航空ショーもあるので、公式サイトでスケジュールを確認して出かけよう。

ヨセミテの風景に、岩の形がエンジンのピストンになっていたりするのが映画の「ピストン・ピーク」

ピストン・ピーク国立公園のモデルはここ
ヨセミテ国立公園
Yosemite National Park

2作目の舞台であるピストン・ピークは、ヨセミテ国立公園とイエローストーン国立公園がモチーフであることはエンドクレジットから確認できるが、全体としてはヨセミテをベースにしているようだ。渓流が流れる広大な渓谷に巨大な岩壁が連なる圧巻の風景は世界遺産にも登録されている。

本作序盤のレースのスタイルやダスティの主観映像などは、2003年から2019年まで行われていた「レッドブル・エアレース」から引用している。2023年10月、「エアレースX」として復活した。

169

ベイマックス
Big Hero 6

サンフランシスコと東京が融合
ハイテク都市をケア・ロボットの愛が包む

ウォルト・ディズニー・スタジオ初の本格ヒーローアクション。マーベル・エンターテインメントが傘下に入ったのを機に、マーベルがまだ映像化していない作品を発掘しアニメ化。架空のハイテク都市、サンフランソウキョウを守るため、ヒーローチームを率いることになる孤独な天才少年、ヒロ・ハマダの物語。謎の事故死を遂げたヒロの兄タダシが作った、ヒロの心と体を癒やすケア・ロボット、ベイマックスのコミカルで天然系のかわいらしさと、スピーディなヒーローアクションが融合した新しいジャンルの作品だ。公開後も人気は衰えず、2020年、東京ディズニーリゾートにアトラクションも誕生した。

Data
原作／マン・オブ・アクション「Big Hero 6」
製作総指揮／ジョン・ラセター
製作／ロイ・コンリ
監督／ドン・ホール、
　　　クリス・ウィリアムズ
脚本／ジョーダン・ロバーツ、
　　　ダニエル・ガーソン、
　　　ロバート・L・ベアード
音楽／ヘンリー・ジャックマン

 原作は1998年に『X-MEN』のスピンオフとして描かれた作品をスタートに展開されたもので、舞台は現実世界の東京。登場人物もすべて日本人。キャラクター名などはかなり本作品にも踏襲されている。

CHARACTERS

ワサビ

プラズマを研究。見かけによらず几帳面

ハニー・レモン

化学のエキスパート。前向きでハッピー

ヒロ・ハマダ

14歳にしてロボット工学の天才

ベイマックス

タダシが作ったケア・ロボット。空気で膨らんだビニールの外郭

フレッド

怪獣マニアで着ぐるみ好き。実は実家は大金持ち

ゴー・ゴー

電磁サスペンションを研究。運動神経抜群

ヒロはベイマックスや仲間たちとヒーローチームを結成して町を救う

❶サンフランソウキョウの摩天楼。地形や町並み、特徴ある建造物はほとんどサンフランシスコをベースに、ディテールのデザインに東京（日本）の要素をブレンドしてできたのがサンフランソウキョウだ ❷幼い頃に両親を亡くしたヒロとタダシが住んでいるキャスおばさんの家。心配性で優しいキャスおばさんはふたりにとって大事な存在 ❸ヒロがベイマックスに乗って空を飛んだ大通りには、寿司屋の広告塔やカニ料理店、家電量販店などが並ぶ

❶

❷

❸

Locations

監督たちがロボット工学リサーチのために訪れたカーネギーメロン大学で、歯磨きなどの介助をする、空気で膨らんだビニール製のアームを見たことが、ベイマックスのキャラ設定の決め手になったという。

ベイマックスの舞台

アメリカ／日本

ニューヨーク
サンフランシスコ
ロスアンゼルス

アメリカ→P.69

サンフランシスコ
✈日本からサンフランシスコまで直行便で約9時間30分

セールスフォース・タワー
月に1回、不定期に一般公開されている。
🏠 415 Mission St.,
San Francisco

アルカトラズ島
ヨウカイが潜む孤島は、元刑務所のアルカトラズ島がモチーフ。
✈ピア33からアルカトラズ・クルーズ・フェリーで約15分

フェリービルディング
映画冒頭に登場する船着場も、フェリービルディングそのまま。
🏠 1 Ferry Building,
San Francisco

舞台となるサンフランソウキョウは、名前のとおり、サンフランシスコと東京が融合した町。この町には「日系移民が1906年のサンフランシスコ地震の後、地震発生時に移動を可能にする技術と、その適応力を生かしてその場所を再建した」という裏設定がある。これが町の骨格はサンフランシスコで、ディテールが東京（日本）である理由だ。とはいえ東京にも、ベイマックスがのんびり歩いている姿をイメージして散策できる場所はある。

ヒッピー、IT、新カルチャーの発信地

サンフランシスコ
San Francisco

中央にある高いビル、セールスフォース・タワーは、シーザー・ペリによる設計

『ベイ・マックス』の舞台にふさわしく、先進的でリベラル、多様性を認める町。サンフランシスコ・ベイエリア（→P.92）に属する。公共交通機関が発達し、コンパクトで歩きやすい。ここで紹介している場所はほぼそのま

シンボルのゴールデンゲートブリッジ

ま映画に登場する。ほかにも、サンフランソウキョウ工科大学があるとされるプレシディオと呼ばれるエリアには、ウォルト・ディズニー・ファミリー博物館（→P.14）もある。

ほぼそのままの形で作品に登場する東京のスポットは、ヒロとベイマックスが訪れる警察署が東京駅丸の内駅舎の一部、摩天楼のビルの上に東京タワー、エンディングロールに登場する中央線の奥に今はな ▶

ビクトリア調の建物が並ぶヒッピー文化発祥の地

ヘイトアシュベリー
Haight Ashbury

サンフランシスコ市内にあるゴールデンゲートパークの東側にあるのがヘイトアシュベリー。1960年代のヒッピームーブメントが始まった場所で、現在も当時の面影を色濃く残す個性的な町並みが人気。ヘイトストリートとマソニックアベニューの交差点にヒロが住むキャスおばさんの家のモデルになった建物があり、ブティックやカフェが数軒入居している。またここから車で約5分のところには、エンディングロールに登場するカラフルな家々が並ぶ通り、アラモスクエアもある。

左／古着屋や雑貨店も多
右／アラモスクエア

混沌と整頓が同居する不思議都市

東京
Tokyo

『ベイマックス』には冒頭で記したような裏設定があるため、東京には映画と完全に同じという場所は少ない（詳しくは欄外参照）が、愛宕グリーンヒルズの設計者がセールスフォース・タワーと同じ人物で外観がそっくりなうえ、江戸時代から続く青松寺という古刹に隣接しており、現実世界でサンフランソウキョウの雰囲気を味わえる数少ないスポットといえる。東京〜内幸町にわたって続くれんが作りのガード下では、数寄屋橋付近がベイマックスが歩いたガード下にいちばん似ている。東京駅丸の内駅舎はサンフランソウキョウの警察署のモデルと思われる。

左／東京駅の丸の内駅舎、右／れんがのガード下、数寄屋橋付近

ジャニス・ジョプリンも暮らした町

ヘイトアシュベリー

🏠 Oak St. と Frederic St.、Clayton St. と Masonic Ave. に囲まれた周辺。中心は Haight St. と Ashbury St. の交差点
🚌 ユニオンスクエアからミュニバスに乗り Haight & Masonic Sts あたりで下車

アラモスクエア

🏠 Hayes St. & Steiner St., San Francisco
🚌 ユニオンスクエアからミュニバスに乗り Mcallister & Pierce Sts あたりで下車、徒歩約7分

Travel Tips!

ベイマックスの顔は神社の鈴

スタッフはこう公言しているが、どこの神社とまでは言及していない。ただ、日本公開時、興行の神、新宿・花園神社にベイマックスが日本人声優陣とともに参拝している。
🏠東京都新宿区新宿5-17-3

愛宕グリーンヒルズ

シーザー・ペリの設計。東京タワーからも歩いてすぐの場所。
🚌都営三田線・御成門駅から徒歩約3分、東京メトロ日比谷線・神谷町駅から徒歩約4分

い東宝ツインタワービルがあるので数寄屋橋ガードであることがわかる（ただし数寄屋橋に中央線は走らない）。また、ヒロがマイクロボットのデモで作る建物の形が東京スカイツリーに似ている。

2015

インサイド・ヘッド
Inside Out

左／5人の感情たちはライリーの頭の中の司令部と呼ばれる場所に　上／家族でアイススケートを満喫　下／引っ越しの途中、ゴールデンゲートブリッジに心躍らせるライリーだったが…

ミネソタからサンフランシスコへ
少女と彼女の感情たちの成長を描く！

ピート・ドクター監督の、思春期を迎えた自分の娘の頭の中で何が起きているのだろうか？　という疑問から生まれた、ピクサー長編アニメーション20周年記念作品。物語の主人公は、11歳の少女ライリーの頭の中の住人である"感情たち"だ。父の仕事の都合で、生まれ育ったミネソタを離れ、大都会サンフランシスコへ引っ越すことになったライリー。新しい生活に戸惑う彼女の頭の中では、感情たちも大混乱。そんなとき、ライリーの感情を操作する司令部で問題が発生してしまう。

Data
監督／ピート・ドクター
共同監督／ロニー・デル・カルメン
脚本／ピート・ドクター、メグ・レフォーヴ、ジョシュ・クーリー
製作／ジョナス・リベラ
製作総指揮／ジョン・ラセター

CHARACTERS

ヨロコビ（左）
カナシミ（右）
ライリーの頭の中に住む、喜びと悲しみの感情

ライリー
アイスホッケーが得意な女の子

ムカムカ（左）
イカリ（中央）
ビビリ（右）
嫌悪、怒り、恐れの感情たち

174　アメリカではライリーの嫌いな食べ物はブロッコリーだが、日本語吹替版では親近感を与えるためにピーマンに。また、感情たちの名前も世界各国の言語で、それぞれの感情を表す言葉がつけられている。

ライリーが育ったのは、世界4大河川のひとつである
ミシシッピ川の源流を有するミネソタ州の田舎町。
同州は2018年に"全米で最も人々が幸せを感じる州"
にも選出されており、ライリーの特別に残しておき
たい記憶として「家族の島」が作られたのも納得。

ミネソタ
ニューヨーク
サンフランシスコ

アメリカ→P.69

ミネソタ
✈日本から直行便で約11時間
30分。それぞれの市街地へは
車やバスで約15～20分

水と緑が織りなす大自然と都会の調和
ミネソタ
State of Minnesota

町の中心を雄大に流れるミシシッピ川

ミネソタの中心といえるのが、ミネアポリス（写真上）とミシシッ
ピ川を境に広がるセントポールという隣り合うふたつの都市。「ツ
インシティ」とも呼ばれている。ともに水と緑の美しい自然に寄
り添い、全米でも有数のアート＆
カルチャーの町としても知られ
ている。また、アイスホッケーが
盛んで、冬になると1万以上ある
ミネソタの湖が凍り、公園にも無
料のアイスリンクが設置される。
ライリーもこういった場所でプ
レイしていたのかもしれない。

冬は－20度を下回る日も。氷が張っ
た公園や湖で住民たちがホッケーなど
を楽しんでいる

Travel
Tips!

アイスホッケーの
試合を観戦してみよう
ミネソタに本拠を置く
NHLチームはミネソ
タ・ワイルド。ホーム
はセントポールにある
エクセル・エナジー・
センターのアリーナ。
プロだけでなく、高校
生や大学生の試合も
人気がある。
🏠199 W. Kellogg Blvd.,
St. Paul

ライリーがミネソタから引っ越したのはサンフランシスコ
車でサンフランシスコへと向かうシーン
では、ゴールデンゲートブリッジや坂の多
い町並み、ケーブルカーといったサンフラ
ンシスコの観光名所も描かれている。ま
た、世界で最も曲がりくねった道として観
光客に人気があるロンバードストリート
（写真右）も登場。映画のシーンでも、本
物同様に坂を車で下ろうという人で混雑

していた。通りでは、時速5マイル（時速
8km）以下での走行が推奨されている。

傾斜が28度も
あるため、車で
上り下りができ
るようにカーブ
をいくつも作っ
た。現在は下り
専用の車線だ

🌐 ミネソタはアメリカを代表するミュージシャン、ボブ・ディランとプリンスのふたりが生まれ育った場
所としても有名だ。ミネアポリスのダウンタウンにはボブ・ディランの壁画もある。

ファインディング・ドリー
Finding Dory

左／ナンヨウハギのドリーは自分に家族がいたことを思い出す　上／アシカなど、カリフォルニアに生息する海洋生物がリアルに描かれる　下／おもな舞台になっている海洋生物研究所

幼い頃はぐれた家族を探せ！
アメリカ西海岸カリフォルニアへ大冒険

『ファインディング・ニモ』の続編で、ニモ探しの旅から1年後の物語。ドリーは、あの日以来ニモたちとグレートバリアリーフの珊瑚礁で暮らしている。ある日、ドリーは自分にも家族がいて幼い頃にはぐれてしまったことを思い出す。ドリーは家族を探すため、ニモとマーリンと一緒にアメリカのカリフォルニアに向かう…。前作から13年が経過。CGでの水中の描き方がさらに進化しているだけでなく、当時は技術的に不可能だったというタコのキャラクターも登場。こちらの描写も見逃せない。

Data
監督／アンドリュー・スタントン
共同監督／アンガス・マクレーン
製作総指揮／ジョン・ラセター
製作／リンジー・コリンズ
脚本／アンドリュー・スタントン、ヴィクトリア・ストラウス

CHARACTERS

ドリー
（ナンヨウハギ）
明るく前向きだが、
極度の忘れんぼう

ベイリー
（シロイルカ）
特殊能力を
使える男の子

デスティニー
（ジンベエザメ）
視力が弱く泳ぐの
が苦手な女の子

ハンク
（ミズダコ）
7本足のミステリ
アスなミズダコ

 前作でニモの声を演じたアレクサンダー・グールドは22歳になり声変わりをしていたことから、今作ニモはヘイデン・ローレンスが担当。アレクサンダーはクリーブランドに魚たちを運ぶ運転手役で登場。

舞台はアメリカ西海岸、カリフォルニア州にある風光明媚な町、モントレー。昔は漁業で栄えた港町だったが、現在は観光地として多くの人々が訪れる。モデルになった水族館には、ピクサーのクリエイティブスタッフがたびたび訪れて、展示だけでなくバックヤードやダクトなども細かく調査したとか。

サンフランシスコ　ニューヨーク
モントレー
ロスアンゼルス

アメリカ→P.69

モントレーベイ水族館
住 886 Cannery Row, Monterey
交 サンフランシスコ市内から車で約2時間

多様な海洋生物に出会える全米有数の水族館
モントレーベイ水族館
Monterey Bay Aquarium

海岸沿いの岩場にある

Travel Tips!

カリフォルニアの宝石、モロベイ

ドリーが思い出したモロベイも実在する町。モントレーの南PCH沿いにあり、丸い巨岩のモロロックがシンボル。時間がゆったり流れ、古きよき港町の雰囲気が感じられる。

交 サンフランシスコ市内から車で約4時間

アメリカ西海岸カリフォルニア州、サンフランシスコとロスアンゼルスの間にある港町、モントレー。こちらに作品の「海洋生物研究所」のモデルとなった水族館がある。広い館内は約770種類もの生物が展示されており、生き物たちと触れ合えるタッチプールもある。海洋生物の保護にも力を入れており、いたるところで物語を体感できそう。ニモのモデルになったカクレクマノミとドリーのモデルになったナンヨウハギが同じ水槽で泳ぐ展示は必見。

上／湾には野生のアシカやラッコが生息　下／もともとイワシの缶詰工場だった

全長約1056kmとカリフォルニア州で最長の道路

カリフォルニアの海岸線を結ぶ
パシフィック・コースト・ハイウェイ
Pacific Coast Highway (PCH)

サンフランシスコとサンディエゴの海岸線を走る州道1号線。全米でもトップクラスの絶景が楽しめるドライブルートで、モントレーベイ水族館もこの道路沿いに位置する。物語のクライマックスでトラックに残るドリーとハンクが走った道路はこちらからインスパイアされたと思われる。

字幕版では名女優シガニー・ウィバーが本人役として出演。シガニーはサンフランシスコにあるカリフォルニア科学アカデミーのプラネタリウムでナレーターをしているなどの理由から出演依頼したとか。

ファインディング・ドリー ｜ Finding Dory ｜

ズートピア
Zootopia

左／反発し合っていたジュディとニックだが、少しずつお互いを理解していく　上／サハラ・スクエアに立つ、ヤシの木のホテル　下／サバンナ・セントラルには小動物が暮らすエリアも

ドバイやニューヨークなど
さまざまな地域で多様性の国ズートピアを表現

さまざまな動物たちが暮らす大都会ズートピアで繰り広げられる、コメディ・アドベンチャー。ウサギ初の警察官となったジュディは、自分の力を証明するために詐欺師のキツネのニックと手を組み、事件解決に挑む。また本作は、動物たちを通じて人間の世界を描いた作品でもあり、ハワード、ムーアの両監督は「ズートピアの住人は、さまざまな違いからくる偏見のなかで生きている。その違いを個性として認め合えたら、人生はもっと豊かになるでしょう」と、メッセージを送っている。

Data
監督／バイロン・ハワード、リッチ・ムーア
共同監督／ジャレド・ブッシュ
製作／クラーク・スペンサー
製作総指揮／ジョン・ラセター
脚本／ジャレド・ブッシュ、フィル・ジョンストン

CHARACTERS

ジュディ・ホップス
行動的でがんばり屋、正義感も強いウサギ初の警察官

ニック・ワイルド
ズートピアを知り尽くし、広い情報網をもつ詐欺師のキツネ

ボゴ
ジュディが勤めるZPDの署長。スイギュウ

ベルウェザー
ズートピアの副市長であるヒツジ

サハラ・スクエアとツンドラ・タウンは隣接する区域。これは自然の摂理に適った配置で、境界の壁には大きな空調設備があり、ツンドラ・タウンを冷やした廃熱でサハラ・スクエアを熱しているのだ。

ニューヨーク、サンフランシスコ、ロスアンゼルスといった大都市の要素が含まれているズートピアの町。市内は気候や暮らす動物たちにあわせて、サハラ・スクエアやツンドラ・タウンといったいくつかのエリアに分けられており、モデルとなった都市は世界各地におよんでいる。

急速な発展を遂げる世界でも有数のリゾート地

ドバイ
Dubai

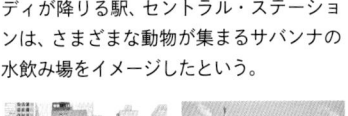
160階建てのバージュ・ハリファは展望台も人気

砂漠の動物たちが暮らすサハラ・スクエアは、ドバイとモンテカルロ（モナコ）をもとにデザインされたという。電車に乗ってズートピアへ向かうジュディが眺めるサハラ・スクエアの景観は、砂漠の奥には高層ビルが立ち並ぶドバイそのものだ。ドバイにはきれいな海に砂漠、レジャー施設、ショッピングセンターと何でも揃っており、独持の空間をつくり出している。世界一高い建築物のバージュ・ハリファは、サハラ・スクエアに登場するヤシの木のホテルのようだ。

ドバイから車で約1時間ほどで砂漠が広がる

ドバイ○
アブダビ●

アラブ首長国連邦

★首都：アブダビ
★面積：約8万3600km²
★人口：約989万人
★通貨：ディルハム
★時差：5時間

ドバイ

✈日本から直行便で約11時間。市内へは空港から車で約10～30分

バージュ・ハリファ

🏠 1 Sheikh Mohammed bin Rashid Blvd., Dubai

Travel Tips!

世界でも有数の規模を誇る動物園

動物たちの生態を徹底的に観察した製作陣。参考にしたのがカリフォルニアのサンディエゴ動物園だという。園内には約700種、1万4000頭の動物が飼育されている。

🏠2920 Zoo Dr., San Diego

徹底的にリアルな動物たちにこだわった町づくり

寒冷地域の動物たちの住むツンドラ・タウンはロシア建築のようなタマネギ状の屋根の建築物が並び（写真右）、小動物が暮らす地域のリトル・ローデンシアはニューヨークのブルックリン（写真左）の町並みが参考になっている。また、レインフォレスト地区は、ブラジルの熱帯雨林がモデルだ。『ズートピア』のオープニングでジュディが降りる駅、セントラル・ステーションは、さまざまな動物が集まるサバンナの水飲み場をイメージしたという。

サンディエゴ動物園のほかにも、映画の制作チームはフロリダのウォルト・ディズニー・ワールド・リゾートのディズニー・アニマルキングダム（→P.24）や、野生動物の宝庫・ケニアへ足を運んだ。

モアナと伝説の海
Moana

南太平洋に浮かぶ島々の海の青さと文化に出合う

南の島モトゥヌイの村長の娘モアナは海に心ひかれる16歳の少女。島には珊瑚礁の外には出てはいけないという掟があり、航海が禁じられているが、あるできごとで村に大きな問題がもち上がる。はるか昔に島を造り、動植物を生んだ女神テ・フィティの〈心〉を半神半人のマウイが盗んでしまったために島のあらゆるものが死滅しようとしている…。モアナは大好きな海を味方に人々を救うために冒険の旅に出る。この作品の準主役のような存在で見応えを感じさせてくれるのは「海」。まるで生き物のように立ち上がる水しぶきや波の動きは、スプラッシュと名づけられたシミュレーターを開発して制作された。

Data

監督／ジョン・マスカー、ロン・クレメンツ
製作／オスナット・シューラー
脚本／ジャレド・ブッシュ
製作総指揮／ジョン・ラセター
音楽／リン＝マニュエル・ミランダ、マーク・マンシーナ、オペタイア・フォアイ
アニメーター／エリック・ゴールドバーグ
コレオグラファー／ティアナ・リウファウ

モアナが海に繰り出そうと荷物をまとめているシーンに、『アナと雪の女王』のオラフの鼻であるニンジンと手である木の枝が残っている。夏に憧れていたオラフの望みがかなったのかも？

CHARACTERS

プア
泣き虫で怖がりの
モアナのペット

ヘイヘイ
モアナがかわいがって
いるニワトリ。知能指
数はゼロに近い

マウイ
風と海を司る半神
半人。巨大な釣り
針で変身する

**タラ
おばあちゃん**
モアナの祖母であり親
友でもある相談相手

カカモラ
旅の途中で出会う冷
酷で残忍な海賊たち

モアナ
海を愛し、海と特別
な絆で結ばれた少女

❶モアナが住む南の島、モトゥ
ヌイはタヒチのモーレア島がモ
デルといわれている。なかでも
急峻な山肌がそっくり **❷**フア
ヒネ島の山の稜線がまるで妊
婦が横たわったように見えるた
め「スリーピングレディ」と呼
ばれ、劇中に登場する女神テ・
フィティのモデルとされている
❸モトゥヌイの先祖や村民たち
は、ニュージーランドの先住民、
マオリをモデルに描かれたそ
う。ちなみに、マオリの民族舞
踊ハカを披露するマウイのシー
ンも見どころだ

❶

❷

❸

Locations

★**モーレア島**→P.182　★**フアヒネ島**→P.183　★**マオリ**→P.183

モアナと伝説の海の 舞台

フレンチ・ポリネシア

📍フアヒネ島

モーレア島📍
タヒチ島

フレンチ・ポリネシア

★主要都市：パペーテ
★面積：約4167km²
★人口：約28万3000人
★通貨：フレンチ・パシフィック・フラン
★時差：−19時間

✈日本からタヒチ島まで直行便で約11時間

モーレア島

✈タヒチ島から飛行機で約15分

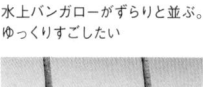

水上バンガローがずらりと並ぶ。ゆっくりすごしたい

浜辺にあるハンモックでのんびりしすぎたら時間を忘れそう

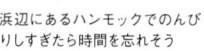

珊瑚礁が広がる透明感抜群の海が広がる

タヒチ、フィジー、サモアなどをロケハンして製作された作品。絵画のように真っ青なラグーンや雄々しい山と緑、島に住む優しい人々がそのまま映画に登場しているかのように感じる。劇中にたびたび登場するモーレア島のモウアロア山は、画家のゴーギャンが切り立つ峰の姿を「古城」と呼んだというほどの美しさ。ほかにも手つかずの景観が残るフアヒネ島や、ポリネシアンの人たちに根付く文化や生活など、先住民の生活を垣間見ることができる。

真っ青な海と緑に身を委ねたくなる

モーレア島
Moorea Island

島のシンボル。通称バリハイ山と呼ばれるモウアロア山

タヒチ島の北西約18kmに隣り合わせのように並ぶ島。特に夕日の美しさは格別で、作品中でもたびたびそんな風景が登場するほど。島の見どころは、パノラマを堪能できる絶好のビューポイント、ベルベデール。ほかにもタヒチアンダ

自然に囲まれたリゾートホテルもある

ンスをライブで楽しめるシアター、4WDに乗って自然を体感するサファリツアー、スノーケリング、約4時間で島を一周できる島内観光ツアーなど、さまざまな種類のアクティビティができる。

🌏 モーレア島にはフランス系を中心とするアーティストが多く住んでおり、ギャラリーやブティックなどが点在している。島の素朴な民芸品などを見つけるのも楽しいし、アーティストの逸品を探すのもいい。

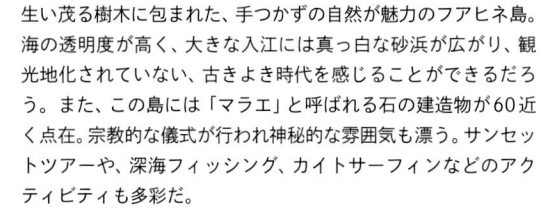
透明度の高いラグーンが広がる

フアヒネ島

✈ タヒチ島から飛行機で約40分

色鮮やかな魚たちに出会える

ゆったりと流れる島の時間を楽しむ

フアヒネ島
Huahine Island

生い茂る樹木に包まれた、手つかずの自然が魅力のフアヒネ島。海の透明度が高く、大きな入江には真っ白な砂浜が広がり、観光地化されていない、古きよき時代を感じることができるだろう。また、この島には「マラエ」と呼ばれる石の建造物が60近く点在。宗教的な儀式が行われ神秘的な雰囲気も漂う。サンセットツアーや、深海フィッシング、カイトサーフィンなどのアクティビティも多彩だ。

左／神秘的な「マラエ」 右／夕陽が映える桟橋

Travel Tips!

モーレア島ではパイナップルを

モーレア島はパイナップルの生産地としても有名。なかでもジュースが人気で、無果糖・無香料・無着色のできたてを味わうことができる。

随所にちりばめられたマオリの文化を感じる

マオリ
Maori

ニュージーランドの先住民、マオリ。劇中にもその文化がいくつか盛り込まれている。たとえば、モアナのネックレスや舟の帆のモチーフである渦巻き模様は、マオリ語で「コル」と呼ばれ新しい命や門出、希望などを指すもの。また、タラおばあちゃんのタトゥーにもなっているエイは優雅な強さと賢さを象徴するといわれている。

部族の強さや結束力を表す民族舞踊のハカ。ラグビー・ワールドカップで有名に

左／マオリの木彫りのカヌー 右／マオリのタトゥーオーナメント

おでこを合わせる意味は
物語終盤でモアナがテ・フィティにおでこをあてる。これは伝統的なマオリのあいさつで相互尊重を意味するとか。

🌏 モアナという名前はハワイ語・マオリ語で「海」を意味する。モアナの旅の相棒のヘイヘイは「ニワトリ」、プアは「花」、タラおばあちゃんの名前はサモア語で「物語」など、キャラクター名へのこだわりも強い。

リメンバー・ミー
Coco

少年が迷い込んだ"死者の国"は現実のメキシコ以上に色彩豊かな世界だった

メキシコで毎年10月31日から11月2日にかけ、国中で盛大に、かつ楽しく先祖の霊と過ごす"死者の日"を題材に、家族の絆を描いた作品。とある事情から音楽を聴くことも奏でることも禁じられたリヴェラ家で育った音楽好きの少年ミゲル。死者の日に本来は生きている人間が行けるはずのない、色彩豊かな"死者の国"に迷い込み、そこで家族も知らなかったリヴェラ家の真実を知ることになる。ピクサー初の音楽をメインとした作品で、物語のカギとなる主題歌「リメンバー・ミー」は『アナと雪の女王』も手がけたロバート・ロペス＆クリステン・アンダーソン＝ロペス夫妻によって書かれた。

Data
監督／リー・アンクリッチ
共同監督・脚本／エイドリアン・モリーナ
製作／ダーラ・K・アンダーソン
製作総指揮／ジョン・ラセター
脚本／エイドリアン・モリーナ、マシュー・アルドリッチ
音楽／マイケル・ジアッキーノ
楽曲／クリステン・アンダーソン＝ロペス、ロバート・ロペス

 ピクサー作品には遊びの要素が隠れていることが多い。本作も冒頭のミゲルが町を走るシーンで、町角に売られているのは『トイ・ストーリー』グッズ。実際にオアハカでそんなふうに売っていたのだとか。

CHARACTERS

ヘクター
ミゲルが"死者の国"で出会った陽気なガイコツ

ミゲル
音楽を愛する12歳。ギターの天才

エルネスト・デラクルス
ミゲルが暮らす町の伝説のミュージシャン

ママ・ココ
原題のタイトルロールでもある、ミゲルの曽祖母

ダンテ
ミゲルになついている野良犬。ともに死者の国に迷い込む

①ミゲルは死者の日の音楽コンテストに出るため、墓地に飾ってある憧れのエルネスト・デラクルスのギターを拝借しようとして、死者の国に迷い込む。そこでは目も眩む色彩豊かな世界が、限りなく上へ上へと延びていた ②死者の国の住人が年に1回、生者の国を訪れる際に通るマリーゴールド・グランド・セントラル駅。生者の国で写真が掲げられていないと通れない ③墓地で突然ミゲルは生者には見えなくなってしまう

Locations
★オアハカ→P.186　★グアナファト→P.187　★死者の日→P.187

音楽と思い出を融合させるクライマックス、というアイデアは最初からあり、音楽が認知症治療に高い効果があることをスタッフが知って、あのラストシーンが生まれた。ゆえに原題が「Coco」に。

リメンバー・ミーの舞台

メキシコ

メキシコ
★首都：メキシコ・シティ
★面積：約196万4375㎢
★人口：約1億2601万人
★通貨：ペソ
★時差：−15時間、サマータイム期間中は14時間（中部標準時）

オアハカ
✈日本からの直行便はなし。メキシコ・シティ経由で約16時間

オアハカの歩き方
風情あるコロニアル建築が並び、先住民の文化が色濃く残るオアハカ。おもな見どころは歩いて回れる範囲にあり、整備されているのでわかりやすい。

サントドミンゴ教会の塔は、ミゲルが靴磨きする広場の背景や、死者の国のデラクルスの巨大邸宅に登場

世界遺産のモンテ・アルバン遺跡。オアハカのホテル「リベラ・デル・アンヘル」から毎時1〜2本のバスが往復。所要約30分

製作にあたり、スタッフは何度もメキシコへ出かけている。なかでも作品に多くのヒントを与えたのが首都メキシコ・シティと、先住民の文化が色濃く残り、世界遺産のモンテ・アルバン遺跡にも近い州都オアハカ、中世の風景が広がり、町全体が世界遺産のグアナファトの3ヵ所。いずれも一般的なメキシコ観光としてもメインの人気スポットだ。カラフルで愛らしい町並みを歩いていると、ミゲルやダンテが路地から飛び出してくるような錯覚を覚える。

ミゲルの住む「サンタ・セシリア」のモデルのひとつ

オアハカ
Oaxaca

歩くだけで心が洗われそうなオアハカの町並み

「死者の国」が高さのある場所なので、現実世界である「サンタ・セシリア」は、オアハカの低層で空が広い町並みが参考にされた。観光の目玉であるサントドミンゴ教会の塔のデザインは映画にも一部使われている。カラフ

先住民文化と瀟洒なコロニアル建築が魅力

ルな魂の案内役アレブリヘもオアハカの伝統工芸品だ。映画には登場しないが、紀元前500年に古代サポテコ族によって造られた中央アメリカ最古の遺跡モンテ・アルバンにも近い。

サンタ・セシリアのもうひとつのモデルといわれるのが、ミチョアカン州のサンタ・フェ・デ・ラ・ラグーナ。木の柱が並ぶ表通りやママ・ココにそっくりなおばあちゃんがいるなど、映画の雰囲気が感じられる。

丘に広がるカラフルな家々

「死者の国」の色彩の原点
グアナファト
Guanajuato

劇中で「死者の国」が上へ上へと延びているのは、死者がこの国に来るたびに重なっていったから、という設定があり、ここを喜びに満ちた世界にするために色鮮やかな塔がいくつもそびえ立つイメージが想定された。そのデザインに大きく貢献したのがグアナファトの丘の中腹に広がる町並みだ。また、市内にある旧駅舎を再利用した巨大なイダルゴ市場は、映画のマリーゴールド・グランド・セントラル駅のモデルのひとつでもある。

左／町全体が世界遺産　右／イダルゴ市場

グアナファト
✈日本からの直行便はなし。メキシコ・シティ経由で約17時間30分

Travel Tips!

映画にも登場するカラフルな切り絵

オープニングとエンディングに登場する印象的な切り絵のことを現地ではパペルピカド(Papel Picado＝スペイン語で「切り刻んだ紙」という意味)という。お祝いごとのたびに天井や通りに飾られる。現在の形の発祥はオアハカ州の隣のプエブラ州といわれており、住民の7割がパペルピカドを作る仕事に従事しているという。

国中で祝うお祭り
死者の日
Día de Muertos

先祖の霊を迎え、親戚中が集まってともに過ごす点では日本のお盆に近いが、メキシコではとにかく陽気に楽しく過ごすのが特徴。オフレンダと呼ばれる祭壇に先祖の写真を掲げる。最終日である11月2日には、全国で盛大に祝う。オアハカやグアナファトでは映画に近い雰囲気の祭りを見ることができる一方、首都メキシコ・シティでは盛大なパレードが行われる。

オアハカの墓地で行われた死者の日の様子。映画のイメージに近い

左／ミゲルそっくりのメイク　右／メキシコ・シティの盛大なパレード

 先祖代々同じ職業に就くという風習が色濃く残るメキシコ。そこで、子供たちに世の中にはさまざまな職業があることを教えたいと考案されたのがキッザニアだ。1、2号店がメキシコ、以降世界中で展開。

『リメンバー・ミー』で触れるメキシコの食文化

Profile

木村幸子さん
（きむらさちこ）
在日メキシコ大使館
文化部補佐

大阪外国語大学（現大阪大学外国語学部）イスパニア語学科在学中、日墨研修生・学生等交流計画により渡墨、スペイン語を学ぶ。大学卒業後、通訳翻訳業に携わるかたわら、文化交流を推進し、メキシコの食文化を伝える活動に従事。

『リメンバー・ミー』には、世代を超えて受け継がれる、メキシコの代表的な料理がいくつも登場していたのにお気づきでしょうか。

これらの食べ物はいずれもメキシコ人のアイデンティティそのもの。プレヒスパニック時代から脈々と受け継がれてきた食文化は、ときにはヨーロッパ、中東、アフリカ、アジアから影響を受けつつ、代々家庭で作られ、食されています。

世界各地で活躍するメキシコ人は家族との思い出につながるこれらの食べ物を懐かしみ、自分で作ってみることで若い世代に伝えるきっかけにもなっています。その一部をご紹介します。

タマレス（tamales）：スープストック、ラードを加えてしっかり泡立てておいたトウモロコシ生地に、肉、野菜、唐辛子、ドライフルーツ、ソースなどを詰め

トウモロコシの葉で包み蒸したもの。家族みんなで手分けしてタマレスを包む作業をします。作るときだけでなく食べるときももちろん一緒です。メキシコ料理の基本食材はトウモロコシ、唐辛子、豆（フリホーレス）。伝統のメキシコの味には必ずこれらのうち、ひとつは使われています。

死者のパン（pan de muerto）：死者の日限定の特別なパン。卵が多めのふわふわパン生地に頭蓋骨や手足の骨を模した飾りつけをし、仕上げに砂糖を表面にまぶしたもの。近年人気が高まり、数ヵ月前から販売されたり、クリームやチョコレートを詰めてプレミアム感を出す店舗もあります。

フラウタス（flautas）：トウモロコシのトルティージャに鶏肉のほぐし身、ひき肉、つぶしジャガイモ、豆ペースト、チーズなどをのせて、くるくると丸めたあと油で揚げた、表面のカリカリ感が特徴のタコス。

ほかにも、エロテ（elote）や甘いパンのパンドゥルセ（pan dulce）、チュロス（churros）、モレソース（mole）など、画面には一瞬しか映らない食べ物もあります。映画を見て探してみてください。

メキシコ料理の基本食材、トウモロコシを使ったタマレス

Photos：木村幸子、在日メキシコ大使館

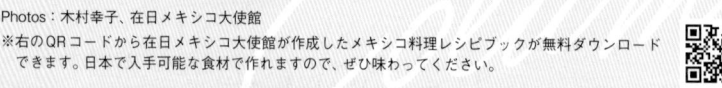

※右のQRコードから在日メキシコ大使館が作成したメキシコ料理レシピブックが無料ダウンロードできます。日本で入手可能な食材で作れますので、ぜひ味わってください。

夢と魔法の名作50選と舞台

2020 to 2022

ソウルフル・ワールド
Soul

左／作品の随所にニューヨークの多様性が描かれている　上／ニューヨーカーらしく地下鉄に乗るシーンも多数　下／ジャズクラブのシーンは複数のカメラアングルで参考映像を撮影した

〈人生のきらめき〉を探して！
ソウルフルな町ニューヨークを体感

舞台はニューヨーク。中学校の非常勤講師として働くジョーの夢はジャズピアニストになることだ。ある日、その夢がかないそうになり浮かれて町を歩いている途中、工事現場のマンホールに落ちてしまう。ジョーがたどり着いたのは地上に生まれる前の「ソウル〈魂〉の世界」。しかも自分も青白く光るソウルの姿になっていた。そこで22番という問題児のソウルに出会い、ジョーは22番の〈人生のきらめき〉を探す手伝いをすることに…。幸せのカタチを考えさせられるハートフルな作品。

CHARACTERS

ソウル（魂）
ジョー

22番
ソウルの世界に何百年も住むソウル

ジョー・ガードナー
プロのミュージシャンを夢見る音楽教師

カウンセラー・ジェリー
生まれる前のソウルを指導する。全員同じ名前

監督／ピート・ドクター
共同監督／ケンプ・パワーズ
製作／ダナ・マレー
脚本／ピート・ドクター、ケンプ・パワーズほか
音楽／トレント・レズナー、アッティカス・ロス

 本作は「アフリカ系アメリカ人のコミュニティで理髪店ほど文化的に本物の場所はない」という観点から、理髪店のシーンが効果的に使われている。雰囲気を捉えるためNYのいくつかの理髪店を訪れたとか。

ふたつの世界が描かれるこの作品。ソウル〈魂〉の世界がゆるやかで優しいパステルカラーなのに対して、現実の人間世界ははっきり色鮮やかに表現されているのが印象的。地下鉄やジャズクラブだけでなく町の音まで、ニューヨークの雰囲気がリアルだ。

ニューヨーク
ワシントンDC
ロスアンゼルス

アメリカ→P.69

多くの民族がモザイクのように混在

クイーンズ
Queens

作中にも登場したクイーンズの地下鉄高架下

ジョーが住んでいるとされるエリア。ニューヨーク市にある5つの区のなかで最も面積が広い地区。住民の約半数がアメリカ国外出身者で、ギリシア、メキシコ、中近東、インド、韓国、中国など100種以上の言語および国籍が混在。それぞれの民族文化が根強く残る住宅地だ。劇中にも登場した地下鉄7番線は「インターナショナル・トレイン」とも呼ばれ、クイーンズを東に貫く。商業化されていないディープなニューヨークを感じることができる。

上／マンハッタンの東にある　下／ジョーも乗車していた地下鉄7番線

クイーンズ
ニューヨーク中心部のマンハッタンから地下鉄で約15～60分

音楽にあふれた町、NY
ニューヨークのライフスタイルで欠かせないのが音楽。劇中のように地下鉄の駅構内はもちろん、公園などでもミュージシャンたちが音楽を奏でている。ロック、クラシック、ジャズ、ヒップホップなどジャンルもさまざま。気に入ったらチップを忘れずに。

Travel Tips!

22番が人間の世界で食べたNYピザ
ニューヨークのピザは、イタリア系移民が持ち込んだナポリ風スタイルが主流。まるまる1枚ではなく、8つ切りスライスをひと切れから購入できる。店も多くファストフードとしても人気。

『ソウルフル・ワールド』とジャズ・ミュージック

ジョーが有名アーティスト、ドロシア・ウィリアムズのライブに参加したのは「ハーフノート (Half Note)」というジャズクラブ。このハーフノートとは、1957年から1972年までニューヨークに実在した名門ジャズクラブ。チャールズ・ミンガス・ジュニアやバッド・ジョンソン、ビリー・ホリディなども演奏したことで知られる。劇中の外観は、現在も営業を続けるジャズクラブ「ビレッジ・バンガード」に似ている。

1935年からグリニッチ・ビレッジで営業を続けるビレッジ・バンガード。スタート時は先鋭芸術家たちのたまり場になっていた

ジョーが中学校で弾いていた曲は、ジャズ創成期に作曲家兼バンドリーダーとして活躍したデューク・エリントンの「Things Ain't What They Used to Be」。ハーフノートの楽屋の壁にも写真が貼ってある。

ラーヤと龍の王国
Raya and the Last Dragon

左／ラーヤは最後の龍であるシスーと出会う　上／タロン国はベトナムの古き港町ホイアンのような雰囲気　下／メコン川のような大河川や、東南アジアのテイストにあふれる寺院も

東南アジアの文化に深いインスピレーションを受けた壮大な世界観

その昔、人間と龍はクマンドラの地で平和に暮らしていた。しかし邪悪な魔物が襲い、龍たちは人間を守るため自らを犠牲にする。残された人々は信じる心を失い、国は5つに分断してしまうのであった…。500年後、孤独な戦士ラーヤは、再び故郷を襲った魔物を止めるため、伝説の最後の龍を探す旅に出る。製作陣はベトナム、ラオス、インドネシアなどの東南アジア諸国へのリサーチ旅行を敢行。東南アジア文化に対する繊細な視点、壮大な物語、映像表現のすばらしさが評価されている。

Data
監督／ドン・ホール、カルロス・ロペス・エストラーダ
製作／オスナット・シューラー、ピーター・デル・ヴェッコ
脚本／アデル・リム、キュイ・グエン
音楽／ジェームズ・ニュートン・ハワード

CHARACTERS

ラーヤ
ハート国の龍の石の守護者で、強靭な戦士

トゥクトゥク
ラーヤの小さい頃からの親友。乗り物にもなる

シスー　伝説の最後の龍。人間の女性に変身できる

ラーヤの武術はマレー地域発祥の"プンチャック・シラット"がベース。武器を手にしたときはフィリピンの武術アーニス、剣はクリスという東南アジア圏に伝わる短剣がモデルとなっている。

東南アジアの文化にインスパイアされたという本作。映画に登場する5つの国のひとつであるタロン国は、15〜19世紀にアジアとヨーロッパの交易として栄えた港町・ホイアンを彷彿させる。ランタンの柔らかな光がともる旧市街地は、映画のワンシーンを切り取ったような光景が広がっている。

ノスタルジーあふれる世界遺産の町並み

ホイアン
Hội An

夜は手こぎ船クルーズなどでにぎわう

ベトナム中部の古都。1999年に世界遺産に登録された旧市街は、木造の古い家屋や華僑の建てた中華会館などが並んでいる。雰囲気など、さまざまな点で古きよきベトナムが感じられるのはもちろん、町のなかだけなら徒歩で回れるコンパクトさも魅力。16〜17世紀には日本人町も造られ、ベトナム紙幣にも印刷されている日本橋も残る。毎月旧暦の14日（ほぼ満月の夜）は、旧市街の各家の電気が消され、軒下のランタンの光だけがともるランタン祭りが開催される。

ナイトマーケットに並ぶランタンの店

ベトナム
- ★首都：ハノイ
- ★面積：33万1346km²
- ★人口：約9946万人
- ★通貨：ドン
- ★時差：ー2時間

ホイアン

✈日本から直行便でダナンまで約6時間30分。空港からホイアン市内まで車で約1時間

Travel Tips!

龍がデザインの橋も訪れよう

ホイアンから約30kmに位置するベトナムの中心都市のひとつ、ダナン。シンボルは龍をかたどったロン橋で夜になるとライトアップされ、口から火や水を吐くパフォーマンスも行われる。

映画のさまざまなシーンで感じられる東南アジアの息吹

食事のシーンでも東南アジアの文化が表現されている。本作の製作担当者は自らタイ料理を習ったといい、その際に学んだ香草類とトウガラシなどで作るスープは、ラーヤの父が願った調和の象徴に（映画でも冒頭のシーンで作られている）。また、親友の名前トゥクトゥクは、タイなどでよく利用される3輪タクシーの名称だ。

作品に出てくるスープは世界3大スープであるタイのトムヤムクンに近い

タイで普及している3輪自動車タクシーのトゥクトゥクは人気の交通手段

 劇中で中心的な役割を果たす地クマンドラを流れる川。これは東南アジアで母なる川として愛されているメコン川にインスピレーションを受けている。ベトナムやタイ、ミャンマーなど、流域は6ヵ国に及ぶ。

あの夏のルカ
Luca

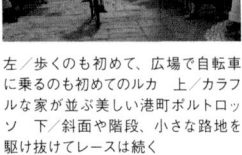

左／歩くのも初めて、広場で自転車に乗るのも初めてのルカ　上／カラフルな家が並ぶ美しい港町ポルトロッソ　下／斜面や階段、小さな路地を駆け抜けてレースは続く

"一歩"を踏み出した少年の冒険が ノスタルジックな北イタリアの港町へと誘う

北イタリアにある美しい海辺の町「ポルトロッソ」を舞台に繰り広げられる少年のひと夏の成長物語。平穏な"海の世界"に生きるシー・モンスターの少年ルカは、未知なる"人間の世界"への憧れを抑えきれず、友人のアルベルトとともに本当の姿を隠し港町にやってきた。互いに恐れ合うふたつの世界にルカが巻き起こした奇跡とは…。ジェノヴァ出身の監督エンリコ・カサローザ（『月と少年』でアカデミー賞ノミネート）が、自らの少年時代への郷愁を込めて描いた冒険ファンタジー。

Data

監督／エンリコ・カサローザ　製作／アンドレア・ウォーレン
脚本／ジェシー・アンドリューズ、マイク・ジョーンズ
製作総指揮／ピート・ドクター、ピーター・ソーン、キリ・ハート
アソシエイトプロデューサー／ウィリアム・ロイシュ
音楽／ダン・ローマー

CHARACTERS

ルカ・パグーロ
好奇心いっぱいのシー・モンスターの少年

アルベルト・スコルファノ
ルカと親友になったシー・モンスターの少年

ジュリア・マルコヴァルド
港町に暮らす本好きで社交的な少女

マッシモ・マルコヴァルド
ジュリアの父親。寡黙な漁師

 子供の頃、宮崎駿監督の『未来少年コナン』を観てアニメーションの仕事に就くことを考えるようになったというカサローザ監督。港町の名前「ポルトロッソ」は映画『紅の豚』の主人公ポルコ・ロッソから取った。

ファッション、グルメ、歴史と何をとっても魅力しか見当たらないイタリア。世界遺産登録件数59件で堂々の世界1位を誇る。ブーツに例えられる国の形の上の窪み部分、ジェノヴァ湾沿いの町が旅の舞台だ。

あの夏のルカ｜Luca

映画のアートワークに命を吹き込んだ美しい世界遺産の村々

チンクエテッレ
Cinque Terre

上／斜面にカラフルな家が並ぶマナローラ　左／ヴェルナッツァの狭い路地　右／岩に囲まれた船着場が映画のシーンにそっくりなリオマッジョーレ

イタリア語で「5つの土地」を意味するチンクエテッレは、リグーリア海岸沿いにほぼ等間隔で並んだ5つの村の総称。ここを訪れた映画の製作陣がインスピレーションを得た港町群だ。西からモンテロッソ・アル・マーレ、ヴェルナッツァ、コルニーリア、マナローラ（→P.123）、リオマッジョーレと続く。1997年には世界遺産に登録された。モンテロッソ・アル・マーレからほかの4つの村へは鉄道でアクセスできる。

上／コルニーリア　下／モンテロッソ・アル・マーレ

のどかな港町でビタミンカラーのパワーをもらおう

カモーリ
Camogli

チンクエテッレの西、ジェノヴァの近くの小さな町。海を見ながらゆっくりと時間を過ごせる穴場のリゾート地だ。町中が鮮やかな色であふれ、港沿いにも赤やオレンジ、ブルーなどの壁や屋根の家が建ち並ぶ。そのなかにジュリアの家のモデルとなった建物があるとロケハンをした製作陣が明かしている。

イタリア
★首都：ローマ
★面積：約30万1328k㎡
★人口：約6036万8000人
★通貨：ユーロ
★時差：－8時間。サマータイム期間中は－7時間
✈日本から各都市経由でミラノまで約17～25時間

チンクエテッレ
✈ミラノからジェノヴァ・ピアッツァ・プリンチペ（Genova Piazza Principe）駅まで鉄道で約3時間。そこからモンテロッソ・アル・マーレ（Monterosso al Mare）駅まで鉄道で約1時間20分

カモーリ
✈ジェノヴァ・ピアッツァ・プリンチペ（Genova Piazza Principe）駅から鉄道で約40分

Travel Tips!

マッシモが作った
トレネッテ・アル・ペスト

ジェノヴァソースのパスタで、リグーリア地方の人気メニュー。

アレンジされたが赤い屋根や窓など外観のイメージは生かされている

🌐 ジェノヴァへ旅立つルカが持つ乗車券の座席番号A113は、ディズニーのアニメーターの多くを輩出したカリフォルニア芸術大学（カルアーツ）の教室番号。『ベイマックス』（P.170）などほかの作品にも登場する。

ミラベルと魔法だらけの家
Encanto

左／マドリガル家の人々　上／世界一高いヤシの木が生えるといわれるコロンビアのココラ渓谷のような光景　下／同じくコロンビアの秘境であるカーニョ・クリスタレスのような場所

コロンビアの文化を色濃く描く
大家族が紡ぐディズニー・ミュージカル

コロンビアの山奥の谷エンカントに住む特別な家族、マドリガル家の物語。同家に生まれる子供たちは、それぞれ違ったユニークな"魔法のギフト（才能）"が家からプレゼントされる。しかし、3姉妹の末っ子であるミラベルだけは何の魔法も使えなかった…。鮮やかな色使い、リン・マニュエル・ミランダによるエキサイティングで重厚な音楽、そして大家族とそれを取り巻くコロンビアの文化の描き方が際立った作品だ。第94回アカデミー賞で長編アニメーション作品賞を受賞した。

Data

監督／バイロン・ハワード、ジャレド・ブッシュ
共同監督／シャリース・カストロ・スミス
脚本／ジャレド・ブッシュ、
シャリース・カストロ・スミス
製作／イヴェット・メリノ、クラーク・スペンサー

CHARACTERS

ルイーサ（左）
ミラベルの次姉で、力の魔法のもち主

ミラベル（中央）
末っ子。家族でひとりだけ魔法のギフトをもたない

イサベラ（右）
ミラベルの長姉で、花の魔法のもち主

**アルマ
おばあちゃん**
家族の伝統を重んじるミラベルの祖母

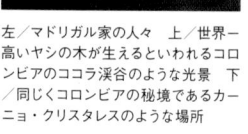

アントニオ
ミラベルのいとこ。動物の魔法のもち主

監督のバイロン・ハワード、ジャレド・ブッシュ、そして音楽を担当したリン＝マニュエル・ミランダの共通点は大家族で育ったこと。この同じ境遇が、大家族を舞台にした映画を作る始まりだった。

コロンビアの文化がていねいに描かれている作品で、製作チームは実際、ボゴタやカルタヘナなどの大都市から、サレントやバリチャラといった愛らしい小さな町、美しい自然のランドマークを訪れたという。劇中のカラフルな町並みは、コロンビア北部にあるカリブ海沿いのカルタヘナを彷彿させる。

熱帯の太陽が照りつけるカリブ海に面した要塞都市

カルタヘナ
Cartagena

カラフルな植民地時代の建物

スペイン植民地時代に交易の要衝として栄えた町。16〜17世紀にかけてカリブ海で横行した海賊たちに対抗するため、町を囲むように巨大な城壁や要塞が築かれ、旧市街地に今も残されている。また、植民地時代にアフリカから連れてこられた人々がもたらしたカラフルなアフリカ文化が見られるのも魅力。色鮮やかな建物が並ぶ景観は、ミラベルたちが住む町のようだ。

上／サン・フェリペ要塞
下／町のシンボルの時計門

コロンビア
★首都：ボゴタ
★面積：113万9000㎢
★人口：約5127万人
★通貨：コロンビア・ペソ
★時差：－14時間

カルタヘナ
✈日本からの直行便はなし。北米の都市を経由してボゴタまで約19時間30分。ボゴタからラファエル・ヌニェスまで約1時間30分。ここから市街地へは車で約20〜25分

Travel Tips!

まるでエンカント！点在するヤシの木

ミラベルたちの住む町の景色のモデルとなったのが、コロンビア中部にあるココラ渓谷。なかには、高さ70mものヤシの木もあるそうだ。
✈ボゴタからサレントまでバスで約8時間30分。サレントからジープで約20分

衣・食・住のすべてでコロンビアの文化を再現！

映画のなかでは、コロンビアのさまざまな文化に触れることができる。"住"の町並みは上記で紹介したが、"食"の部分では、同国の名産であるコーヒーはもちろん、劇中でミラベルが食べているアレパという薄焼きのパンや、お母さんが手にしているブニュエロという揚げパンが登場する。また、ミラベルが着ているのも、コロンビアの伝統的な民族衣装のひとつだ。劇中で使用されている音楽なども、コロンビア文化にインスピレーションを受けている。

ソウルフードのアレパ（左）とブニュエロ（右）

アルマおばあちゃんの思い出の地である川にもモデルがある。川の水がカラフルに変化する、世界で一番美しい川カーニョ・クリスタレスだ。その美しさから「神の川」や「虹の川」などとも呼ばれている。

197

私ときどきレッサーパンダ
Turning Red

左／舞台はカナダ・トロントのチャイナタウン　上／トロントのシンボルであるCNタワーが作中に何度も登場　下／寺の家系に生まれたメイは毎日の参拝と境内の掃除を欠かさない

舞台は2002年のカナダ・トロント！ 少女が本当の自分を好きになる物語

2018年の短編『Bao』（『インクレディブル・ファミリー』と同時上映）で、アジア系女性として初めてアカデミー賞短編アニメ賞を受賞したドミー・シーが、初の長編アニメーションの監督を務めた作品。13歳の少女メイリン・リー（メイ）が、過保護な母親からの期待と思春期の混乱の間で"本当の私は？"と悩む姿を描く。とあるできごとをきっかけに、メイは興奮するとレッサーパンダに変身する体になってしまうように。この突然の変身には、家族にまつわる驚きの秘密が隠されていて…。

Data
監督／ドミー・シー
製作／リンジー・コリンズ
原案・脚本／ドミー・シー、ジュリア・チョー
製作総指揮／ダン・スキャンロン，ピート・ドクター
音楽／ルドウィグ・ゴランソン

CHARACTERS

メイリン・リー（メイ）
母親の前ではいつもまじめでがんばり屋の少女。興奮するとレッサーパンダに変身

ミリアム
メイの親友。アイドルグループ4★TOWNのファン

ミン
メイの母親。愛するがあまり過保護に

ドミー・シー監督は「日本のアニメに影響を受けた」と語っており、作品の随所に日本アニメへのオマージュが見られる。たまごっちのようなアイテムをメイが劇中で持っているのも印象的だ。

主人公のメイが暮らすのはカナダ東部の町トロント。ここは移民が多い町としても知られており、世界屈指の多民族都市だ。現在、トロントに暮らす移民は人口の約半数を占め、コミュニティ同士お互いを尊重しながら暮らしている。メイは中国をバックボーンにもち、彼女のクラスメイトもさまざまなルーツをもっている点も納得だ。

移民文化がつくり上げた、多面的な都市

トロント
Toronto

緑が多く、いたるところに公園がある

ナイアガラの滝やメープル街道の拠点としても知られている、カナダ最大の都市。町の南には五大湖のひとつオンタリオ湖があり、対岸はアメリカのニューヨーク州だ。ミュージカルやオペラ、スポーツ観戦といった大都市ならではのエンターテインメントのシーンも必見。また、映画のなかでメイが暮らしているチャイナタウン以外にも、リトル・イタリー、コリアタウン、グリークタウンといったエスニックタウンもあり、街歩きと郷土料理が楽しめる。トロント全域を一望できる、町のシンボルCNタワーは全長553.33mだ。

ダウンタウンにあるチャイナタウン

トロント
オタワ

カナダ
★首都：オタワ
★面積：約998万5000㎢
★人口：約3699万人
★通貨：カナダ・ドル
★時差：－14時間、サマータイム期間中は－13時間（東部）

トロント
✈日本から直行便で約12時間30分。空港から市内へは鉄道やバスで約25分

CNタワー
✈地下鉄ユニオン（Union）駅から連絡通路スカイウオークで直結

Travel Tips!

**4★TOWNの
ライブ会場も！**
メイたちが大好きなボーイズグループ「4★TOWN」がトロントでライブを行った会場がロジャース・センター。町の中心地にあり、世界初の自動開閉式屋根付きスタジアムだ。
🏠 1 Blue Jays Way, Toronto

メイの家族が管理する中国系寺院

劇中に登場する寺院は、アメリカのカリフォルニア州にある初期の中国人移民たちが建てた歴史ある寺がモチーフになっているという。これは、地域に根付いた寺を知りたいという、製作チームの思いからだ。なかでも州北部の町、メアリーズビルのボク・カイ寺院（Bok Kai Temple）には大きなインスピレーションを得たという。同寺院は1854年に建設され、大部分は建設当初のままだ。

ボク・カイ寺院
🏠 1st St & D St., Marysville

🌐 CNタワーはロジャース・センターと連結している。また、同スタジアムを本拠地としているMLBのトロント・ブルージェイズには菊池雄星投手が所属（2023年9月現在）しており、セットで楽しむのもおすすめ。

199

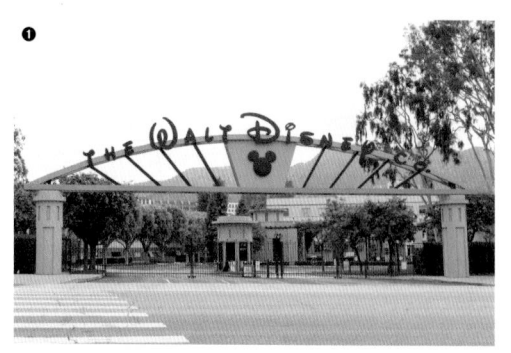

ディズニー映画が生まれる
カリフォルニアの町

1926年、アメリカのカリフォルニア州、ロスアンゼルス郊外シルバーレイクにウォルトとロイがアニメーションスタジオを設立。以来、カリフォルニアでは数々のディズニー&ピクサー映画が生まれている。

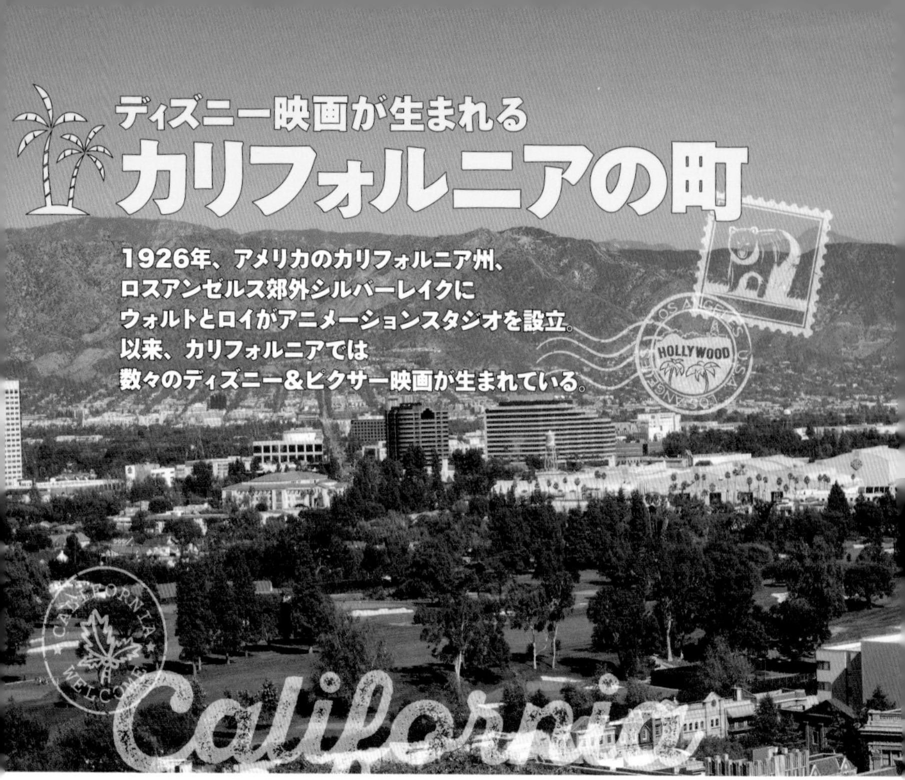
HOLLYWOOD
California

Burbank
バーバンク

世界メディアの中心地といわれる

カリフォルニア州南部、サンフェルナンド・バレーにある都市。起源となった牧場を造った歯科医兼起業家のデビッド・バーバンクから名づけられた。1940年代から映画産業が栄え、ウォルト・ディズニー・スタジオをはじめ、さまざまなエンターテインメントやメディア企業が集まっている。映画製作現場の中心ではあるが、お手軽から高級までレストランも多数ある。

交ロスアンゼルス国際空港から車やタクシーで約50分

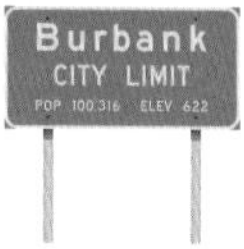
Burbank
CITY LIMIT
POP 100,316 ELEV 622

❶
THE WALT DISNEY Co.

❷
amc
San Fernando

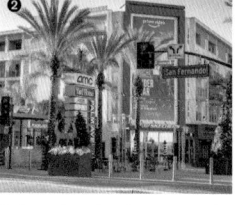

❸

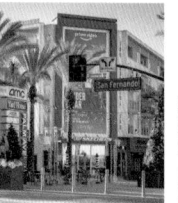

❹
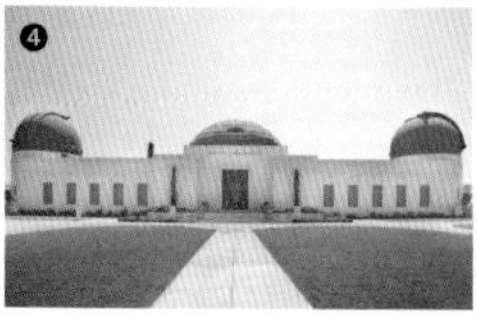

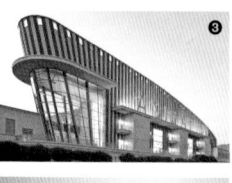

❶ウォルト・ディズニー・スタジオの正面玄関　❷サンフェルナンド通り　❸2011年に建てられたウォルト・ディズニー・アニメーション・スタジオ　❹近くにあるグリフィス天文台

バーバンクに行ったらぜひ足を運びたいのが、タム・オーシャンター（The Tam O'Shanter）。1922年創業、ウォルトが常連だったという老舗レストランだ。スコットランドのパブのような雰囲気のなかで、↗

❶ Park Ave. にあるピクサーのエントランス ❷サンフランシスコ・オークランド・ベイブリッジのたもとのエリア ❸映画館もあるベイ・ストリート・モール ❹風光明媚なマリーナも

Emeryville

エメリビル

ピクサー本社がある小さな町

カリフォルニア州アラメダ郡にある人口約1万人の小さな都市。サンフランシスコから車で約20分、サンフランシスコ湾、バークレー、オークランドに囲まれている。観光客が利用できるお店はShellmound St.沿いとその周辺に集中しており、ショッピングモールなどもある。市内はバスで移動が可能。また、全米を結ぶ鉄道アムトラックの駅もある。

✈サンフランシスコ国際空港から車やタクシーで約30分

About California

1850年、31番目の州としてアメリカ合衆国に加盟。オレゴン州、ネバダ州、アリゾナ州、メキシコに接しており、西側は太平洋に面して海岸線が広がる。初期の産業は鉱業と農業だったが、現在は映画産業、観光業、ハイテク産業も盛ん。温暖でカラッとした空気や、明るくおおらかな雰囲気も魅力だ。アナハイムという都市にはディズニーランドもある。

左は州花のカリフォルニア・ポピー、右は州旗

アメリカ

エメリビル
バーバンク
ロスアンゼルス
サンタクラリタ

‖ Other Cities ‖

Los Angeles

ロスアンゼルス

北米屈指の世界都市

スペイン語で「天使の町」という意味のロスアンゼルス。バーバンクの南にあり、映画の都ハリウッド、ビバリーヒルズ、サンタモニカなどもこの都市に含まれる。

フランク・ゲーリーが手がけたウォルト・ディズニー・コンサートホール

✈ロスアンゼルス国際空港から車やタクシーで約30分

Santa Clarita

サンタクラリタ

カルアーツがある

サンタクラリタ市バレンシアにあるのが、多くのアニメーターを輩出しているカリフォルニア芸術大学（通称カルアーツCalArts）。音楽、美術、ダンス、演劇などが学べる。

『美女と野獣』でベルの父が迷ったときの標識にバレンシアとアナハイムがある

✈ロスアンゼルス国際空港から車やタクシーで約45分

ステーキやシーフード、ハンバーガーなどが食べられる。ウォルトが座っていた座席テーブル31にはプレートがあり、ウォルト自身が描いたイラストも飾られている。住2980 Los Feliz Blvd., Los Angeles

異世界＆時空を超える旅へ！

アッタ姫

フリック

1990年代から最先端CGを取り入れ、さらなる躍進を遂げたディズニー作品。革新的な技術で、映画の舞台もより多彩になっていった。

1998

バグズ・ライフ
A Bug's Life

小さな"虫たち（バグズ）"の
ミクロ世界の超大作

イソップ童話「アリとキリギリス」を原案に、小さな虫たちの冒険を描いたミクロの世界の物語。虫の視点の世界をつくり出すため、バグ・カムという極小カメラを開発。これを棒に取り付け、虫のように飛び回らせた映像を参考にすることで虫たちの世界が誕生した。

魅力的に描かれた2本の脚と手を持つアリたち

Data

監督・原案／ジョン・ラセター　共同監督・原案・脚本／アンドリュー・スタントン　製作／ダーラ・K・アンダーソン、ケビン・リハー　脚本／ドナルド・マッケネリー、ボブ・ショー

2001

モンスターズ・インク
Monsters, Inc.

ブー

マイク

サリー

クローゼットの扉を開けると
モンスターの世界が！

人間社会と隣り合わせに、子供たちを脅かすモンスターの世界があったら…。そんなユニークなイマジネーションから誕生した作品。主役は人間の子供の悲鳴を集める会社で働く《怖がらせ屋》のサリーとマイク。ある日、人間の女の子が自分たちの世界に迷い込んでくる。

Data

監督／ピート・ドクター　共同監督／リー・アンクリッチ、デビッド・シルバーマン　製作総指揮／ジョン・ラセター、アンドリュー・スタントン　製作／ダーラ・K・アンダーソン　音楽／ランディ・ニューマン

300万本近いサリーのフワフワの毛の質感もCGで表現

『モンスターズ・インク』のピート・ドクター監督は、自ら監督を務めた『カールじいさんの空飛ぶ家』の怪鳥ケヴィン、『インサイド・ヘッド』ではライリーのパパの感情（イカリ）の声も演じている。

Mr. インクレディブル
The Incredibles

一般人として暮らすヒーローの
アクション満載の物語

舞台は1960年代に想像した近未来のような世界。ヒーローであることを隠し、普通の家族として暮らすインクレディブル一家。人間とヒーローの世界の狭間で居場所を見つけられない彼らが、再び活躍するチャンスを得る。

ピクサーが最先端のCGで"人間"の表現に挑んだ

イラスティガール（ヘレン・パー）　Mr. インクレディブル（ボブ・パー）　ヴァイオレット

ジャック・ジャック　ダッシュ

Data
製作総指揮／ジョン・ラセター　監督／ブラッド・バード　製作／ジョン・ウォーカー　脚本監修／マーク・アンドリュース　アニメーション監督／トニー・フュシールほか　音楽／マイケル・ジアッキーノ

モンスターズ・ユニバーシティ
Monsters University

名コンビの結成秘話
ふたりの大学生時代とは？

『モンスターズ・インク』前日譚。若い彼らの肌や毛並みを表現するため、新技術グローバル・イルミネーションが採用された。

ふたりは大学で《怖がらせ屋》を目指すが…

Data
脚本／ダン・スキャンロン、ダニエル・ガーソンほか　製作／コーリー・レイ　製作指揮／ジョン・ラセター、ピート・ドクターほか　監督／ダン・スキャンロン

インクレディブル・ファミリー
Incredibles 2

家事、育児、世界の危機！
『Mr. インクレディブル』続編

前作ラストで怪人が現れた直後から物語はスタート。アクションはもちろん、生活感あふれる一家に誰もが共感してしまう。

ヘレンに仕事が入り、ボブは家事に育児に大奮闘

Data
脚本・監督／ブラッド・バード　製作／ジョン・ウォーカー、ニコル・パラディス・グリンドル　製作総指揮／ジョン・ラセター

『Mr. インクレディブル』は私生活で新米パパになったブラッド・バード監督の『どうすれば家庭と自らの夢を両立できるのか』という思いから誕生。そして、脚本の原案をピクサーに持ち込んだ。

チキン・リトル
Chicken Little

3Dで表現された
ディズニーの伝統

ディズニー伝統の手描き2Dの手法と最新テクノロジーが融合した、ウォルト・ディズニー・アニメーション・スタジオ初の全編フルCGアニメーション。イギリスの童話をもとに宇宙船やエイリアンも登場する、かわいさとスペクタクル満載のストーリーが見どころ。いつも失敗ばかりのチキン・リトルの勇気と友情、父との絆を描いた冒険ファンタジーだ。

チキン・リトルが巻き起こすコミカルな大騒動も魅力

いつもスクールバスに乗り遅れる

チキン・
リトル

Data
監督・原作／マーク・ディンダル　原作／マーク・ケネディ　製作／ランディ・フルマー　脚本／スティーヴ・ベンチッチ、ダン・ガーソンほか　アニメーション監督／ジェイソン・ライアンほか　音楽／ジョン・デブニー

ルイスと未来泥棒
Meet the Robinsons

ディズニーの想像力は
いよいよ未来の世界へ

ディズニー・アニメーション初となる未来の世界が舞台。発明好きの少年ルイスは家族を探し求めてタイムトラベルに出発し、2037年の世界にたどり着く。原作はアメリカの人気作家ウィリアム・ジョイスの「ロビンソン一家のゆかいな一日」。タイムマシンや家事ロボットなど、ディズニーがつくり上げたユニークな未来の世界が劇中にちりばめられている。

ルイス

ウィルバー

Data
原作／ウィリアム・ジョイス「ロビンソン一家のゆかいな一日」　監督／スティーブン・アンダーソン　製作／ドロシー・マッキム　脚本／ジョン・バーンスタインほか　製作総指揮／ジョン・ラセターほか

劇中にはかつて人類が夢見たレトロな未来が広がっている

『チキン・リトル』では、"ツブれてノビる"というアニメーションの独自表現を3Dの世界でも再現するため、新しいツールセット、チキン・ワイヤー（Chicken Wire）が開発された。

旅の
準備と技術

旅の移動術

交通機関の選択肢はさまざま。時間がかかってもできるだけ安く抑えるか、多少料金が高くても効率を高めるか、楽さを優先させるか、エンターテインメント性を求めるか、その場に応じて適宜利用しよう。

●●● 長・中距離

航空機

空路は手軽で最も早く長距離移動できる手段。航空券代のほか燃油サーチャージなどもかかる。景色を楽しむなら窓側のウインドウシート、機内で席を立ちやすいのは通路側のアイルシートだ。飛行時間が長いならアイルシートがおすすめ。

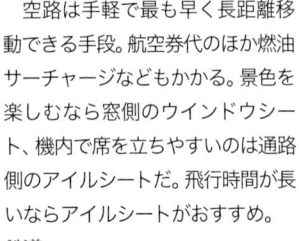

誰もが夢見る世界一周

鉄道

欧米やインドなどでは、発車案内板は出発間近にならないと表示されないことがある。駅員に乗車場所や入線時間を確認しよう。また、日本のように出発時に大きな音での発車メロディやアナウンスがないことが多い。改札のない駅では、切符を持っていなくても乗車できてしまうが、罰金の対象になるので注意を。そして、だいたいが鉄道駅周辺は治安のよくない傾向があるので気をつけたい。

船・フェリー

島へ渡ったり、川を下ったり、船上からの景色を楽しんだり…。航路でなければ行けない旅先もある。ただし、天候に左右されやすいので運航情報はこまめにチェックを。どのような船に乗るにしても、酔い止めは用意しておこう。

ダイナミックな大海原で風を感じるのは船旅の醍醐味

入国前に申請が必要な書類

アメリカ合衆国のESTA（エスタ）やカナダのeTA（イータ）同様、EU諸国への入国前に申請が必要となるETIAS（エティアス＝欧州渡航情報認証制度）が、新設に向けて準備中。2024年以降に導入予定。

空港へは早めに到着を

国際線なら2〜3時間前（アメリカ線は3時間前）を目安に空港に到着を。航空会社や空港によりオンラインチェックインもできるが、荷物を預けたり、セキュリティチェックもあるので早めに到着しておきたい。

鉄道網が発達している国なら積極的に利用したい

LCC利用時の注意点

最も安い運賃だと座席指定、受託手荷物、機内食などが有料になることがほとんど。また、チェックインの締め切り時間も早め。

機内に持ち込めない荷物と預けられない荷物

100㎖以上の液体は飛行機内への持ち込み禁止。どうしても持ち込む場合は、20㎝四方でジッパー付きの透明な袋に100㎖までの液体を入れた透明プラスチック容器を収め保安検査を通す。機内へ持ち込む荷物は容量制限があるので利用航空会社に事前確認を。

 燃油サーチャージはおもに国際線の航空券代に上乗せして徴収される。燃料である石油の価格に応じて料金が変動。2023年10月現在、3000円〜3万3400円（JAL、ANA）。2ヵ月ごとに金額が見直される。

近距離

車・タクシー

公共交通機関が発達していないエリアで便利なのは車。だいたい空港の近くにレンタカー会社があるので、そこで借りれば移動も楽だ。交通ルールには気をつけて。一方、タクシーは、空港や駅から乗るときは、白タク被害を避けるため正規の乗り場に並ぶこと。または配車アプリで呼ぶなどで自衛を。後席ではなく助手席に乗るのが通常の国もある。

車なら時刻表にとらわれず自由に移動できる

地下鉄

都市部では、低料金かつ短時間で移動できる地下鉄が便利。ただし、早朝や深夜など乗降客が少ない時間帯は、場所により、スリや強盗、レイプなどの犯罪発生率が高くなるので注意。ひとりでの行動は避け、タクシーを使うなど臨機応変に対応したい。また、週末は部分運休することもあるので運行情報は確認を。乗車時は周囲の状況にも注意を払っておこう。

朝の通勤時はラッシュになることも。気をつけて乗車を

ニューヨークなど地下鉄を使って移動できる都市も

そのほか

鉄道や地下鉄が発達していないエリアで重宝するのがバス。路線によっては数時間に1本ということもあるが、主要都市間なら便数も多い。また、市民の足として活躍する交通機関にケーブルカー、ゴンドラ、リフトなどもある。その土地ならではの乗り物を利用するのも旅のよさなので、旅情とともに地元民気分を味わいたいもの。また、ひとり旅ならオートバイも選択肢のひとつ。

自宅ごと移動できたらパッキングしなくてもいいのに

スマホの配車アプリ

UberやGrab、Boltなどアプリを使ってタクシーのように車を呼べる配車サービス。乗車時に行き先を入力するシステムなので言葉に不安がある人でも安心だ。流しのタクシーがない場所でも便利。現地で利用を考えるなら、事前に日本で電話番号による認証を行い、クレジットカードを登録しておくとよい。

海外で運転する予定なら国際運転免許証を

海外で運転するつもりなら必須。住民票登録地の運転免許試験場や運転免許更新センターでは即日、警察署の運転免許課では2週間で発行される。ジュネーブ条約非加盟国では使えないので注意を（短期旅行に限っての例外あり）。

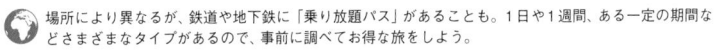
場所により異なるが、鉄道や地下鉄に「乗り放題パス」があることも。1日や1週間、ある一定の期間などさまざまなタイプがあるので、事前に調べてお得な旅をしよう。

旅の持ち物と服装

荷物は最低限にして、できるだけ身軽に動きたいもの。せっかくの海外旅行なのでオシャレしたいところだが、観光客として目立つとスリなどに狙われるリスクが高まる。できるだけ現地に溶け込む服装を心がけよう。

必須の貴重品

寒くない気候でも冷房が強いこともあるので、はおりものを

パスポート（旅券）

　国籍や身分を証明する公文書として、日本出入国はもちろん、両替、宿泊など多くの場面で必要となる。有効期限が5年有効（濃紺）のものと10年有効（赤）のものがある。すでに持っている人は、パスポートの残存有効期間に注意。多くの国では入国時6ヵ月以上が必要になる。

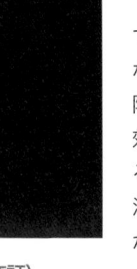

ビザ（査証）

　渡航先の入国許可証のこと。ほとんどがシールやスタンプでパスポートに記される。原則は訪問国ごとに取得が必要だが、日本のパスポートなら世界189ヵ国にビザなしで渡航できる（2023年7月現在）。一時的に必要なこともあるので確認を。

お金（現金、クレジットカード）

　現金のほか、クレジットカード、デビットカード、海外専用プリペイドカード、電子マネーなどがある。現金なら日本円か米ドルで持参、空港や宿泊先などで両替しよう。クレジットカードは紛失やスキミングにくれぐれも注意。

パスポート申請について

パスポート案内センター（電話番号03-5908-0400）で問い合わせを。東京以外の都道府県は旅券課または在住市区町村の担当へ。

アメリカ旅行に必須のTSAロックとは

アメリカ運輸保安局（TSA）によって認められた鍵のこと。赤いマークが目印。アメリカ（ハワイ含む）では抜きうちで預け荷物を検査するため、荷物には施錠しないかTSAロック対応の鍵をつけることになる。TSAロック対応のスーツケースやスーツケースベルトを使えばよい。

旅先で必要なものを現地調達するのも旅のテクニック

旅の服装

旅先に適した服装を

　動きやすい服がおすすめ。足元は高さのないものや歩きやすいスニーカーなどを選びたい。防犯の観点からも露出が多い派手な服装は避けたいもの。また、宗教上のタブーにも配慮しよう（→P.210）。冬でも日差しの強い国があるので、帽子、サングラス、日焼け止めクリームを活用して。

ときにはドレスアップして出かけるのも楽しい

🌏 日本より冷暖房が効いている国も多い。夏は特に、劇場や美術館、スーパーなどでは必ず1枚はおるものを持ちたい。冬は室内が暖房で暑いのに外は−10度ということもあるので重ね着で調整を。

持ち物チェックリスト

★必需品　●あると便利
▲特定の人、時期、エリアに必要

持ち物	必要度	備考
☑パスポート（旅券）	★	残存有効期間は十分に残っているか確認
☑ビザ	★	要不要を事前に確認、必要なら早めに申請
☑クレジットカード	★	キャッシュレスも増えているので必須
☑現金（現地通貨）	★	現金しか使えない場所も。現地で両替もあり
☑現金（日本円）	★	帰りの空港からの交通費も忘れずに
☑スマートフォン／携帯電話／充電器	★	事前に料金や海外での使い方を調べておくこと。2次元コードや予約確認メールなどはスクショして
☑モバイルバッテリー	★	スマホの充電がなくなっても安心。手荷物で機内に持ち込むこと
☑航空券／eチケットの控え	★	万一のため紙で用意しておきたい
☑国外（国際）運転免許証	▲	レンタカーを借りるなら必須（日本の免許証も）
☑顔写真（4.5×3.5cmを数枚）	●	パスポートを紛失したときに必要。撮影6ヵ月以内のもの
☑海外旅行保険証	●	万一のために。携行品の盗難や紛失と病気への備えを
☑パスポートと航空券のコピー	★	オリジナルとは違う場所で保管。写真に撮ってスマホに保存しておいてもいい
☑緊急連絡先を控えたメモ	★	いざというときに慌てないように。クレジットカード紛失の連絡先は対応時間も調べておく
☑自分の家の鍵	★	帰宅したときにどこにあるか焦ることも。旅先で紛失しないよう管理を忘れず
☑下着	★	1週間程度なら上下2～3組を目安に
☑靴下	●	南国でも部屋が少し寒いときなどあると快適
☑シャツ類	●	Tシャツなどのカジュアルウェアだけでなく、襟付きのシャツもあると便利
☑セーター／トレーナー	●	現地の気候に合わせて重ね着を
☑薄手のはおりもの	●	リゾート地などでも朝晩や冷房対策に
☑パジャマ／部屋着	▲	海外ではホテルに浴衣はない。リラックスできる服があるとゆっくり眠れる
☑帽子	●	日よけ、防寒など旅では役立つ
☑水着	●	ビーチリゾートやスパを利用するなら必須
☑洗面・入浴用品	★	歯みがきセット、シェービング用品なども忘れずに。必要なら体を洗うナイロンタオルも
☑ドライヤー／ヘアアイロン	▲	ドライヤーは部屋にない場合借りられることも。もし持参するなら電圧の違いに注意
☑洗剤	▲	洗濯用に少し。現地で調達でもよい
☑洗濯干し／ランドリーロープ	●	洗濯干しは折りたたみ式で小さいものを。下着や靴下をサッと洗おう
☑常備薬／ばんそうこう	★	ケアロボットがいないかぎり必須。胃腸薬、頭痛薬、風邪薬など
☑日焼け止め／リップクリーム	●	日焼け、乾燥対策のために
☑目薬	●	機内持ち込みも預け入れもOK。容量に制限あり
☑コンタクトレンズ／めがね	▲	使い捨てコンタクトなら旅の日数よりも多めに予備を持参
☑スキンケア用品	●	肌のお手入れも忘れずに
☑マスク	●	機内の乾燥対策や感染予防対策に。使い捨てがおすすめ
☑ポリ袋／チャック付きポリ袋	★	衣類の分類だけでなく汚れたもの、ぬれたものを入れたり、ゴミ袋にするなど活用大
☑スリッパ／ビーチサンダル	●	ホテルや車内、ビーチなどであると便利
☑サングラス	●	冬でも日差しの強い場所がある
☑双眼鏡	▲	スポーツ観戦や観劇を予定しているなら
☑延長コード	▲	ホテルの部屋で不便な場所にコンセントがあったり、数人で同じ部屋に泊まるなら持参を
☑ヘッドフォン／イヤフォン	▲	ノイズキャンセリング付きなら機内でも快適、ワイヤレスなら機内に持ち込む
☑エコバッグ	●	おみやげ屋さんなどで袋をもらえないことも。荷物が増えたときのサブバッグとしても重宝
☑雨具	●	あると雨の日でもアクティブに過ごせる。日傘はあまりさしている人はいない
☑クーラーバッグ／保冷剤	▲	地元スーパーで手に入れた食材を持ち帰るときなどあると便利
☑使い捨てフォークやスプーン	▲	ホテルの部屋で食べるときに助かる。フォークで髪をとかすのは難しいかも？
☑冷却シート／カイロ	▲	寒い国、暑い国に行くなら必須
☑腕時計	●	治安の悪い場所だとスマホはひったくりや盗難に遭うことも。身に着けられる時計がいちばん
☑メモ帳とペン	▲	目的地の住所や行き方を書いたり、値段交渉などにも。最後にはアナログが強い
☑ガイドブック	★	『地球の歩き方』をぜひ持参して
☑勇気と優しさ	★	決して忘れないで！

※液状、ジェル状の機内持ち込みについては、制限内なら可能。容量オーバーするものは預けるスーツケース（預託荷物）に入れておくこと

🌐 外国語で何かの文字を書かれたメッセージTシャツは、それが思わぬスラングだったり内容によっては
トラブルのもとに。事前に確認するか持って行かないように気をつけよう。

習慣／マナー／食事

国が異なれば習慣やマナーも異なる。楽しい旅をするためにも事前に確認をしておこう。特に「知らなかった」では許されないのが法律や条令違反。刑罰にもなりかねないので厳重注意を。

習慣

訪問国の法律や条例をおさえておこう

絶対にダメなのが麻薬関連。知らずに運ぶだけでも国によっては死刑になる。誰かに荷物運びを手伝ってほしいと頼まれてもNOと言おう。また、記念撮影のつもりが拘束事案に発展しがちなのが、被写体に軍事関連施設などが映り込むケース。空港、港、鉄道駅なども対象になる場合があるのでうかつに撮らないように。

国や土地ごとにしきたりやふさわしい服装がある

アメリカでは、13歳未満の子どもをひとりで放置するのは虐待とみなされる。また、他人に対するマナーが重要視され、黙って個人の敷地に入る者は射殺可の州も。レストランやバー以外の屋外での飲酒も法律違反で、公園やビーチ、歩きながらもダメ。人前で酔っ払うことは見苦しいとされている。一方、イタリアでは、主要都市にある観光名所での食べ歩きは禁止されている。

世界のトイレ事情

アジアでは、トイレットペーパーがあってもトイレには流さずゴミ箱に入れることが多い。一方、アメリカは、犯罪防止のため公衆トイレの個室のドアが下がかなり広く空いている。

宗教などによる服装のルール

イスラム教圏の国やモスクなどを観光で訪れるとき、肌の出ている服装ではモスクの見学をほぼ断られる。国によってはTシャツ、短パンでも許されるが、肩とひざは隠しておこう。女性はさらに厳しく、厳格な国では、頭髪をスカーフなどですべて隠す必要がある。体のラインがわかる服装は控えて、長袖、ロングスカート、足首まであるパンツの着用が必須。

モスクや寺院に入るときにはたいてい靴を脱ぐ。たまに敷石が熱いこともあるので、靴下を用意しておこう。

地元のイベントにはその趣旨にふさわしい格好で

さまざまな国の広い範囲で路上喫煙は禁止されている。愛煙家は喫煙所を探そう。また、路上や公園など公共の屋外での飲酒はほぼ禁止なので気をつけて。そもそも飲酒自体ダメな国もある。

マナー

こんな行為に注意

日本では当然のようにしている行為が、失礼な態度になってしまうこともある。例えば、むやみやたらに人物にカメラを向けて写真を撮るのは失礼に当たるし、鼻水をすするのもマナー違反とされる国も多い。

また、気をつけたいのがハンドジェスチャー。写真を撮るときについやってしまうピースサインは、相手に手の甲を見せるとオーストラリアでは屈辱の意味になる。欧米では手のひらを下にする手招きも「あっちへ行け」という意味に。また、手のひらを上に向けて人さし指だけ立てるのは世界的に最上級の侮辱に当たるので絶対にしないこと。

勝利（Victory）の V からはじまり平和を意味するピース

食事

飲食時のマナー

一生忘れられない味に出会えるかもしれない

欧米をはじめ多くの国では音を立てて食事をしてはいけない。欧米ではパスタやスープをすすらないし、アジアでも麺類をすするのは少数派。不愉快な行動になるので注意を。また、器を持ち上げたり口をつけたりもマナー違反。ワインもグラスをテーブルに置いたまで注いでもらおう。そして高級レストランではカチンとグラスを合わせて乾杯しないように。

ほかに気をつけたいのが、レストランなどでスタッフを大声で呼ぶこと。アメリカやイギリスでは、アイコンタクトを取る、静かに手を上げるなどの方法をとりたい。ドイツでは日本の挙手のように5本指すべてを立てて手を挙げるのはタブー。人さし指だけ立てて手をあげよう。

宗教上のタブーについて

イスラム教圏内では豚や豚由来の食べ物は口にしない。酒も原則飲めないが、国や場所によっては許されている。ヒンドゥー教圏内では神聖な牛を食べるのは禁忌。不浄とされる豚も食べず、鶏や羊の出番が多くなる。ユダヤ教では食べてよいものは厳密に規定され、牛、羊、鹿、鶏、鱗のある魚はよいが、正しい手順での血抜きが必要だ。また、インドやイスラム教圏では左手を不浄とし、手づかみで食べる食事に使わない。

知っておきたいドレスコード

高級レストランやパーティなどでは服装制限が設けられていることも。フォーマル（タキシードやイブニングドレス）、スマートカジュアル（ジャケットや襟付きシャツ、ワンピース）など。事前に確認を。

現地ならではのさまざまな名物料理を堪能したい

肉と魚を食べないとされるベジタリアン。そのなかには、卵・乳製品・ハチミツなど動物性食品も食べないヴィーガン、乳製品は食べるラクト・ベジタリアンなど、さまざまなタイプがある。

旅のハプニングと対処術

日本と比べ、海外は犯罪の発生率が高いのは事実。だが、注意すべきことを知れば防げることは多い。「自分の身は自分で守る」という意識を持ち、旅の終わりまで安全に楽しく過ごせるようにしっかりと心構えを。

スリ・置き引き

大切なものはしっかり管理を

最も多い旅のトラブルが、スリと置き引き。盗まれてしまったら旅が続けられなくなるのが「パスポート」と「クレジットカードまたは現金」など。貴重品は取り出しにくい場所に入れ、大金は持ち歩かないのが賢明だ。被害に遭ってしまったら最寄りの警察署に被害届を出し、旅行保険でカバーしよう。

得体の知れない飲食物は口にしないように！

人通りの多い場所には注意

駅、空港、ホテルのレセプション、人通りの多い道、混雑した店などでは、いろいろなことに気を取られて「ついうっかり」や「全然気づかぬスキに」被害に遭うことが多い。隣の席に荷物を置くのも厳禁。

犯罪者たちはグループで犯行に及ぶ

例えば、ひとりが写真を撮ってほしいと依頼し、狙われている人物が荷物を地面に置いた瞬間に、もうひとりが荷物を奪い去るなど。また、都市部ではぬいぐるみのかぶり物を着た人々に声をかけられ、一緒に写真を撮ったら高額チップを要求されるケースもある。

病気とけが

常備薬は持参すること

旅先では風邪をひいたり、腹痛や下痢、頭痛を起こしたりすることが多い。言葉の問題もあり、限られた時間で病院やドラッグストアに行くのは面倒なうえ、薬が合わないこともある。使い慣れたいつもの薬を必ず持っていこう。

保険に加入しよう

常備薬が効かなかったり、けがをしたときなどの強い味方が海外旅行保険。保険なしで現地の病院で見てもらうと相当な高額の請求となる。医療費をカバーするだけでなく、通訳サービスがあるなどメリットは大きい。クレジットカードに付帯していても、保障が不十分なら追加で加入を。

病気になってしまったときのために

日本語の通じる病院をあらかじめ調べて控えておくと安心。日本語対応可能な病院がないときやわからないときは、宿のスタッフに助けを求め、問い合わせや予約の電話を頼もう。

イヤなことははっきり「NO」と断りたいもの

外務省が提供する「たびレジ」に登録すれば、渡航先の安全情報メールや緊急連絡を無料で受け取ることができる。出発前に登録を。https://www.ezairyu.mofa.go.jp/tabireg/index.html

トラブルに遭ってしまったら

空港で預けた荷物が出てこない

　バゲージクレーム内の航空会社のカウンターで、諸手続きを行う。クレームタグが必要。聞かれることは次のとおり。①便名　②預けた空港　③出発何分前のチェックインか　④荷物の形と色　⑤外ポケットやいちばん上の内容物　⑥覚えているかぎりの内容物　⑦発見されたときの配送先、など。

あやしい話をもちかけてくる人はうまくかわして

盗難に遭った

　すぐ最寄りの警察に届ける。所定の事故報告書があるので記入しサインする。置き引きやスリの被害では、被害額がよほど高額でないかぎり捜索はしてくれない。報告書は自分がかけた保険の請求に必要な手続きと考えよう。報告書が作成されると、控えか報告書の処理番号（Complain Number）をくれる。それを保険請求の際に添えること。

**外務省
海外安全ホームページ**

海外に渡航・滞在する日本人が安全を確保できるような情報を公開している。
https://www.mofa.go.jp/mofaj/toko/index.html

パスポートをなくした

　最寄りの警察署の発行する証明書を入手し、在外公館で新規発給手続きを。申請に必要なものは①６ヵ月以内に撮影された顔写真（2枚）②警察署の証明書（1通。届け出番号のみでも可）③６ヵ月以内に発行された戸籍謄本または抄本　④紛失一般旅券等届出書　⑤一般旅券発給申請書　⑥身元が確認できる書類（運転免許証など）。

旅先のグルメは大きな楽しみだが食べすぎには注意

クレジットカードをなくした

　警察よりも先に、大至急カード発行金融機関または各会社の緊急連絡先に電話をしてカードを無効にすること。いざというとき慌てないように連絡先を控えておこう。

お金をすべてなくした

　盗難、紛失、使い切りなど、万一に備えて、現金の保管は分散することをすすめる。それでも、現金をなくしてしまったときに備えて、キャッシングサービスのあるクレジットカードはぜひとも持っていきたい。なすすべのない人は日本国総領事館に相談にのってもらうしかない。

コピー商品の購入は厳禁！

有名ブランドのロゴやデザイン、キャラクターを模倣した偽ブランド品やゲーム、音楽ソフトを違法に複製したコピー商品は絶対に購入しないこと。これらを持って帰国すると、税関で没収されるだけでなく損害賠償請求を受けることも。

ベイマックスも
乗ったケーブルカー！

旅のスタートはサンフランシスコから

MODEL PLAN

ディズニーの世界

夢の周遊
モデルプラン

本書で紹介した都市を組み合わせた夢のプラン
をご紹介！ 3つのコースからどれを選ぶ？

アメリカ満喫＆メキシコプラン

ディズニー映画発祥の地であり、舞台となった町も
多い。大自然からエンタメまで幅広く楽しめる！

DAY 1

東京
↓✈ 約9時間30分
日付変更線を通過

ピクサー本社

アメリカ　サンフランシスコ
効率よく旅するためレンタカーを借りよう。
まずは市内を経由してベイブリッジを渡りエメリビルへ
↓🚗 約30分

ピクサー本社（→P.201）の外観を見学！ 📷
── サンフランシスコ泊 ──

DAY 2

**ベイマックス
インサイド・ヘッド**

★ ゴールデンゲートブリッジ
　からスタート
★ ウォルト・ディズニー・ファミリー博物館（→P.14）でウォ
　ルトの生涯を知る
★ フィッシャーマンズワーフ、チャイナタウン、エンバカ
　デロセンター、ユニオンスクエアなどを巡り、サンフラ
　ンソウキョウを感じよう
── サンフランシスコ泊 ──

DAY 3

ファインディング・ドリー

★ サンフランシスコからモントレーへ
早朝出発。パシフィック・コースト・ハイウェイ（PCH）
（→P.177）を通って風光明媚な町、モントレーへ
↓🚗 約2時間

モントレー
★ モントレーベイ水族館（→P.177）でニモやドリーに
　ごあいさつ。水族館＆野生のラッコにも注目！
★ 日程に余裕があるなら、モントレーかそのまま海岸
　沿いをゆったりドライブして小さな町に宿泊するのも
　よい。時間優先なら内陸側の国道5号でロスアン
　ゼルスへ
↓🚗 5時間30分
ロスアンゼルス
── ロスアンゼルス泊 ──

DAY 4

**ディズニー・
アニメーション本社
ボルト
アナハイム**

★ 映画の町、
　ハリウッド（→P.135）を訪れる。
　TCLチャイニーズ・シアター前で
　ミッキーやウォルトの手形を探そう
★ バーバンク（→P.200）でディズニー巡礼
★ 終日、アナハイムにあるディズニーランド・リゾート
　（→P.22）で遊ぶのもおすすめ
── ロスアンゼルスorアナハイム泊 ──

DAY 5

ロサンゼルスのサンタモニカから
I-40（旧ルート66）を東へドライブ

カーズ

↓🚗 4時間30分

★ モハーベ砂漠やアンボイにある
　ロイズ・モーテル＆カフェまでカーズの気分で走る。
　気分爽快でもスピードは出しすぎないように
★ 日程に余裕があればカーズの世界が広がるセリグマン
　（→P.122）へ（サンタモニカから車で約7時間）行って
　もいい
★ 翌日の移動のために、ロスアンゼルスに戻るかラスベ
　ガスへ移動。レンタカーを返却
── ロスアンゼルスorラスベガス泊 ──

DAY 6

ロサンゼルスかラスベガスから飛行機で
↓✈ 約3時間30分〜6時間30分
メキシコ　グアナファト
── グアナファト泊 ──

ディズニー映画が生まれ
たハリウッドは必見

HOLLYWOOD

ディズニーランドのある
都市、アナハイム

ディズニー本社でビルを
支える7人のこびと

リメンバー・ミーの
世界が広がるメキシコ

メキシコの伝統文化、死
者の日のイベント

ディズニーの世界 夢の周遊モデルプラン

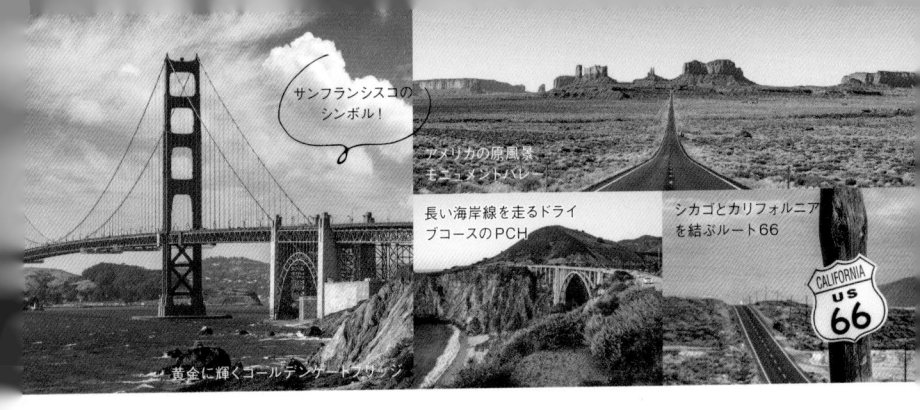

サンフランシスコの
シンボル！

アメリカの原風景
モニュメントバレー

長い海岸線を走るドライ
ブコースのPCH

シカゴとカリフォルニア
を結ぶルート66

黄金に輝くゴールデンゲートブリッジ

CALIFORNIA
US
66

ディズニーの世界夢の周遊モデルプラン

DAY 7

リメンバー・
ミー

★ ミゲルが迷い込んだ色鮮やかな町
　グアナファト（→P.187）へ
★ 町全体がユネスコの世界遺産であるかわいい町並み
　や、ピピラの丘などを散策
★ 死者の日（→P.187）はメキシコ全土で祝われるが、一
　番にぎやかといわれるのが、オアハカ。飛行機で1時間
　くらいなので日程に余裕があれば立ち寄って
———— グアナファト泊 ————

DAY 8

グアナファト国際空港から飛行機で
↓ ✈ 約5時間(経由便)
ニューオリンズ
———— ニューオリンズ泊 ————

プリンセスと
魔法のキス

DAY 9

★ ティアナの気分でニューオリンズ（→P.141）の
　町のストリートカーに乗って、フレンチクオー
　ターでストリートジャズを楽しみながら、カフェ・
　デュモンドなどでアメリカ南部料理を堪能する
———— ニューオリンズ泊 ————

DAY 10

ニューオリンズから飛行機で
↓ ✈ 約2時間
フロリダ　オーランド
———— オーランド泊 ————

DAY 11

ダンボ

★ フロリダ ウォルト・ディズニー・
　ワールド・リゾート（→P.24）で遊ぶ！
　1日では回りきれないので可能ならあと2、3日は滞在
★ ダンボがコウノトリに運ばれたとされるエバーグレー
　ズ国立公園（→P.37）までは、マイアミ国際空港から
　車でアクセス可能。所要約1時間30分
———— オーランド泊 ————

DAY 12

オーランドから飛行機で
↓ ✈ 約2時間30分
ニューヨーク
———— ニューヨーク泊 ————

DAY 13

ソウルフルワールド
オリバー
ボルト
ビアンカの大冒険

★ ニューヨーク（→P.69）の摩天楼
　は必見。高層ビルの展望台に
　行ってみるのもいい
★ 移民パワーを感じる町（→P.191）
　を歩こう。マンホールには気をつけて！
★ 夜はジャズクラブで音楽を楽しむのもおすすめ
———— ニューヨーク泊 ————

DAY 14

ニューヨークから飛行機で
↓ ✈ 約2時間40分
シカゴ
———— シカゴ泊 ————

DAY 15

★ 旅のラストはウォルト生誕の地、シカゴへ。生家もまだ
　残っている（→P.15）
———— シカゴ泊 ————

ウォルト
生誕の地

DAY 16

シカゴから飛行機で
↓ ✈ 約13時間
東京
———— 機内泊 ————

DAY 17

翌日　東京着

ニューオリンズの町を走る
ストリートカー

ニューヨークでは名物の
ピザも食べたい

アメリカ南部料理で
ティアナの気分を楽しむ

ディズニー・ワールド・
リゾートのあるフロリダ

映画の主人公の気分で
ニューヨークを歩こう

雄大な自然にたたずむ白亜の古城！

必ず訪れたいのがノイシュヴァンシュタイン城

さまざまなドラマが生まれるフランスのパリ

魅惑のヨーロッパプラン

歴史を感じるお城やロマンティックな街並みに
気分はすっかりプリンセス！

ディズニーの世界 夢の周遊モデルプラン

DAY 1

東京
↓✈ ポーランド経由で約18時間30分
ノルウェー　オスロ
―――― 機内泊 ――――

DAY 2

オスロ空港着、市内へ

アナと雪の女王

★ オスロ市内にあるアレンデール城の
モデル、アーケシュフース城（→P.166）を観光して
旅のとびらを開けよう
★ ノルウェー民俗博物館、ヴァイキング船博物館を見学。
作品のなかでも参考にされている木造のスターヴ教
会の建築様式をじっくり堪能する
―――― オスロ泊 ――――

DAY 3

オスロから飛行機で
↓✈ 約2時間30分

ピーター・パン
101匹わんちゃん

イギリス　ロンドン
ヒースロー空港着、市内へ
★ ケンジントン・ガーデンズのピーターパン像へ
★ タワー・ブリッジ（→P.48）の夜景を見ていたら飛べ
る気分になれそう？
★ 側を流れるテムズ川（→P.59）は、101匹わんちゃ
んでも登場
―――― ロンドン泊 ――――

DAY 4

★ リージェンツ・パーク（→P.59）内のThe Broad Walk
Caféで朝食を
★ 101匹わんちゃんの出会いの場、セント・ポール大
聖堂（→P.59）をじっくり散策しよう。大聖堂の地
下にはカフェ、レストランも
★ 時計台ビッグ・ベン（→P.49）と国会議事堂を観光。
オーディオガイドツアー90分もおすすめ。時計の
針にはピーター・パンたちがいるかも!?
―――― ロンドン泊 ――――

DAY 5

ロンドンから鉄道で
セントパンクラス国際駅

おしゃれキャット
ノートルダムの鐘
レミーのおいしいレストラン

↓🚃 ユーロスター約2時間30分
フランス　パリ北駅
★ エッフェル塔（→P.132）、凱旋門にご対面
★ ノートルダム大聖堂（→P.97）で思いをはせる。
ランチはトゥール・ダルジャンでレミーのおいしいレス
トラン気分
★ セーヌ川岸（→P.133）をおさんぽ
お城＆プリンセスファンは、シャンボール城（→P.80）
やショーモン・シュル・ロワール城（→P.43）へ足を
延ばしても！
―――― パリ泊 ――――

DAY 6

美女と野獣

パリから鉄道で
↓🚃 TGV 約2時間30分
フランス　コルマール
★ ベルになりきってコルマール（→P.81）を散策。
小さなボートに乗って運河めぐりもおすすめ
―――― コルマール泊 ――――

DAY 7

リトル・マーメイド

コルマールから鉄道で
↓🚃 乗り継ぎで　約4時間
スイス　シヨン
★ レマン湖ほとりのシヨン城（→P.74）へ
エリック王子の城のモデルは遊覧船から眺めるのも
ロマンチック
🚃 チューリッヒに移動　約3時間
―――― チューリッヒ泊 ――――

DAY 8

シンデレラ

チューリッヒから鉄道で
↓🚃 乗り継ぎで　約5時間
ドイツ　フュッセン
🚌 フュッセン駅からバスで移動　約10分
★ 馬車に乗ってノイシュヴァンシュタイン城（→P.42）へ。
シンデレラに思いをはせながら旅のしめくくり。城
内は夜中の12時…ではなく夕方16〜18時には
閉まるので気を付けて！
🚃 フュッセンからミュンヘンに移動　約2時間
―――― ミュンヘン泊 ――――

DAY 9

ミュンヘン空港から飛行機で
↓✈ 12時間30分
東京
―――― 機内泊 ――――

DAY 10

翌朝　東京着

ベルに出会えそうな
かわいい町並み

フランスアルザス地方にあるコルマール

ヨーロッパ各国の食事も
堪能したいもの

スイスのレマン湖の湖畔
に建つシヨン城

「ムーラン」を感じる
北京の紫禁城

魔法のじゅうたんで
飛んでみたい

イスラム文化の代表的
建築のタージ・マハル

アジアを深めるプラン

アジアにも映画の舞台はたくさん。王道から
ディープまでとことん楽しんで。

DAY 1

東京
↓✈ 約3時間
中国　北京
―――― 北京泊 ――――

DAY 2

いにしえの中国が息づく
北京（→ P.102）から旅をスタート！
★ 紫禁城で壮大な王朝文化を肌に感じる
★ 万里の長城（八達嶺長城）は北京市内から車で2時間
　くらいかかるのでツアー利用が便利
―――― 北京泊 ――――

ムーラン

DAY 3

北京から飛行機で
↓✈ 約4時間45分
タイ　チェンマイ
★ ローイ・クラトーン祭り（→ P.145）に参加。
　毎年10〜11月の満月の夜。早めに予約しよう！
　ワット・プラ・シンのライトアップも見学
―――― チェンマイ泊 ――――

ラプンツェル

DAY 4

チェンマイから飛行機で
↓✈ バンコク経由で約4時間
カンボジア　シェムリアップ
―――― シェムリアップ泊 ――――

**アトランティス
ラーヤと龍の王国**

DAY 5

★ 早起きしてアンコール・ワット（→ P.109）で
　日の出を拝もう
シェムリアップから飛行機で
↓✈ 約2時間
ベトナム　ダナン
🚐 ホイアンへ移動　約1時間
ベトナム　ホイアン
★ ホイアン旧市街を散策。
　ノンラー（ベトナムの傘帽子）をかぶって写真撮影をお
　忘れなく
―――― ホイアン泊 ――――

DAY 6

ホイアンから飛行機で
↓✈ バンコク経由で約9時間
乗り継ぎ時間の合間に、空港でトムヤムクンを食べる。
ラーヤが食べたスープの雰囲気を味わおう
インド　ニューデリー
ニューデリーから鉄道で
🚃 約4時間
インド　アーグラー
―――― アーグラー泊 ――――

アラジン

DAY 7

★ サルタン宮殿を思わせるタージ・マハル（→ P.84）を
　見学。気分はすっかりアグラバー
アーグラーから鉄道で
🚃 約4時間
ニューデリー
―――― ニューデリー泊 ――――

DAY 8

ニューデリーから飛行機で
↓✈ 約4時間
ドバイ（→ P.179）
現代のユートピア？　エネルギー満ちあふれるドバイに！
★ 世界一の高さを誇るバージュ・ハリファへ上る
★ デザートサファリで砂漠体験！　ラクダたちにも会える
―――― ドバイ泊 ――――

ズートピア

DAY 9

ドバイから飛行機で
↓✈ 約9時間30分
東京
★ 東京駅（→ P.173）のれんが駅舎を観光したあとは、
　そのまま歩いて有楽町ガード下を散策。最後は新宿
　の花園神社で御礼参りをして旅を締めくくろう

ベイマックス

摩天楼から一望。広大
な砂漠が広がるドバイ

一度は本場で食べてみ
たいタイ料理の数々

ディズニーの世界へ
夢の周遊モデルプラン

ついでに立ち寄りたい
ベトナムのマーケット

息をのむような
幻想的な美しさ！

ランタンが夜空照らす
コムローイ祭り

\ 読者投稿 /

「こんなディズニー旅

本書発行にちなんで、ディズニーファンの皆さんにSNSで事前募集！
実際に体験したディズニー映画作品にまつわる旅の思い出を語っていただきました！

オーストラリアで
ニモやドリーと出会った！

『ファインディング・ニモ』が大好きで、オーストラリアのグレートバリアリーフとシドニーに行きました！ グレートバリアリーフでは色鮮やかな珊瑚礁のなか、たくさんの熱帯魚に囲まれ、まるでニモやドリーたちと一緒に泳いでいるような気分を味わえました！ 今でも最高の思い出です。(キョウノスケ)

ハワイのカウアイ島に
聖地巡礼の旅！

『リロ＆スティッチ』が大好きで、カウアイ島へ！ 宇宙船に乗っているスティッチたちの目線で島を見るため、ヘリコプターでナ・パリ・コースト付近や島上空を周回しました。彼らが暮らしている空気を体感でき、カウアイ島もリロたちのことも、もっと好きになりました!!(銀河連邦のおねーさん：ポロリア)

ルート66で
『カーズ』気分になる

アメリカで、ラスベガスからグランドキャニオンに移動する際、あえてハイウエイを降りてルート66を走りました。ラジエーター・スプリングスそっくりな町並みが見えるたび、車を停めて、『カーズ』の世界を味わいました。(yuuki1979)

ロンドンの美術館で
アナになった気分！

ロンドンのウォレス・コレクションにあるジャン・オノレ・フラゴナールの「ブランコ」は、アナが「生まれてはじめて」を歌いながらマネしていた絵そのもの。たくさんの絵が飾ってある広間は、アナが跳び跳ねていたお城の部屋にそっくり。(さんさば)

チンクエテッレで
「あの夏」を体験

『あの夏のルカ』の舞台、イタリアのチンクエテッレに行きました。町並みやきれいな港町が映画そのもので、たくさんの人たちの活気でいっぱい。このなかにルカやアルベルトがきっと遊びにきているんだろうなぁと楽しくなりました。そしてふたりが別れた駅で、あの夏を体感しました…。(Suzu)

『プリンセスと魔法のキス』の
世界をどっぷり体感

アメリカのニューオリンズに行きました！ 町はどこもジャズの音色にあふれ、さまざま人種の人たちがいて想像以上にすてきな町でした！ 路面電車、蒸気船、湿地帯など、映画の世界観がそのまま広がり、本当にティアナがいるんじゃないかと思えてしまいました！
(てしこゆき)

『ノートルダムの鐘』を
心より愛してパリ旅行

ノートルダム大聖堂に足を運びました。大聖堂を前にしてイヤフォンで映画のサウンドトラックを聴き、聖域たるゆえんである神秘性や荘厳さを全身で堪能することができました。（うぉるぱ）

幻想的で美しかった
ラプンツェルのランタン

『塔の上のラプンツェル』が大好きで、台湾で行われる平溪天燈節を見にいきました。本物のランタンがいっせいに夜空に浮かぶ様子は、とても美しく幻想的！　たまに火がついたまま落ちてくるものもあって、スタッフの方が回収していました（笑）。
（ゆかっぺ）

『アナと雪の女王』の舞台
アーケシュフース城

ノルウェーにあるアーケシュフース城を訪れました。海が見える中庭では、アナとエルサが走り回って遊んでいるかのように感じました。（れいこさん）

ニモになるため
ダイビング資格を取得

『ファインディング・ニモ』のように旅をしたくて、兄弟で資格を手に入れ、グアムやケアンズでダイビング。ドリーを発見しました！（Stink）

小さい頃から大好きだった
『アラジン』の世界に浸る

お城のモデルになったといわれる、インドのタージ・マハルへ！　ジャスミンのような服を着て、現地のカメラマンにたくさんの写真を撮影（有料）してもらい、インド人とのお見合いに使えそうなアルバムも作ってもらった（笑）。（やかう）

『眠れる森の美女』の
世界にタイムスリップ

フランスのユッセ城を古城巡りで訪ねました。川の向こう岸から見ると外観がとてもかわいく、手入れされた庭園など物語にタイムスリップしたかのようでした。（星空）

フランスの小さな村で
ベルになった気分を楽しむ

『美女と野獣』のベルが住んでいるという設定の村、コルマールに行きました。小さい村でしたが「ボンジュール」とお店の人とあいさつを交わし、まるで作品に入り込んだ気分に。村中がクリスマスの装飾で彩られ、かわいかった！（K@0）

実写版『ピノキオ』の舞台になった
古きよきイタリアの町

チヴィタ・ディ・バーニョレージョは、童話に出てきそうな古きイタリアを感じられてエモかったです。フィガロに似た模様の猫はいませんでしたが、人慣れした猫が多く、町並みを楽しみつつ遊んでもらいました。（moca）

読者がプレゼン この 推しキャラ と旅したい！

もしディズニーキャラクターと一緒に旅行に行けるなら誰と出かけたい？
SNSで聞いてみました！ 推し理由にも思わず納得？

不動の人気、われらのアイドル！
ミッキーマウス

私の永遠のスーパースター。どんな困難やかなえられない夢でも希望をもって進んでいけば道は開けると思う。（yuu）

ミッキーマウスと蒸気船でミシシッピ川を下りたいです。有名なアニメーションシーンを彷彿させるから。（片山 司）

愉快なエピソードでどんなときでも盛り上がりそう。（くまもと）

意志が強く
好奇心いっぱい
ベル

本質をみて言うべきことを言ってくれるし、生き延びる力があるから。（メスライオン）

短気ながら
どこか憎めない！
ドナルド・ダック

笑いが絶えない旅になりそう。（みき）

明るくてよく笑う、
陽気な女の子
アナ

初めての場所でもどんどん引っ張っていってくれて、楽しくなりそうだから。（ゆい）

正義感が強い
おちゃめなリーダー
ウッディ

仲間想いだし、旅の道中も楽しませてくれそう！ （ゆっきー）

白くて大きい癒やしのロボット♡
ベイマックス

いつも私の心と体をケアしてくれて、ときには空を飛んだりして、一緒に楽しい旅ができそうだから。（まっくろねこ）

どんなときでも癒やしてくれそうだし、元気になれるから。バラララララ！（ろまん）

旅の途中でおなかをこわしたり、ケガをしても処置してくれて安心だから。（アヤカ）

優しくて
正直な心をもった
アラジン

魔法の絨毯でどこ
までも行けそう。(た
いまろん)

好奇心旺盛で、どんな景色
を見ても一緒にワクワクし
てくれると思うから!(こは)

勇敢でたくましくて多趣味!
ラプンツェル

優しく
寄り添ってくれそう
ミラベル

どんなにつらいことが
あっても励ましてくれて、
一緒に困難を乗り越え
てくれそう。(あずき)

人懐っこい
ボーイスカウト
ラッセル

『カールじいさんの空飛ぶ
家』のラッセル。明るくて
勇敢でユーモアもあって、
かわいい。(なな)

楽しいことが大好き、お笑いの才能あり?
マイク・ワゾウスキ

『モンスターズ・インク』
のマイク。いつもポジ
ティブなマイクとなら、
どこに行っても楽しそ
う! (小泉ゆか)

困ったときは、無理やりお願いを聞いて
くれるかも!?(萬十屋紋珠郎)

ずっと一緒にいても、楽
しい話がつきなさそ
う。(すがち)

テンション高めのエンターテイナー
ジーニー

ダンボと空を飛びたい。
(なずなちゃん)

大きな耳で空を飛ぶかわいいゾウ
ダンボ

長い耳で飛ぶダンボに乗って空の旅をしてみたい。
1983年東京ディズニーランド開園時に小学3年生だっ
た私は母と子供会のバス旅行で行きました。大渋滞で
ディズニーランドに着いたのは13時過ぎ。2時間待っ
た思い出のアトラクション。(東京ディズニーランドで
初めて乗ったのは空飛ぶダンボ)

INDEX

地球の歩き方
ディズニーの世界　名作アニメーション映画の舞台

ＳＴＡＦＦ

制　　　作 ● 斉藤麻理

編集・執筆 ● 中西奈緒子、クォータ・スタッフ（小林直子、中沢次郎）、堀家かよ、佐志いずみ、
　　　　　　宮澤祐介、澄川菜穂子、重信裕之、髙木直美、細田愛

デ ザ イ ン ● 伊藤慎悟（GLAD）、ナカタシオカ、中原克則（STANCE）、
　　　　　　株式会社ダイヤモンド・グラフィック社

表　　　紙 ● 伊藤慎悟（GLAD）、日出嶋昭男

地　　　図 ● 株式会社ジェオ

校　　　正 ● 鎌倉オフィス

写　　　真 ● iStock、PIXTA

編 集 協 力 ● アナパ・パシフィック、小川佳世子、オフィス・オハナ、オフィス カラムス、
　　　　　　オフィスギア、オフィス・ポストイット、グルーポ・ピコ、シエスタ、
　　　　　　鈴木眞弓（アルニカ）、地球堂、どんぐりはうす、平林加奈子（カース）、松岡宏大

協　　　力 ● ウォルト・ディズニー・ジャパン株式会社
　　　　　　ディズニー・ディスティネーション・インターナショナル
　　　　　　株式会社オリエンタルランド（東京ディズニーリゾート）

2023 年 11 月 28 日　初版第 1 刷発行

Published by Arukikata. Co., Ltd.
2-11-8 Nishigotanda, Shinagawa-ku, Tokyo, 141-8425

著作編集　　地球の歩き方編集室
発行人　　　新井邦弘
編集人　　　宮田 崇
発行所　　　株式会社地球の歩き方
　　　　　　〒 141-8425　東京都品川区西五反田 2-11-8
発売元　　　株式会社Gakken
　　　　　　〒 141-8416　東京都品川区西五反田 2-11-8
印刷製本　　株式会社ダイヤモンド・グラフィック社

この本に関する各種お問い合わせ先
・本の内容については、下記サイトのお問い合わせフォームよりお願いします。
　URL ▶ https://www.arukikata.co.jp/guidebook/contact.html
・在庫について　Tel ▶ 03-6431-1250（販売部）
・不良品（落丁、乱丁）について　Tel ▶ 0570-000577
　学研業務センター　〒 354-0045　埼玉県入間郡三芳町上富 279-1
・上記以外のお問い合わせ　Tel ▶ 0570-056-710（学研グループ総合案内）
・発行後の更新・訂正情報　URL ▶ https://book.arukikata.co.jp/support/